Dich hat der Esel im Galopp verloren

Ellen Schwiers

mit Marte von Have

Dich hat der Esel im Galopp verloren

Lebenserinnerungen

neues leben

Inhaltsverzeichnis

Über dieses Buch

Schon als Kind haben mich die Geschichten, die meine Tante Ellen aus der Film- und Theaterwelt erzählte, fasziniert und meine Phantasie angeregt. Ein Hauch von Glamour und großer weiter Welt war spürbar, wenn sie uns, von Dreharbeiten oder Theaterproben kommend besuchte.

Die Idee zu einer Biografie entstand zum Anlass ihres 85. Geburtstages und des damit verbundenen siebzigjährigen Bühnenjubiläums. Die Schauspielerin, Regisseurin, Intendantin und Theaterunternehmerin Ellen Schwiers hat eine bewegte Lebens- und Künstlergeschichte hinter sich und blickt auf ein langes, erfolgreiches Berufsleben auf der Bühne und beim Film zurück. Sie ist eine Zeitzeugin für die Entwicklung, die Film, Fernsehen und Theater nach dem Zweiten Weltkrieg mit dem gesellschaftlichen und medialen Wandel in Deutschland genommen haben. Am eigenen Leib hat sie auch die Veränderung der Frauenrolle erfahren.

Ellen Schwiers' Leben besteht neben künstlerischen Triumphen auch aus Enttäuschungen und schweren Schicksalsschlägen: ein kompliziertes Elternhaus, eine Kindheit im Krieg, Flucht, ein ihr auferzwungener Beruf, der später zur Leidenschaft wird. Eine bewegte Ehe, der Verlust ihres Sohnes Daniel, der auf dem Weg in eine vielversprechende Zukunft war. Die große Liebe, die ihr als reife Frau wie aus heiterem Himmel begegnete und in einer Katastrophe endete.

Über drei Jahre hinweg habe ich Ellen in Abständen, von Hamburg kommend, in ihrem Haus am Starnberger See besucht. Dabei habe ich auch ein Stück meiner eigenen

Familiengeschichte besser kennengelernt. Während unseres Zusammenseins gab es viele fröhliche Momente voller Witz, Lachen und Anekdoten, aber auch Momente voller schmerzhafter, trauriger Erinnerungen. Es passiert nicht oft, dass man einem Menschen so nahe kommt, auch wenn es die eigene Tante ist, und ich habe eine Frau voller Kraft, Präsenz und künstlerischer Leidenschaft erlebt: lebensbejahend, kämpferisch, zielstrebig und unkonventionell. Mit einem unabhängigen Geist und einer großen Seele.

Für die große Offenheit und das mir geschenkte Vertrauen bin ich sehr dankbar; unser Austausch hat mein Leben bereichert.

In den letzten Jahren ihres Lebens litt Ellen Schwiers zunehmend unter großen Schmerzen. Auch Operationen und eine Schmerztherapie brachten keine Linderung. Die Schmerzen zermürbten sie und nahmen ihr den Lebenswillen.

Daher befürwortete sie eine assistierte Sterbehilfe, denn sie wünschte sich einen würdevollen, selbstbestimmten Tod. Ellen Schwiers wollte kein Pflegefall sein. So beschloss sie, mit Sterbefasten anzufangen. Konsequent stellte sie das Essen und nach und nach auch das Trinken ein. Zu Hause, in ihrer gewohnten Umgebung, mit Menschen, die sie liebten und die ihr nahe waren. Auch wurde sie palliativ betreut.

Sie wartete noch, bis ihre Enkelin Josephine aus Kanada angereist war, um sich von ihrer Großmutter zu verabschieden. Danach konnte sie das Leben loslassen. Wie sie es sich gewünscht hat, ist sie im Kreis ihrer Familie, in ihrem Haus am Starnberger See, friedlich eingeschlafen.

Ellen Schwiers verstarb am Morgen des 26. April 2019. Sie wurde 88 Jahre alt.

Marte von Have

Vorwort
von Katerina Jacob

Als man mich bat, das Vorwort für die Biografie meiner Mutter zu schreiben, bin ich lange in mich gegangen und habe unser gemeinsames Leben an meinem inneren Auge vorbeiziehen lassen. Sicherlich gab es bei uns, wie bei anderen Mutter-Tochter-Gespannen, von Zeit zu Zeit Spannungen, aber alles in allem habe ich, was die Person meiner Mutter betrifft, Glück gehabt. Man sagt ja, dass sich Kinder die Eltern aussuchen, zumindest in der Beziehung habe ich guten Geschmack bewiesen. Doch wie soll man eine Person beschreiben, die einen ein ganzes Leben begleitet hat, von der man achtzig Prozent Gene geerbt hat? Mein Vater war an meiner Entstehung zwar beteiligt, konnte sich aber gentechnisch nicht wirklich durchsetzen. Alle Frauen in unserer Familie sind starke Frauen, auch die angeheirateten, aber meine Mutter war immer unser Alphatier. Es war eher ein Zufall, dass ich in den gleichen Beruf gerutscht bin, und natürlich hat man an der Last zu tragen, dass da eine Mutter ist, die nicht nur eine hervorragende Schauspielerin ist, sondern auch noch bekannt, ein Star sozusagen. Sie, die Tragödin, der weibliche Bösewicht des deutschen Films, die Heroine. Ich habe sie in so vielen Rollen gesehen und war jedes Mal beeindruckt, also beschloss ich, konkurrenzlos von ihr in die komödiantische Richtung zu gehen, denn auf dem Gebiet hat sie eher geschwächelt. Wir haben viel zusammen auf der Bühne gestanden, ich habe von ihr gelernt, wir waren gleichberechtigte Partner, nie hat sie mir das Gefühl gegeben, nicht auf Augenhöhe mit ihr zu sein. Das Theater war ihr Leben. Umso schlimmer war es für sie, nach siebzig Jahren Bühnenpräsenz eines Tages einsehen zu müssen, dass sie ihren geliebten Beruf aus gesundheitlichen Gründen nicht mehr ausüben konnte. Die ganze Familie litt unter ihren Depressionen. Doch Gott sei Dank waren da ihre Hunde, ihr Garten und vor allem ihre wilden Füchse und Vögel, die sie mit Hingabe fütterte. Ihre Freundin Lilo, mit der sie Yahtzee bis zum Umfallen spielte, und Freunde, die sie täglich besuchten. Meine Mutter war voll von Geschichten, eine Zeitzeugin, Jung und Alt hingen an ihren Lippen, wenn sie aus ihrem ausgefüllten, spannenden Leben berichtete. Lustig, tragisch, interessant, lehrreich, dieses Leben musste auf Papier gebannt werden. Ich möchte meiner Cousine Marte danken, von der die Initialzündung zur Entstehung dieses Buches kam. Für mich war meine Mutter eine Schamanin, meine beste Freundin, meine Ratgeberin, ein Mensch mit einem großen Herzen. Ich danke ihr, dass ich ihre Tochter sein darf, dass sie mich zu der Person gemacht hat, die ich heute bin.

Du hast alles richtig gemacht. Ich liebe dich!

Katerina

Kindheit

Ich sehe mich auf einer Blumenwiese sitzen. Ich bin vier Jahre alt. Um mich herum sind unzählige Schmetterlinge, Grashüpfer und Grillen, die es in Hülle und Fülle gab. Ich höre ihr Zirpen, spüre die Weite der Wiese, die Weite des Himmels. Es war eine wunderschöne Welt, eine reiche Natur, die ich liebte und in der ich mich geborgen fühlte, glücklich, frei und unbeschwert. Für mich war die Welt in Ordnung. Ich habe sehr gerne gelebt und in mir war ein Gefühl von großer Dankbarkeit und Glück. Dieses Gefühl von Dankbarkeit hat sich bis heute erhalten. Ich habe mein Leben lang nie daran gezweifelt, dass es aufregend schön und ein großes Geschenk ist, auf der Welt zu sein, trotz des Schmerzes und Elends, die ich auch erlebt habe.

Schon als Kind war das Leben ein großes Abenteuer für mich. So habe ich mein Dasein empfunden: als großes Abenteuer. Dieses Abenteuer galt es zu bestehen. Das ist die Aufgabe – das Leben ist eine Aufgabe.

Lange wollte ich Naturforscherin oder Archäologin werden, denn in meiner Kindheit gab es noch weiße Flecken auf der Welt. Das hat mich fasziniert und meine Phantasie beflügelt. Natur und Tiere haben mich begeistert.

Ich habe mir so sehr einen Hund gewünscht, doch das war mit unserem unsteten Leben und den beengten Verhältnissen nicht vereinbar. Also habe ich mir ersatzweise

Mäuse und Hamster auf dem Feld gefangen, und mein Vater baute aus Zigarrenschachteln ein Gehege für sie. Die Schachteln wurden so miteinander verbunden, dass für die Tiere Gänge entstanden. Obendrauf legte mein Vater eine Glasplatte, damit ich die Tiere beobachten konnte. Doch am nächsten Morgen hatten sie sich durch die Holzschachteln genagt. Meine Mutter bekam einen Anfall. Denn es war klar, dass die Viecher nun irgendwo in unserer Wohnung herumspazierten. Auf allen vieren krochen wir durch die Wohnung, um jeden Spalt und jede Ritze zu untersuchen. Schließlich konnten wir sie einfangen, und mein Vater schlug die Holzschachteln in einem zweiten Versuch nun mit Blech aus.

Ich hatte immer irgendwelche Tiere. Auch eine Kröte hatte ich als Haustier. Hänschen, so nannte ich sie, lebte im Keller. Und wenn ich sie rief, kam sie angesprungen. Hänschen war einen Sommer lang mein ganzes Glück, bis böse Buben kamen und Hänschen in die Lahn schmissen. Ich war untröstlich.

Tiere sind bis heute ein Konstante meines Lebens. Sie bedeuten mir viel und sind wichtige Partner meines Daseins.

Mein Großvater mütterlicherseits war Landwirt und hatte eine große Liebe zur Natur, die ich mit ihm teilte. Er liebte alles, was wuchs und gedieh, und ich liebte diesen Großvater. Oft nahm er mich mit auf seine langen Spaziergänge durch den nahe gelegenen Stettiner Wald. Jede Frucht, jeden Baum, jede Pflanze erklärte er mir und erzählte dabei wunderbare Geschichten. Er brachte mir bei, die Wetterseite der Bäume zu erkennen und spielte mit mir »Bäume erraten«, wobei ich die Bäume nicht an ihren Blättern oder der Borke erkennen, sondern allein von der Krone her benennen sollte.

Ich habe auch leidenschaftlich gerne Blumensträuße gepflückt. Die Wiesen waren damals noch voller Blumen, Blüten und Insekten. Die große Artenvielfalt meiner Kindertage gibt es nicht mehr. Es macht mich wehmütig, dass ein Drittel der heimischen Tier- und Pflanzenarten inzwischen vom Aussterben bedroht ist. Ein bedrückender Zustand, denn wir sind es, die Menschen, die die Lebensräume zerstören, die Umwelt verschmutzen, die Monokulturen anbauen, die Pestizide einsetzen. Diese Liste ließe sich endlos weiterführen. Heutzutage würde ich keinen Strauß mehr pflücken wollen. Mir tun die paar armseligen Blumen, die noch auf den Wiesen stehen, leid.

Mein Großvater war ein feinfühliger, taktvoller und sensibler Mann, ein echter Herr und eine imposante Erscheinung. Groß und stattlich, ein schöner Kopf mit riesigen Augen und einem Schnurrbart wie Kaiser Wilhelm.

Meine Großmutter wiederum war von enormer Durchsetzungsfähigkeit, eine tüchtige, energische Frau, vor der ich gewaltigen Respekt hatte. Sie hat mir oft Märchen vorgelesen, und ihr verdanke ich auch ein großes Repertoire an Liedern.

Großmutter war eine »Hatscherte«. Das heißt, sie hatte einen Buckel. Sie war mit einer Hüftdeformation auf die Welt gekommen. Laut Volksmund brachte das Anfassen eines Buckels Glück. Heute sieht man kaum noch bucklige Leute, weil die betroffenen Babys bereits früh versorgt werden. Doch meiner Großmutter ist ihr Buckel »vergoldet« worden. Sie brachte hunderttausend Goldmark als Mitgift mit in die Ehe, als sie ihren Cousin zweiten Grades heiratete.

Mein Großvater ist über Umwege Landwirt geworden. Obwohl er für diesen Beruf wie geschaffen war, musste er als der zweitgeborene Sohn zunächst Soldat werden. Landwirt zu werden war allein dem Erstgeborenen vorbehalten. So wollte es die Tradition. Sofern es einen dritten Sohn gab, konnte der nur noch Pfarrer werden.

Großvater besuchte die Kadettenschule zeitgleich mit einem entfernten Verwandten, dem Freiherrn Rüdiger von der Goltz. Eine glückliche Fügung, wie sich herausstellte, da es zwischen den beiden zu einer Vereinbarung kam. Von der Goltz bat meinen Großvater, seine drei Rittergüter in Hinterpommern als Güterdirektor zu verwalten. Dafür wollte er ihm ein Studium auf der Landwirtschaftlichen Hochschule in Halle an der Saale finanzieren, und mein Großvater konnte schließlich doch noch seiner Berufung nachgehen. Das Ganze war ein geheimnisvoller Deal, und niemand aus der Familie ist je dahintergekommen, was der eigentliche Grund für diese Abmachung war. Es kursierte das Gerücht, dass Vetter von der Goltz ein Mädchen schwängerte und mein Großvater ihm geholfen habe, dies zu vertuschen.

So wurde mein Großvater Gutsdirektor, und meine Großeltern zogen auf das hinterpommersche Rittergut Zietlow. Im Ersten Weltkrieg musste mein Großvater dann die Verantwortung für insgesamt fünf Güter übernehmen.

Vier Kinder gebar meine Großmutter: Zwei Töchter, meine Mutter Liselotte und meine Tante Jutta, genannt Jette, und zwei Söhne. Der ältere, Kurt, wurde der Tradition folgend Landwirt und der zweite, Harry, Offizier.

Meinen Onkel Kurt habe ich nie kennengelernt. Er hatte als Praktikant auf einem Gut in Schlesien die Tochter des Gutsbesitzers kennen und lieben gelernt. Die beiden wollten heiraten, doch als es so weit war und die Familie sich zur Hochzeit aufmachte, traf sie zu seiner

Beerdigung ein. Kurt war ein paar Tage zuvor von einem Stier auf die Hörner genommen worden. Weil er die Hochzeit nicht gefährden wollte, hatte er niemandem etwas davon gesagt und war innerlich verblutet.

Mein Onkel Harry wurde gleich am Anfang des Zweiten Weltkrieges in einem Sonnenblumenfeld in der Ukraine erschossen. Noch immer habe ich den Schrei meiner Großmutter im Ohr, als sie das Telegramm mit der Todesnachricht erhielt. Noch heute denke ich oft an sie und frage mich angesichts meines eigenen Schicksals, ob sie den Tod ihrer beiden Söhne jemals verkraftete.

Nach Ende des 1. Weltkrieges beschloss von der Goltz, alle seine Güter selbst verwalten. Mein Großvater musste von heute auf morgen seine Tätigkeit beenden und mit seiner Familie aus Zietlow fortziehen. Sie gingen nach Stettin. Durch die Hyperinflation von 1923, einer Spätfolge der enormen Kapitalvernichtung des Ersten Weltkrieges, wurde auch noch ihr ganzes Geld, das sie für den Kauf eines eigenen Gutsbetriebes angespart hatten, von heute auf morgen wertlos. Weil mein Großvater nun auch nicht mehr in Lohn und Brot stand, waren sie plötzlich bettelarm. Um zu überleben, mussten sie nach und nach ihre Antiquitäten verkaufen. Meine Mutter und ihre Schwester Jette hatten in dieser Situation natürlich keine Aussichten mehr auf eine »gute Partie« und mussten einen Beruf ergreifen. Tante Jette wurde Krankenschwester, meine Mutter ging als Gouvernante nach Berlin.

Die unternehmungslustige Jette nahm meine Mutter eines Tages mit zu den Abschlussaufführungen der Schauspielschule, ein Vergnügen, das sie sich leisten konnten, denn sie hatte herausgefunden, dass es keinen Eintritt kostete. Dort lernte meine Mutter einen jungen Schauspieler namens Ludwig Schwiers, meinen Vater, kennen.

Jette, die die Durchsetzungskraft und Zähigkeit meiner Großmutter geerbt hatte, wollte die Situation ihrer Eltern nicht länger hinnehmen und schrieb Reichspräsident Hindenburg einen Brief, in dem sie ihm die Lage meiner Großeltern schilderte. Und sie hatte Erfolg. Ihr Schreiben bewirkte immerhin, dass die Familie von der Goltz meinem Großvater von da an eine Rente zahlen musste.

Am Ende des Zweiten Weltkriegs sind meine Großeltern von Stettin nach Greifswald geflohen. Dort ist mein Großvater, der inzwischen dement war, verhungert. Meine Großmutter ging nach seinem Tod in ein Altenheim und starb bald darauf.

Das Verhältnis zu meinen Großeltern väterlicherseits war nie sehr eng, und wir besuchten sie nur selten. Es gab kaum Kontakt, obwohl sie, wie die Eltern meiner Mutter, ebenfalls in Stettin wohnten. Das lag vor allem an meiner Mutter, der die Familie meines Vaters nicht lag, weil sie in ihren Augen »neureich« war.

Mein Urgroßvater besaß zwei Maschinenfabriken in Bremen, und besagter Großvater, der zum Ingenieur ausgebildet worden war, übernahm sie gemeinsam mit seinem Bruder. Die Einführung der Goldwährung nach dem Deutsch-Französischen Krieg 1870/71 und das schnelle europäische Wirtschaftswachstum samt Fortschrittseuphorie hatten eine lang anhaltende Deflation zur Folge. Die Banken kündigten Kredite, und durch die eintretende Wirtschaftskrise verlor die Familie die Fabriken. Mein Großvater ließ sich als Ingenieur anstellen und wurde schließlich Prokurist und Leiter der technischen Abteilung der »Feldmühle«, einer großen Papierfabrik. Später gründete er in Stettin eine eigene Papierfabrik.

Mein Großvater galt als Eigenbrötler, und er war, was man einen »Spökenkieker« nennt. Die Gabe des Hellsehens erbte er wohl von seinen Vorfahren. 1717 hatte eine Gesine Schwiers in Bremen die große Sturmflut vorausgesagt und dadurch vielen Menschen das Leben gerettet. Mein Großvater konnte eintretende Todesfälle vorhersehen. Einige Tage zuvor überfiel ihn dann stets ein starkes Grausen, ihm war, als sträubten sich ihm die Haare, und er hätte am liebsten losgeschrien. Zum Glück konnte er nicht prophezeien, wen das Todeslos traf, zumindest sprach er nie darüber. Aber es war immer ein Freund oder naher Verwandter, und es belastete ihn sehr. Weil er fürchtete, das »zweite Gesicht« könne ihn jederzeit überfallen, fuhr er nie selber Auto. Lieber nahm er den Güterzug zur Fabrik, der dort Material anlieferte und abholte. Dieser Zug hielt an einer breiten Schneise, an deren Ende die Fabrik lag. Eines Tages kam ihm sein Prokurist entgegen, als mein Großvater schrie: »Die Fabrik brennt, seh'n Sie das nicht!« Die Fabrik brannte nicht, aber der Prokurist beschwor ihn daraufhin, die Versicherungssumme zu erhöhen. Schließlich war die Gabe meines Großvaters bekannt. Wie immer versuchte er auch dieses Mal strikt, sein »zweites Gesicht« zu ignorieren und weigerte sich, dem Drängen des Mitarbeiters nachzugeben. Kurz darauf brannte die Fabrik tatsächlich ab, es blieben nur einige riesige Papierballen übrig. Mit diesem nicht verkohlten Rest gründete mein Großvater kurzerhand seine eigene Firma, die NORPA, die Norddeutsche Papiergroßhandlung.

Ich wusste lange nicht, dass ich mit der gleichen Gabe, dem zweiten Gesicht, geschlagen war, allerdings bei Weitem nicht so stark wie mein Großvater. Vor allem als Kind und junges Mädchen habe ich manchmal Ereignisse vorhergesehen. Ich erinnere mich, dass ich einmal mit meiner Mutter in der Küche stand und ihr sagte, dass meinem Bruder Gösta etwas zustoßen würde. Tatsächlich hatte er zur selben Zeit einen Unfall mit der Straßenbahn. Die meisten meiner Vorahnungen haben meine Eltern allerdings als kindliche Phantasie abgetan, die ich reichlich hatte, und sie gingen meinen Vorhersagen auch nicht weiter nach. So bekam ich in den meisten Fällen keine Rückmeldung darüber, ob sie sich bewahrheiteten, und konnte sie auch nicht einordnen. Mit dem Älterwerden hat sich diese Gabe verloren. Auch die Schwester meines Vaters, meine Tante Agnes, hatte das zweite Gesicht.

Ich bin in Stettin, in der Wohnung meiner Großeltern mütterlicherseits, zur Welt gekommen. Es muss eine komplizierte Hausgeburt gewesen sein. Ich wollte offenbar partout nicht das Licht der Welt erblicken, sondern rutschte immer wieder zurück in den Mutterleib. Die Nabelschnur war mehrfach um meinen Hals gewickelt. Endlich entschloss sich der Arzt zu einem erlösenden großen Schnitt, und ich kam nahezu erstickt und blau auf die Welt. Meine Mutter hatte viel Blut verloren, weshalb man sich zunächst um sie kümmerte, während man mich zwischen ihren Beinen ablegte, wo ich im Blut und Fruchtwasser fast ertrunken wäre. Noch Wochen später, so wurde mir erzählt, hätte ich immer wieder niesen müssen.

Mein Großvater väterlicherseits war enttäuscht, dass es ein Mädchen war. Er zeigte wenig Interesse an mir und beachtete mich kaum. Meine Großmutter stand völlig unter seinem Pantoffel. Ende 1945 sind diese Großeltern vor den Russen von Stettin nach Lübeck geflohen. Dort lebte ihre Tochter, die ihnen in ihrem Haus ein Zimmer zur Verfügung stellte.

Bereits ein Vierteljahr nach meiner Geburt begann mein unstetes Leben, das von Anfang an vom Beruf meines Vaters und seinen häufigen Theaterwechseln bestimmt war. Er hatte ein Engagement nach Mainz bekommen. Es war eine lange Reise von Stettin bis an den Rhein. Meine Eltern mieteten ein Zimmer bei einer Frau, die mich sofort ins Herz schloss und »adoptierte«. Sie liebte mich, ihr »Kindsche«, vom ersten Augenblick an. »Dat Kindsche hat mich anjestraalt, dat schreit ja überhaupt nisch!« Trotz meiner schwierigen Geburt war ich offensichtlich von Anfang an ein glückliches und zufriedenes Kind.

Meine Eltern

Die große Leidenschaft meines Vaters von früher Jugend an galt dem Theater. Er studierte offiziell in München Volkswirtschaft und Jura, während er gleichzeitig heimlich Schauspielunterricht nahm. Nachdem er zu seiner zweiten Prüfung zum Assessor nicht angetreten war, musste er es seinen Eltern beichten. Sein Vater war wütend und enttäuscht, hatte sein Sohn doch eigentlich die Papierfabrik übernehmen sollen. Dennoch versprach er ihm, die Schauspielschule zu bezahlen, wenn er denn unbedingt Schauspieler werden wolle. Bedingung war allerdings, dass es die beste Schule Deutschlands sein müsse. Und dass er, wenn er sie beendet hätte, keinerlei Unterstützung mehr von zu Hause zu erwarten habe, sondern ab dann ganz alleine »schwimmen« müsse. Und genauso kam es auch.

Mein Vater sprach am Max-Reinhardt-Institut in Berlin vor. Obwohl er eigentlich schon zu alt war, wurde er dort angenommen. Damit war die Sache klar. Mein Großvater hielt Wort, zahlte die Schauspielausbildung, und nach Beendigung der Schauspielschule erhielt mein Vater keinen Pfennig mehr von ihm. Auch die junge Ehe wurde nicht unterstützt.

Ich kam ungeplant auf die Welt. Durch diese Verantwortung und weil meine Eltern nie Geld hatten, denn von einem regelmäßigen Einkommen konnte keine Rede sein, war die Ehe von Anfang an belastet. Sicherlich hat diese Situation auch die berufliche und künstlerische Entwicklung meines Vaters stark beeinflusst.

Als junger Schauspieler musste er ständig an verschiedenen Theatern in der Provinz spielen, in Halberstadt, Gera und anderen Orten mehr, immer in der Hoffnung, irgendwann an ein größeres Theater zu kommen, nach Berlin, Hamburg oder München. Dies waren ganzjährige Theater, während die kleineren über die Sommermonate hinweg schlossen und die Schauspieler in dieser Zeit drei bis vier Monate arbeitslos waren.

In der spielfreien Zeit versuchte mein Vater auf andere Art, den notwendigen Unterhalt für die Familie zu verdienen. Zum Beispiel kalkte er auf Bauernhöfen die Ställe, eine jammervolle Arbeit, die meine Mutter wenig würdigte. Sie hatte sich damals bei den Aufführungen der Schauspielschule in Berlin in den Prinzen von Homburg, in den Don Carlos und den Ferdinand aus »Kabale und Liebe« verliebt, zumal mein Vater ein sehr schöner Mann mit einer eindrucksvollen Stimme war. Doch die harte, entbehrungsreiche Alltagsrealität mit Lutz Schwiers war für meine Mutter nur schwer zu ertragen und verlangte ihr viel an Einschränkung, Improvisation und Flexibilität ab.

Wir sind unzählige Male umgezogen, von Engagement zu Engagement, von Stadt zu Stadt. Ich habe fünfzehn Mal die Schule gewechselt. Wir wohnten in dieser Zeit zwangsläufig nur möbliert. Als wir in Koblenz die erste richtige Wohnung bezogen, war ich zehn Jahre alt. Endlich konnte meine Mutter ihre geerbten Möbel bringen lassen, darunter eine wertvolle Rokoko-Kommode aus der Werkstatt Abraham Roentgens von 1755, auf die sie sehr stolz war. Meine Mutter legte viel Wert auf Stil und hatte einen ausgezeichneten Geschmack. Sie war eine elegante, sensible Frau, die es schaffte, in unserem ärmlichen Haushalt ein gewisses großbürgerliches Niveau zu halten. Ihre Kindheit und Jugend auf dem Rittergut in Zietlow, die ländliche adlige Lebensart, hatten sie geprägt. In gewisser Weise ist sie auch immer das naive Kind vom Lande geblieben. Die verlorene Heimat war und blieb der Fixpunkt ihres Lebens, und die Erinnerungen an ihre Kindheit und Jugend waren ihr ganzes Leben lang sehr präsent. Sie lebte gewissermaßen in der Vergangenheit, von der sie viel erzählte. Mit fünfundachtzig Jahren schrieb sie ihre Kindheitserinnerungen auf. »Das Paradies liegt in Pommern« wurde verlegt und ein Erfolg, und zum ersten Mal in ihrem Leben verdiente sie eigenes Geld.

Meine Mutter konnte gut Leute unterhalten und stand gerne im Mittelpunkt. Außerdem war sie eine hervorragende Gastgeberin. Trotz der geringen Mittel, über die wir verfügten, führten meine Eltern ein offenes Haus und hatten häufig Besuch. Auch die Theaterleute kamen oft nach den Proben zu uns, dann wurde viel über das Theater und die Inszenierungen diskutiert. Meine Mutter goss »Wasser zur Suppe«, und jeder war willkommen. Es war immer Leben im Haus, und auch wir Kinder genossen dadurch eine gewisse Freiheit, denn wir waren Teil dieses unkonventionellen Lebens und dieser Lebendigkeit.

Mein Bruder Gösta wurde fünf Jahre nach mir geboren. Ich hatte allerdings von der Schwangerschaft meiner Mutter nichts mitbekommen und bin auch in keiner Weise auf die Ankunft eines Geschwisterchens vorbereitet worden. Als meine Eltern zur Entbindung losfuhren, ließen sie mich ohne Erklärung bei den Nachbarn zurück.

Ich fühlte mich allein und verlassen. Als ich ein paar Tage später in ein Kloster mitgenommen wurde, lag da meine Mutter in einem riesigen Zimmer, mit meinem Bruder, der meiner Meinung nach viel zu viel Aufmerksamkeit bekam, so dass ich eifersüchtig auf ihn war.

Die Erziehung von uns Kindern oblag meiner Mutter, die Wert auf eine humanistische Bildung legte, wie sie es von zu Hause her kannte. Sie war im Grunde alleinerziehend, denn mein Vater war zu sehr mit sich und dem Theater beschäftigt. Später, als wir älter waren, musste er dann in den Krieg.

Mein Vater war ein feinsinniger, philosophischer, nachdenklicher Mensch, der mit den alltäglichen Anforderungen des Lebens nicht zurechtkam. Die Familie mit zuletzt drei Kindern, der Beruf, all das überforderte ihn. Er konnte das Leben nicht meistern. Er konnte auch nicht kämpfen, nicht für sich selber einstehen oder seine Gage angemessen verhandeln. Mit seiner Karriere ging es aus verschiedenen Gründen nicht voran. Hätte er eine gemacht, hätte ihn meine Mutter gewiss respektiert. So aber war sie eine enttäuschte und frustrierte Frau, die das Leben nicht führen konnte, das sie sich wünschte. Sie versuchte ständig, meinen Vater voranzutreiben, aber er verweigerte sich und zog sich immer mehr in sich selbst zurück.

Er wurde auch regelmäßig vor jeder Premiere krank vor Lampenfieber. Es war tragisch. Dabei hatte er als Schauspieler durchaus Erfolg und war beliebt, nicht nur beim Publikum. Auch das Feuilleton der Tageszeitungen wusste seine schauspielerische Leistung zu schätzen. Doch ihm fehlte das für diesen Beruf nötige Selbstwertgefühl, die Souveränität und das entsprechende Auftreten. So ist mein Vater weit hinter seinen Möglichkeiten

zurückgeblieben. Seine Zurückhaltung und Bescheiden-
heit machten ihn andererseits aber auch sympathisch
und liebenswert.

Meine Eltern lebten im Grunde beide in ihrer eigenen
Welt und waren, jeder auf seine Art, lebensfremd. Sie standen den Anforderungen, die das Leben mit sich brachte,
oft hilflos gegenüber. Sie waren nicht gewieft oder gar
gerissen, konnten sich keine Vorteile sichern und auch
keine Wege finden, sich das Leben einfacher zu machen.

Dass ich lebensuntüchtige Eltern hatte, wurde mir
schon recht früh klar. Auf der anderen Seite hatte das
auch Vorteile für mich, denn sie waren dankbar und fanden es toll, wenn ich die Initiative ergriff und Verantwortung übernahm. Das haben sie mich auch spüren
lassen und mich in meinem Drang, die Dinge selbst in
die Hand zu nehmen, nicht gehemmt, sondern unterstützt und sich nicht eingemischt, so dass ich mich frei
entwickeln konnte.

Wegen der andauernden Geldsorgen haben sich meine
Eltern oft furchtbar gestritten. Meine Mutter war dann
sehr ungerecht zu meinem Vater und stellte ihn als Ver-
sager hin, ließ ihn seine Unsicherheit, seine mangelnde
berufliche Souveränität spüren. Es ist schlimm, wenn
in einer Ehe die gegenseitige Achtung fehlt. Bei meiner
Mutter waren Achtung und Liebe offensichtlich verloren
gegangen. Mich als Kind brachte das in eine schreckliche
Situation, denn so verlor auch ich zwangsläufig den Respekt vor meinem Vater.

Später, als ich heranwuchs und mir eine eigene Meinung bilden konnte, habe ich den Wert meines Vaters
erkannt und gemerkt, was für ein interessanter, geist-
voller und gütiger Mensch er war, der die Anerkennung
seiner Ehefrau sehr wohl verdient hätte. Als ich dann

ebenfalls am Theater war, hatten wir viel miteinander zu tun. Wir befanden uns auf Augenhöhe und konnten gut zusammenarbeiten. Es war selbstverständlich, dass ich seine Rollen mit ihm erarbeitete. Dabei war es unerheblich, dass ich Anfängerin war. Er hat meine Unterstützung dankbar angenommen.

Weil sie kein Geld hatten, konnten meine Eltern sich auch nicht scheiden lassen. Erst im Alter, nachdem alle Kinder aus dem Haus waren, gelang es ihnen, eine friedliche Altersbeziehung zu führen. Sie haben sogar noch im Kreise der Familie ihre Goldene Hochzeit gefeiert.

Die letzten zwanzig Jahre seines Lebens war mein Vater unter der Intendanz von Hans Fitze am Altonaer Theater in Hamburg engagiert. Er hat bis zum Schluss auf der Bühne gestanden.

Ich habe immer versucht, meine Eltern an meinem Leben teilhaben zu lassen, sie zu unterstützen, wo es ging, auch finanziell. Ich wollte einen Ausgleich für all die Entbehrungen schaffen, die sie in ihrem Leben auf sich nehmen mussten. Ich wollte, dass sie sich wertgeschätzt fühlten.

Als ich meiner Mutter viele Jahre später einen edlen Mantel mit einem Nerzkragen zu Weihnachten schickte, hörte ich nach den Feiertagen und auch in den Tagen danach nichts von ihr, was ungewöhnlich war. Schließlich rief ich sie an und fragte, ob mein Weihnachtspaket nicht angekommen sei. Meine Mutter antwortete entrüstet: »Was hast du dir nur dabei gedacht? Bei welcher Gelegenheit soll ich diesen Mantel denn anziehen? Und was dazu? Ich habe doch keine passenden Handschuhe, keine Handtasche, keinen Hut, keine Schuhe, kein Winterkleid.«

Ich war gekränkt und verletzt und heulte mir die Augen aus dem Kopf. Dann kratzte ich Geld zusammen, kaufte für sie die nicht vorhandenen Dinge und schickte ein weiteres Paket, ich wollte, dass sie glücklich war. Ich hörte nichts von ihr, und wir haben auch nie mehr darüber gesprochen. Statt ihr eine Freude zu bereiten, hatte ich ihr mit meinen Geschenken offenbar ihre eingeschränkte Lebenssituation noch einmal deutlich vor Augen geführt, wenn auch unabsichtlich.

Dich hat der Esel
im Galopp verloren

»Die Ellen kann den Spargel querfressen«, spotteten meine Mitschüler. Ich galt als Nachkomme von Dschingis Khan und wurde »Papp-Chines« gerufen. Ich hatte einen breiten Mund, Schlitzaugen und zwei Löcher im Gesicht statt einer Nase. Ich war hässlich. Zumindest empfand ich mich als hässlich, und je älter ich wurde, desto mehr belastete es mich. Manche Äußerungen anderer Menschen gehen einem so unter die Haut, dass man sie ein ganzes Leben lang mit sich herumträgt.

Einmal hörte ich, wie die Nachbarin zu meiner Mutter sagte: »Wir bewundern in der Nachbarschaft ja alle, wie nett sie zu der Ellen sind, wo sie doch gar nicht ihre Tochter ist.« Meine Mutter fiel aus allen Wolken. Da legte die Nachbarin nach: »Na ja, sie sieht weder Ihnen noch Ihrem Mann ähnlich.«

Gerade als junger Mensch ist man sein Äußeres betreffend oft unsicher und möchte den herrschenden Schönheitsidealen genügen. Man muss auch die damalige Zeit vor Augen haben. Ich bin im Dritten Reich aufgewachsen, da sollte man blond und blauäugig sein. Dieses Ideal hat noch lange nachgewirkt. Selbst im deutschen Nachkriegsfilm wurden meist nur die Blonden und Blauäugigen Stars.

Heute, da ich alt und grau bin, sagen die Leute zu mir: »Du warst ja so schön!« Damals sagte das niemand. Ich war nicht schön, ich galt höchstens als »apart«. Wenn man etwas Nettes über mich sagen wollte, formulierte man das so: »Ellen ist apart!« Ich konnte das Wort schon nicht mehr hören. Wie gern wäre ich blond und blauäugig gewesen!

Natürlich suchten meine Eltern eine plausible Erklärung für das asiatische Aussehen ihrer Tochter, und siehe da, es gab eine Geschichte: Einer meiner Ahnen väterlicherseits war Kapitän eines eigenen Gewürzseglers gewesen. Mit diesem Schiff unternahm er weite Fahrten, zum Beispiel nach Borneo und Java. Der Segler konnte nur bei Ebbe in See stechen, wenn das Wasser aus dem Hafen strömte und das Schiff quasi mit sich zog. Umkehren war da nicht mehr möglich, und so warf sich seine Geliebte auf Java bei Ebbe ins Meer und schwamm dem Schiff hinterher. Dem Kapitän blieb nichts anderes übrig, als sie aus dem Wasser zu fischen und mitzunehmen. Das Mädchen war schwanger. Auf der langen Heimreise nach Holland gebar sie einen Knaben. Im Logbuch wurde vermerkt, dass die Besatzung des Schiffes ohne Personenverluste den Heimathafen erreichte. Das war zu jener Zeit ungewöhnlich, weil der Skorbut immer Opfer forderte. Weil wegen der Schwangeren aber viele Häfen angesteuert wurden und dadurch immer frische Lebensmittel zur Verfügung standen, rettete das zu erwartende und bald auf dem Schiff geborene Baby sozusagen etlichen Männern das Leben. Nur die junge Mutter überstand die Reise nicht, sie starb vermutlich an einer Blinddarminfektion. Zu Hause angekommen, legte der Kapitän seiner Ehefrau das Baby in die Arme, und die schon ziemlich alte, kinderlose Frau akzeptierte das Mitbringsel ihres Mannes.

Vollends verunsichert wurde ich eines Tages durch den saloppen Ausspruch meiner Mutter: »Kind, dich habe ich nicht geboren, dich hat der Esel im Galopp verloren.«

So verfestigte sich in mir immer mehr der Gedanke, dass ich ein angenommenes Kind wäre und nicht die Tochter meiner Eltern. Ich erfand eine schöne blonde, blauäugige Zwillingsschwester, die aber in Amerika lebte. Diese Geschichte spielte ich auch bei meinen Spielkameraden aus: Ich sei nach Deutschland geschickt und hier von meinen Eltern adoptiert worden. Als »Beweis« zeigte ich ihnen den »Stempel« auf meinem Rücken, der tiefen Eindruck auf sie machte. Ich habe da nämlich eine viereckige, briefmarkengroße Narbe. Ich bin mit zwei erdbeergroßen Blutschwämmchen auf Kopf und Rücken geboren worden. Beide wurden mit Radium weggebrannt und hinterließen diese Narben.

Dass ich hässlich war, hatte ich irgendwann verinnerlicht und akzeptiert. Als es Mode wurde, sich die langen Haare abzuschneiden, habe ich als Einzige in der Klasse meine Zöpfe nicht drangegeben, weil ich wusste, dass ich dadurch nicht schöner werden würde.

Aus Sparsamkeit musste ich zudem die Kleidung meiner Vettern auftragen und meine Füße in Jungenschuhe stecken. Das war mir zwar peinlich, aber ich durfte mich nicht beschweren, wollte ich meine Eltern nicht in Verlegenheit bringen. So habe ich meine Lektion früh gelernt.

Meine Komplexe habe ich mit Leistung und Fleiß kompensiert, denn nur so konnte ich beweisen, dass ich trotz meines Äußeren zu etwas nütze war. Ich bin sehr gerne zur Schule gegangen, habe gerne gelernt und war eine gute Schülerin. Daher bekam ich auch ein Stipendium und konnte aufs Gymnasium gehen. Meine Eltern hätten sich das Schulgeld nicht leisten können. Über das Stipendium hinaus bekam ich sogar noch über neunzig Mark

Beihilfe für Bücher und Lehrmittel und konnte so schon als Neunjährige zum Familieneinkommen beitragen.

Ein einziges Mal habe ich mein Stipendium ernsthaft gefährdet. Das Haus, in dem meine Freundin Isabel wohnte, lag direkt auf meinem Schulweg, und ich holte sie jeden Tag ab. Eines Morgens kam sie mit einem Rosenstrauß im originalen Einschlagpapier die Treppe herunter. Ihre Mutter, eine Pianistin, hatte die Rosen am Abend zuvor auf einem Konzert überreicht bekommen. Ich staunte. Doch Isabel ließ mich einen Blick in die Verpackung werfen. Die Rosen waren kaputt, die Stängel unterhalb der Knospen geknickt. Genau diese Rosen wollte Isabel malen. Ich aber hatte eine ganz andere, infame Idee für ihre Verwendung.

Fräulein Schmitz, unsere Zeichenlehrerin, war eine mittelalterliche Jungfer, ein Blaustrumpf, und nicht sehr beliebt. Zwar konnte ich mir einen Streich aufgrund meines Stipendiums gar nicht leisten, doch immerhin einen inszenieren. Isabel sollte sich kurz vor der Pause melden und sagen, dass sie dringend aufs Klo müsse. Dort hatten wir den Strauß in seiner Originalverpackung – hellgrünes Seidenpapier mit imposantem Aufdruck – deponiert. Nach angemessener Zeit sollte sie mit dem Strauß zurück ins Klassenzimmer kommen und behaupten, ein Herr habe diesen gerade für Fräulein Schmitz abgegeben. Gesagt, getan.

Fräulein Schmitz war aber leider hartnäckig und wollte wissen, wie der Herr denn geheißen und wie er ausgesehen hätte. Nun war Isabels Phantasie gefragt. Sie schilderte etwas allgemein einen Herrn mit grauem Hut und dunkelblauem Mantel. Fräulein Schmitz wurde knallrot. Glücklicherweise klingelte es zur Pause. So schnell hatte sich die Klasse noch nie geleert. Durch den Türspalt

schauten wir zu, wie Fräulein Schmitz die Blumen aus-
packte. Als sie jedoch sah, was mit den traurig verwelkten
Rosen los war, klappte sie ihr Pult auf und schmiss den
Strauß mit einem bitteren Schrei hinein.

Die Pause war zu Ende. Fräulein Schmitz saß immer
noch am Pult, den Kopf in die Hände gestützt. Die ganze
Klasse kam jetzt singend in den Klassenraum: »Schenkt
man sich Rosen in Tirol.« Daraufhin ergriff Fräulein
Schmitz laut aufschluchzend die Flucht.

Als unsere Direktorin wenig später wissen wollte, wer
hinter der Geschichte steckte, blieb mir nichts anderes
übrig, als mich zu melden. Man hatte mich sowieso schon
im Visier. Es war nicht das erste Mal, das ich etwas Ähn-
liches inszeniert hatte. Mir wurde daraufhin die Beihilfe
für die Bücher gestrichen. Das war bitter.

Weil wir so oft umzogen und ich x-Mal die Schule wechseln musste, hatte ich unversehens eine Klasse übersprun-
gen und kam bereits mit neun Jahren aufs Gymnasium.
So war ich die Jüngste in der Klasse. Das hatte wiederum
zur Folge, dass ich bereits mit dreizehn Jahren zum BDM,
dem Bund Deutscher Mädel, kam, und weil ich Gymna-
siastin war, wurde ich dort automatisch Führerin. Die
Mädchen meiner Gruppe waren alle drei bis vier Jahre
älter als ich und dachten nicht daran, sich von mir »führen« zu lassen. »Ellen Schwiers, Scharführerin, sechzehn
Mädchen in der Gruppe – angetreten keine«, musste ich
beim ersten Apell, schlotternd vor Angst, der Gauführerin
melden.

Die Gauführerin war die Tochter einer Nachbarin und
bestellte mich am nächsten Morgen in ihr Büro. Ich hatte
die ganze Nacht nicht schlafen können und stand mit
blassem Gesicht vor ihr. Doch Mali, so hieß sie, erlöste

mich: »Du hast keinerlei Führungsqualität, ich gebe dir deshalb die Spielschar. Da sind lauter Freiwillige, mit denen kannst du Theater spielen und basteln. Und ich will deinen Ariernachweis sehen«, forderte sie mich großspurig auf. Dieser Nachweis machte mir fürchterliche Angst. Dass ich alles andere als arisch aussah, wusste ich ja. Wahrscheinlich würde nun die Wahrheit ans Licht kommen, nämlich dass ich tatsächlich ein angenommenes Kind war, ein »Papp-Chines«.

Meine Eltern hatten wegen des Ariernachweises den größten Krach ihres Lebens. Die Unterlagen zusammenzusuchen war mühsam und schikanös. In der Linie meiner Mutter tauchte eine Franziska Neuschild, eine Berliner Jüdin auf, und bei meinem Vater stellte sich heraus, dass einer seiner Ur-Ur-Großväter ein sogenannter ›hochherrschaftlicher Pferdeknecht‹ gewesen war. Wann immer meine Eltern sich zukünftig stritten, hieß es nun bei meiner Mutter als äußerste Demütigung: »Das ist wohl der ›hochherrschaftliche Pferdeknecht‹, der aus dir spricht.«

Seit 1933 war unzensiertes, engagiertes Theater nicht mehr möglich. Nach dem Reichstagsbrand am 28. Februar 1933 erließen die Nationalsozialisten die »Verordnung zum Schutz von Volk und Staat«, ein Ausnahmezustand, der die wichtigsten Grundrechte der Weimarer Verfassung außer Kraft setzte und bis 1945 nicht mehr aufgehoben werden sollte. So konnte die Regierung ihre Ideologie nun in juristisch abgesicherter Form durchsetzen, durch Gleichschaltung, Propaganda, Terror und straffe Organisation. Jeder Staatsbürger sollte organisatorisch registriert sein, alle Kulturschaffenden wurden einheitlich in der Reichskulturkammer erfasst, die dem Reichspropagandministerium untergeordnet war. So war es für die Schauspieler Pflicht, Mitglied in der Reichskulturkammer zu sein, sonst wurde ein Berufsverbot gegen sie verhängt.

Die Intendanten einiger kleiner Stadttheater wie Gera oder Halberstadt, an denen mein Vater engagiert war, entwickelten zudem den Ehrgeiz, der Reichskulturkammer in Berlin melden zu können, dass die Mitglieder des Theaters geschlossen in die NSDAP eingetreten waren. Das war auch ausdrücklich von der Partei gewünscht, denn so konnten die Theater kontrolliert und gleichgeschaltet werden und die Intendanten mussten nicht nur der Stadtverwaltung, sondern auch dem jeweiligen Gauleiter berichten.

Meine Eltern hielten nichts von der NSDAP, sie fühlten sich denen nicht zugehörig, es war für sie die Partei der kleinen Leute. Sie selber sahen sich als Intellektuelle. Mein Vater haderte mit der Partei vor allem aus ideellen Gründen, denn sein Vater war Vorsitzender der Freimaurerloge in Stettin gewesen, die verboten worden war. Er selber wiederum gehörte der Münchner Burschenschaft Rhenania an, die ebenfalls unter die verbotenen Organisationen fiel. Die Rhenania bekannte sich gemäß ihrem Wahlspruch zu Demokratie und Freiheitsrechten und lehnte extremistische Positionen ab. Mein Vater weigerte sich also, in die Partei einzutreten, und verlor ein Engagement nach dem anderen. Bei uns zu Hause breitete sich bittere Armut aus.

Schließlich wurde mein Vater in Kolberg für das Sommertheater engagiert. Unter der Bedingung, dass er in die Partei eintrat, bot man ihm zusätzlich sogar noch die Winterspielzeit an. Erneut weigerte er sich. Ich erinnere mich an einen Kollegen, der daraufhin vehement auf ihn einredete und ihm die SA oder SS mit den Worten schmackhaft zu machen versuchte, dass er dann eben nicht in der Partei wäre, was er ja ablehne, sondern in einem der Verbände, und das würde doch sicher in Ordnung gehen. Er stellte meinem Vater in Aussicht, in diesem Fall nur hin und wieder sonntagmorgens Dienst machen zu müssen, in Form von Lesungen, dem Vortrag einiger Gedichte oder eben mal einen Monolog vorzuspielen, zum Beispiel »Faust«. Schließlich war der Widerstand meines Vaters ermattet, und er trat in die SA ein. Der Grund war ein rein pragmatischer: Er besaß braune Stiefel und keine schwarzen. Nicht auszudenken, wenn er schwarze gehabt hätte und deswegen zur SS gegangen wäre!

Eines Sonntags kam er triumphierend nach Hause. Er hatte Gedichte von Tucholsky und Heine vorgelesen, und niemand hatte es bemerkt.

Nach dem Röhm-Putsch 1934 verlor die SA politisch an Bedeutung, und mein Vater stand wieder unter dem Druck der Theaterleitung, in die Partei einzutreten. Es gab kein Entkommen. Um seinen Protest gegen den erzwungenen Eintritt zum Ausdruck zu bringen, bezahlte er nie die Parteibeiträge.

Nachdem er 1941 eingezogen worden war, tauchte bei uns nun ständig ein Blockwart auf, um die ausstehenden Parteibeiträge einzutreiben. »Wir sind nicht in der Partei.« Mit dieser Bemerkung schlug meine Mutter ihm jedes Mal die Tür vor der Nase zu. Doch eines Tages stellte er seinen Fuß dazwischen und drang in die Wohnung ein. Meine Mutter schrie: »Hausfriedensbruch!«, konnte aber nichts gegen ihn ausrichten. Der Blockwart, der uns sowieso schon auf dem Kieker hatte, schaute sich genüsslich bei uns um und vermisste im Wohnzimmer das Hitlerbild. Meine Mutter redete sich um Kopf und Kragen: »Sehen Sie, da hängt mein Bruder, er ist als Oberleutnant und Kompanieführer in der Ukraine gefallen. Wenn Ihr Herr Hitler tot ist, bin ich bereit, ihn ebenfalls aufzuhängen. Aber lebende Personen kommen bei mir nicht an die Wand. Wieso sind Sie eigentlich nicht Soldat? Mein Mann ist im Krieg, und Sie? Wieso sind Sie hier?« Ich wäre am liebsten im Erdboden versunken und hatte furchtbare Angst, dass der Blockwart nun böse Rache an uns nehmen würde. Doch er drohte uns nur damit, dass er bei seinem nächsten Besuch ein Hitlerbild an der Wand sehen wollte.

Meine Mutter rannte daraufhin mit vor Aufregung roten Flecken am Hals zu unserer Nachbarin im Parterre. Frau Kleber war die Witwe eines SS-Offiziers, der in Frankreich von der Résistance getötet worden war. Sie hatte nicht nur ein Hitlerbild, sondern auch ein großes koloriertes Foto von Heinrich Himmler über ihrem Sofa hängen. Immer wenn meine Mutter Frau Kleber besuchte, fiel ihrerseits die Bemerkung: »Wie können Sie diesen grässlichen Kerl bloß ertragen?« Und jedes Mal antwortete Frau Kleber: »Wenn ich auf dem Sofa sitze, sehe ich ihn ja nicht.« Frau Kleber holte aus einer Schublade gleich mehrere Hitlerbilder. Mutters Wahl fiel auf ein Bild, das Hitler bis zur Hüfte in Parteiuniform zeigte, eine Hand wie Napoleon vor der Brust, auf dem Kopf eine Mütze. Es war das kleinste Bild.

Wohin damit? Im Wohnzimmer, in einer Ecke, stand ein Kohleofen, der die ganze Wohnung beheizte. Links davon gab es eine Tür und rechts ebenfalls. Wenn beide Türen offenstanden, damit alle Räume Wärme bekamen, verschwand der Ofen hinter ihnen und mit ihm das Hitlerbild, das meine Mutter direkt neben dem Ofen platziert hatte.

Krieg

Der Zweite Weltkrieg weckt in mir fürchterliche Erinnerungen. Ständiger Fliegeralarm, Tod, Zerstörung, Flucht, Hunger, Hilflosigkeit und die immer präsente Angst. Die Menschen haben den Krieg unterschiedlich erlebt. Manche waren sogar kaum von ihm betroffen. Was Krieg mit Menschen macht, mit ihrer Seele, ist nicht vermittelbar, macht sprachlos. Zumindest mich. Es trennt die Menschen, es trennt sie von nachfolgenden Generationen, die so etwas nicht erlebt haben und nicht nachvollziehen können. Meine Ausdrucksmittel sind zu gering, um das Ausmaß des Erlebten zu schildern. Sobald ich es versuche, tauche ich ein in längst vergangene Situationen, bin sofort wieder im Geschehen und werde davon überwältigt.

Jahrelang konnte ich vieles gut verdrängen, aber jetzt im Alter gelingt mir das immer weniger. Meine Erinnerungen scheinen ein Eigenleben zu führen und suchen mich immer häufiger heim. Das Ringen um Seelenfrieden, der einhergeht mit Unbeschwertheit, Gelassenheit und auch mit Leichtigkeit, habe ich verloren.

Ich war neun Jahre alt, als der Krieg ausbrach. Zu dieser Zeit lebten wir in Koblenz. Mein Vater war dort in der Spielzeit 1939 am Stadttheater engagiert. Ich erinnere mich noch, dass er eines Tages empört nach Hause kam und zu meiner Mutter sagte: »Liselotte, beide Konfessionen haben die Waffen gesegnet, wir treten sofort aus der Kirche aus.« Von da an waren wir ohne eine Institution, aber Gott-gläubig.

Schon bald wurde meinem Vater angeboten, als Oberspielleiter nach Krefeld zu gehen, für ihn ein großer Schritt nach vorne, denn Krefeld war ein ganzjähriges Theater. Mein Vater sagte zu, machte gleichzeitig aber einen fatalen Fehler. Aufgrund des Theaterwechsels war er drei Monate arbeitslos, hatte sich beim Wehrbezirkskommando aber nicht nach Krefeld umgemeldet und wurde nun genau in dieser Zeit von der Wehrmacht eingezogen. Angeblich wusste er nicht, dass man das tun musste. Der Krefelder Intendant bemühte sich zwar, meinen Vater aus dem Wehrmachtsdienst herauszulösen, der Koblenzer Intendant ebenfalls, aber es war aussichtslos.

Daher wurde mein Vater bereits 1941 eingezogen. So bestürzt die Familie war, im Nachhinein erwies sich das sogar als glückliche Fügung, denn die Schauspieler, die erst 1944, nach der Schließung aller Theater, eingezogen wurden, waren das reinste Kanonenfutter. Mein Vater kam zur »Landmarine« und lernte dort Lastwagen fahren, mit denen die Schiffe versorgt wurden. Ich sah meinen Vater in den folgenden fünf Jahren nur bei seinen seltenen Heimaturlauben.

Bei einem seiner Besuche fand in Koblenz ein entsetzlicher Bombenangriff statt. Als wir aus dem Keller kamen, sahen wir das Dach der Florinskirche brennen. Die Dachziegel flogen explosionsartig durch die Luft. Vater sagte zu mir: »Schau es dir genau an, so etwas siehst du in deinem Leben nie wieder.« Das war gemessen an all dem, was noch kommen sollte, allerdings naiv.

Mein Vater nahm mich, seine dreizehnjährige Tochter, in Richtung der brennenden Altstadt mit, um dort zu helfen und zu retten. Wir liefen an der Mosel entlang bis zur Moselbrücke. Um uns herum ein Höllenlärm: die lodernden Flammen der brennenden Altstadt, die lauten Geräusche der Feuerwehr, die Löschwasser aus dem Fluss pumpte, die Verzweiflungs- und Schmerzensschreie der den Flammen ausgesetzten Menschen. Geblendet durch den gleißenden Schein der Feuersbrunst, der sich in der Mosel widerspiegelte, konnte ich nicht sehen, wo ich hintrat. Plötzlich hörte ich eine hysterische Frauenstimme schrill schreien. Der Strahl einer Taschenlampe wurde auf meine Füße gerichtet. Ich stand auf Leichen, die dort abgelegt waren. Immer noch sehe ich dieses entsetzliche Bild: ein kleiner toter Junge, voller Blut, sein aufgeschlitzter Bauch, und er hielt noch ein Essgeschirr in der Hand, mit dem er seinem Vater das Essen zur Arbeit gebracht hatte. Der Körper seines Vaters lag völlig zerfetzt neben ihm. Ich war vor Entsetzen wie gelähmt, ich wusste nicht, wie ich mich bewegen sollte, wie ich dort wegkommen konnte. Überall breitete sich mehr und immer mehr Blut aus. In meinen Holzschuhen, in denen meine nackten Füße steckten, stand das Blut. Wenn ich die Zehen bewegte, spürte ich, wie es quatschte. Mein Vater fasste mich unter den Achseln und hob mich von den Leichen herunter. Ich schleuderte meine blutigen Schuhe von den Füßen in die Mosel. Das war eine Kurzschlussreaktion, denn überall lagen Bombensplitter, die mir beim Gehen nun die Fußsohlen zerschnitten.

Als Vater und ich nach Hause kamen, sahen wir, dass sämtliche Fenster des Hauses kaputt waren. Die ganze Hausgemeinschaft saß im ersten Stock zusammen. Damit sich alle etwas beruhigten, hatte jemand Schnaps ausgegeben. Alle starrten uns an, und meine Mutter schrie entsetzt: »Ellen, wie siehst du denn aus?« Bis zu den Knien war ich voller Blut, eigenem und fremdem. Da brach ich mit einem Weinkrampf zusammen: »Mami, ich habe auf Toten gestanden.« Ich konnte nicht mehr aufhören zu weinen. Irgendjemand hat mir schließlich eine Beruhigungsspritze gegeben, meine blutenden Füße desinfiziert und die tiefsten Schnitte genäht.

Bis heute habe ich den toten kleinen Jungen mit dem Essgeschirr vor Augen und bin immer wieder mitten im Geschehen. Es ist nicht zu verarbeiten.

Nach jedem Bombenangriff musste ich mich als BDM-Mädchen in der Steinschule zum Appell melden. Wir mussten Verschüttete aus den Kellern ausbuddeln. Sie lagen, vom Staub und Schutt weiß wie die Mehlwürmer, in den Trümmern. Wenn alle überlebt hatten, waren das glückliche Momente. Innerlich wappnete man sich stets dagegen, auch auf Leichen zu treffen. Wenn das der Fall war, hörten wir mit dem Graben auf und es kamen erwachsene Helfer dazu. Die Leichen zu sehen war grauenvoll. Aber man musste funktionieren, musste den Schrecken mit sich selbst ausmachen. Wir mussten aufräumen! Es war so. Es war Krieg. Die geborgenen Toten wurden nebeneinander gereiht. Manche hatten keine Gliedmaßen mehr. Dann legte man ihnen die Arme oder Beine, die man fand, auf den Bauch.

Der Tod war für mich entsetzlich. Zerfetzte Leiber, aufgerissene Augen, aufgerissene Münder. Bloß nicht sterben, dachte ich – bloß nie sterben. Den ersten »normal«, also nicht im Krieg gestorbenen Menschen sah ich 1954 in Göttingen. Das war mein Kollege Siegfried Breuer. So kann der Tod also auch sein, dachte ich. So friedlich und schön.

Koblenz war eine Brückenstadt und damit ein strategisches Angriffsziel für die Engländer und ab dem Eintritt der Amerikaner in den Krieg auch für diese. Die Brücken wurden durch silberne Sperrballons geschützt, die von dünnen eisernen Seilen gehalten, höhenverstellbar bis an die sechstausend Meter hoch in den Himmel ragen konnten. Ihr Zweck war es, feindlichen Piloten den Anflug auf die Brücken und umliegenden Bodenziele zu erschweren, denn sie zwangen dazu, in größerer Höhe zu fliegen, was sich auf die Treffgenauigkeit auswirkte. Manchmal konnten die angreifenden Flugzeuge durch sie sogar zum Absturz gebracht werden, wenn die Piloten ihnen nicht mehr ausweichen konnten, zumal sie bei Nacht nicht sichtbar waren. Da die feindlichen Flieger in den letzten Kriegsjahren sehr oft angriffen, war das Aufsteigen der großen, mit Traggas gefüllten Ballons das Zeichen für einen baldigen Angriff, noch bevor wir Fliegeralarm bekamen.

Die Bombenangriffe der Amerikaner und Engländer hörten bald überhaupt nicht mehr auf. Am Ende des Krieges war Koblenz zu mehr als neunzig Prozent zerstört. Wir haben fast nur noch im Keller gelebt, denn andauernd gab es Fliegeralarm. Große Teile der Stadt lagen in Schutt und Asche. Doch auf wundersame Weise stand die Schwerzstraße, in der wir wohnten, noch. Aber wir ahnten, dass wir wohl bald als Nächstes dran waren und dass auch die Luftschutzkeller letztlich keine Sicherheit boten. Ich hatte ja selbst erlebt, dass die Menschen in ihnen verschüttet wurden und starben. Meine Freundin Meta Jost hatten wir aus so einem Keller ausgegraben. Sie sah aus wie ein Geist. Gesicht und Körper waren vom Staub der Steintrümmer wie bemehlt. Ihre Großmutter war tot, und Meta brachte kein Wort mehr heraus. Sie stand unter Schock und weinte um ihr Kaninchen.

Meine Mutter beschloss, Koblenz mit uns Kindern zu verlassen. Sie machte sich auf den Weg zur Steinschule, denn dort musste sie uns abmelden, um für die Reise

Lebensmittelkarten zu erhalten. Kaum war meine Mutter losgegangen, erfolgte ein schwerer Luftangriff. Die Bomben schlugen genau im Gebiet der Steinschule ein, also dort, wo meine Mutter sich gerade aufhielt. Ich war sicher, dass ich sie nie wiedersehen würde. Nicht weit von uns entfernt hatte ein Kohlelager angefangen zu brennen. Die Luft war voller glühender Asche, und brennende Kohlenstücke landeten auf unserem Hausdach. Es drohte Feuer zu fangen. Außer meinem kleinen Bruder Gösta und mir war niemand mehr im Haus. Unsere Wohnung lag im obersten Stock. Also sind wir hinaus aufs Dach geklettert, um zu löschen. Gösta musste mir aus der Badewanne Wasser bringen – zu der Zeit sollten die Badewannen immer voller Wasser sein –, und ich habe mit langen Stangen, um die ich nasse Lappen wickelte, versucht, die Brandnester zu löschen.

Vom Dach aus sah ich meine Mutter auf der Straße um die Ecke biegen. Da bin ich fast ohnmächtig geworden, so glücklich war ich, dass sie noch lebte.

Sofort begannen wir unsere Habseligkeiten zu sortieren und zu packen. Man konnte seinen Besitz in der Festung Ehrenbreitstein deponieren, aber wir trauten dem System nicht. Daher ließen wir unsere Möbel in der Wohnung stehen und verstauten unsere persönlichen Dinge in einer Kiste im Keller. Nur mit Handgepäck und einem Köfferchen mit Silberbesteck verließen wir Koblenz. Das Besteck stammte aus dem Zietlower Haushalt meiner Großeltern und war der einzige Wertgegenstand, den wir aus unserer Wohnung mitnahmen. Wir hüteten es wie unseren Augapfel. Später stellte sich heraus, dass es sich um ein »nur« versilbertes Besteck handelte. Das war aber nicht weiter schlimm, hatte es für uns doch vor allem einen ideellen Wert.

Mein Großvater väterlicherseits organisierte, dass ich nach Niesky auf die Internatsschule der evangelischen Brüdergemeinde kam. Die Schwester meines Vaters, Tante Agnes, arbeitete dort als Sportlehrerin. Ich wurde alleine in die Bahn gesetzt. Wenn ich mir das heute überlege, finde ich es unglaublich. Niemals hätte ich eines meiner Kinder alleine, mitten im Krieg, quer durch ganz Deutschland geschickt. Doch meine Eltern hatten das schon einmal getan und mich als Elfjährige zusammen mit meinem damals fünf Jahre alten Bruder »verschickt«, nach Königsberg zu Tante Grete, einer Cousine meiner Mutter, und Onkel Max, ihrem Mann. Dort blieben wir ungefähr drei Monate. Es war der Stalingradsommer 1942. Ich sehe meine Eltern noch gemeinsam am Bahnsteig stehen, um uns zu verabschieden. Mein Vater war kurz zuvor für ein paar Tage auf Urlaub gekommen. In dem rappelvollen Zug musste ich stehen. Bis Berlin sind wir noch begleitet worden, danach wurden wir uns selbst überlassen. Wir mussten umsteigen und uns durchfragen. Als wir endlich in Königsberg ankamen, nahm uns dort niemand in Empfang. Meine Tante hatte sich verspätet. Diese vierzig Minuten, die wir Kinder alleine, völlig übermüdet auf dem Bahnhof standen und nicht wussten, ob noch jemand käme, um uns abzuholen, waren eine harte Prüfung.

Ich war nun im Internat, und meine Mutter und mein Bruder landeten bei zwei weiteren Cousinen meiner Mutter in Leipzig, den Zwillingsschwestern Erika und Eva. Tante Erika war Kriegswitwe und hatte vier Kinder zu versorgen. Tante Eva hatte zwei Kinder. Ihr Mann, der Wirtschaftshistoriker Professor Friedrich Lütge, stand dem Kreisauer Kreis, einer bürgerlichen Widerstandsgruppe, nahe. Das wusste aber keiner, zumindest meine Mutter wusste es nicht.

Es war Juli 1944, die Front rückte immer näher und die beiden Schwestern machten sich auf nach Königsberg, um ihre alte Mutter zu holen. In der Zeit ihrer Abwesenheit führte meine Mutter dem Professor und den nun insgesamt acht Kindern den Haushalt. Als am 20. Juli 1944 das Attentat auf Hitler scheiterte, war der Professor plötzlich verschwunden. Einige Kreisauer hatten sich der Widerstandsgruppe um den Hitler-Attentäter Claus Schenk Graf von Stauffenberg angeschlossen, nachdem Anfang 1944 einer der Gründer des Kreisauer Kreises, Helmuth James Graf von Moltke, verhaftet worden war. Es dauerte nicht lange, da stand die Gestapo vor der Wohnungstür, um den Professor zu verhaften, fand aber nur eine Frau und acht Kinder vor. Sie nahmen meine Mutter, die keine Ahnung hatte, wo sich der Professor aufhielt, kurzerhand mit und brachten sie in einen Keller zum Verhör. Sie hat, nach dem, was sie uns später erzählte, den Ernst der Lage gar nicht begriffen, sondern sich stattdessen lautstark darüber beschwert, dass eine grelle Lampe auf sie gerichtet war und dass sie, eine Dame, diesem grauenvollen Licht ausgesetzt wurde. Sie haben sie tatsächlich wieder ziehen lassen. Ich glaube, ihre Naivität hat ihr das Leben gerettet.

Der Professor tauchte erst kurz vor Kriegsende wieder auf. Im Auftrag der Besatzungsmächte wurde er zunächst Rektor der Universität Leipzig und nahm ab 1947 seine Lehrtätigkeit in München wieder auf.

Nachdem Tante Eva und Tante Erika mit ihrer Mutter aus Königsberg zurückgekommen waren, fuhr meine Mutter mit Gösta nach Kreuzburg in Ostoberschlesien zu ihrer Schwester Jette, die vor den Bombenangriffen aus Berlin geflohen und mit ihren drei kleinen Töchtern dort untergekommen war. Ihr Mann, mein sehr geliebter Onkel Heinrich, forschte als Ingenieur für Maschinenbau für die DVL, die Deutsche Versuchsanstalt für Luftfahrt, weshalb er auch nicht eingezogen worden war. Einen Teil seiner Abteilung hatte man von Berlin nach Kreuzburg verlegt und in Paradies, dem heutigen Gościkowo, im dortigen Kloster untergebracht.

Am 4. Oktober 1944 brannte unsere Wohnung in Koblenz völlig aus. Erst vier Wochen später wurde mir die traurige Nachricht auf einer vorgedruckten Karte mit der Post überbracht. Wir hatten gerade eine Freistunde. Ich saß auf der Bank am Kamin und zerdrückte ein paar Tränchen. Johanna, ein Mädchen, mit dem ich mich angefreundet hatte, fragte nach dem Grund. Ich reichte ihr stumm die Postkarte. »Der 4. Oktober – das war doch die Nacht, in der du so geschrien hast«, stellte sie fest. Wir schliefen alle in einer Art Wintergarten, und ich hatte im Schlaf so laut geschrien, dass mich meine Zimmergenossinnen gerüttelt und geschüttelt hatten, weil ich mich einfach nicht beruhigen konnte. Ich hatte geträumt, ich stünde in Koblenz in der Tür unseres Wohnzimmers vor einem Flammenmeer. Zwischen den Fenstern hing ein großer Spiegel, ein Erbstück meiner Mutter. Er reichte vom Boden bis zur Decke und hatte ein silberhinterlegtes, geteiltes Spiegelglas. Der Rahmen war barock geschnitzt und mit Blattgold belegt. Ich sehe in diesem Spiegel, wie ich in der Tür stehe, sehe, wie ich weine und mir die Tränen übers Gesicht rinnen. Oder war es das Spiegelglas, das in der Hitze der Flammen langsam schmolz und gleich Tränen hinablief? Ich sehe mich auch im Kinderzimmer stehen und voller Entsetzen dabei zusehen, wie meine heißgeliebte Bibliothek verbrennt, über hundert Bücher, das Kasperletheater und das barocke Papiertheater von den Großeltern. In der Küche brannte das Büffet, eine besondere Kostbarkeit in meinen Augen, weil mein Vater es mit angeblich von Rembrandt bemalten und gebrannten Kacheln aus Holland beklebt hatte. Mein Vater hatte sie in mehreren Antiquitätenläden entdeckt und schwor darauf, dass sie echt seien.

Das war ein weiteres Mal, dass ich in einem Traum so lebhaft das sogenannte zweite Gesicht hatte, auch wenn ich nicht in die Zukunft sah, sondern zeitgleich im Geschehen war. Das begriff ich aber erst, als Johanna mich an diese Traumnacht erinnerte.

Später, als wir nach dem Krieg wieder nach Koblenz kamen, stand ich in den Trümmern unseres Wohnzimmers vor dem zerschmolzenen Spiegelglas aus meinem Traum. Von unseren Möbeln, unserer Einrichtung, war nur die Scherbe einer kleinen gelben Wandvase übrig geblieben. Diese Scherbe hängt als Erinnerung noch heute in meinem Esszimmer an der Wand.

Der Winter 1944 war bitterkalt. Das merkten wir auch im Internat. Meine fünfzehn Mitbewohnerinnen hatten jedoch alle warme Federbetten von zu Hause mitgebracht. Ich besaß nur eine dünne Decke und ging deswegen mit meinem Trainingsanzug ins Bett. Wenn ich am Morgen aufwachte, war mein Atem auf dem Kopfkissen gefroren.

Weihnachten stand vor der Tür, und das Internat wurde über die Weihnachtsferien geschlossen. Alle fuhren mit leichtem Gepäck nach Hause. Ich aber packte alle meine Sachen in meinen Koffer, denn ich hatte beschlossen, nicht mehr ins Internat zurückzukehren. Ich wollte bei meiner Mutter und meinem Bruder bleiben. Wo unser Vater war, wussten wir zu diesem Zeitpunkt schon nicht mehr. Also machte ich mich auf nach Kreuzburg. Als ich ankam, freute sich meine Mutter keineswegs, sondern war erbost, dass ich das Internat aufgekündigt hatte. Schließlich, meinte sie, wäre das Internat noch für ein Vierteljahr bezahlt. Ihre Reaktion verletzte mich sehr. Ich hatte das Gefühl, sie legte keinen Wert auf mich. Meiner Mutter kam es offenbar gar nicht in den Sinn, dass ich bei meiner Familie sein wollte – es war doch Krieg.

Kreuzburg lag achtzig Kilometer westlich der damaligen polnischen Grenze, und der Landrat, in dessen Haus wir mit Tante Jette und ihren drei kleinen Töchtern wohnten, riet uns: »Sobald es im Wehrmachtsbericht heißt, dass die russischen Panzer bei Tschenstochau durchgebrochen sind, müsst ihr von hier weg, denn dann stehen die Russen bald vor unserer Haustür.« Nur wenig später war es so weit, und wir mussten aus Kreuzburg fliehen.

Flucht

Wir landeten auf einem Bauernhof. Die Bauernfamilie war wegen der Festungsfront Oder-Warthe-Bogen, einer seit 1934 aufgebauten, stark befestigten Verteidigungslinie, von der Bevölkerung auch »Ostwall« genannt, umgesiedelt worden und hatte einen nigelnagelneuen Bauernhof bekommen, der drei Kilometer vom Ort entfernt auf einer Warft lag. Hinter dem Hof begann ein Hochmoor, das an einen Wald grenzte.

Jeden Tag fuhr ich nun mit der Bahn, gemeinsam mit sieben weiteren Kindern, nach Meseritz zur Schule. Eines Morgens war die ganze Stadt voller Menschen, Pferde, Wagen und Gespanne. Ein Treck war angekommen. Auf den Straßen gab es kaum noch ein Durchkommen. Als wir Kinder schließlich in der Schule ankamen, schlug der Hausmeister die Hände über dem Kopf zusammen. »Was wollt ihr denn hier? Die Schule ist geschlossen. Die Russen sind im Anmarsch.« Wir erschraken, und wir wussten nicht, wie wir wieder zurück nach Hause kommen sollten. Wir konnten die zwölf Kilometer zurück doch nicht zu Fuß laufen! Es hatte stundenlang geschneit, der Schnee lag inzwischen hüfthoch. Verzweifelt gingen wir zum Bahnhof. Dort erbarmte sich unserer ein Lokführer und bot an, uns nach Hause zu fahren. Die Waggons wurden abgekoppelt, wir bekamen jeder eine Schaufel in die Hand gedrückt, und nur mit der Lok fuhren wir los. Die

Fahrt dauerte eine Ewigkeit. Alle paar Kilometer mussten wir mit unseren Schaufeln erst den Schnee von den Schienen schaufeln, der sich dort zusammengeschoben zementschwer türmte, bevor wir weiterfahren konnten. Erst gegen Mittag traf ich zu Haus ein.

Noch am selben Tag, am Nachmittag, sah ich vom Hof aus am Waldrand zwei russische Panzer. Sie gaben einen Schuss ab, die Kugel versank im Moor. Damit war klar, dass die Panzer nicht über das Hochmoor fahren konnten, ohne zu versinken. Als ich schrie und die Erwachsenen rief, hatte der Schnee schon wieder alles zugedeckt und die Panzer waren im Wald verschwunden.

Die Front mit ihrer Geräuschkulisse, dem ununterbrochenen Geballere und Donnern, rückte immer näher und wurde immer lauter. Dass die Ostfront nahe war, hatte auch Onkel Heinrich im Wehrmachtsbericht gehört und bereits einen LKW organisiert, der geheime Dokumente der DVL nach Berlin fahren und zusätzlich nun auch Tante Jette, meine Mutter und uns fünf Kinder mitnehmen sollte nach Berlin-Bohnsdorf, wo meine Tante und mein Onkel wohnten.

Ob der bevorstehenden Flucht erlitt meine Mutter einen Zusammenbruch. Sie wollte lieber auf dem Hof bleiben, als schon wieder ins Ungewisse zu fliehen. Ich konnte sie verstehen. Ihr Zuhause gab es nicht mehr, es war zerstört. Als Ausgebombten hatte man uns auch bereits zwei neue Betten und einen neuen Schrank zugewiesen. Und sie hatte sich mit der Bäuerin angefreundet. Vieles erinnerte sie hier an ihre Kindheit. Doch wir wollten auf keinen Fall den Russen in die Hände fallen. Obwohl Tante Jette und ich mit Engelszungen auf meine Mutter einredeten, schluchzte sie nur und wollte nicht einsteigen, als der LKW kam, um uns abzuholen. Daraufhin habe ich einen Anfall bekommen, denn im Gegensatz zu den anderen hatte ich in Meseritz den Flüchtlingstreck und unweit des Hofes die Panzer gesehen und wusste, wie ernst die Lage war. Schließlich fügte sich meine heulende Mutter und stieg ein. Onkel Heinrich versuchte noch, so viele seiner Mitarbeiter wie möglich auf dem LKW unterzubringen. Doch einige mussten zurückbleiben und ihr Schicksal selbst in die Hand nehmen.

Wie gut wir daran getan hatten, schnellstens zu fliehen, erfuhren wir Wochen später, als Onkel Heinrich zu uns stieß. Auf unserem Bauernhof hatte keiner die Ankunft der Russen überlebt.

Onkel Heinrich hatte Order gegeben, kein Gepäck mitzunehmen, also zogen wir für die Flucht unsere gesamte Kleidung übereinander an. Außer meinem eigenen Mantel war ich noch in einen zweiten von meiner Mutter geschlüpft, und Gösta hatte über seinen Mantel noch einen von mir gezogen. Mein Bruder bekam ein frisch geschlachtetes Huhn für unsere Verpflegung unterwegs auf den Rücken gebunden, und ich trug einen Rucksack und das Köfferchen mit dem Silberbesteck.

Auf dem LKW wurden wir auf der Ladefläche unter einer Plane versteckt, wir durften nicht gesehen werden. Für den Fall, dass man uns anhalten würde, erhielt Gösta die Aufgabe, das Baby meiner Tante ruhig zu halten, was den Sechsjährigen ziemlich überforderte. Wir durften nicht unter der Plane herausschauen, taten es natürlich trotzdem. Auf diese Weise bekamen wir auch mit, dass wir an mehreren Flüchtlingstrecks vorbeifuhren. Schließlich kamen uns deutsche Militärfahrzeuge entgegen, die mit Holzgas betrieben wurden. Meine Mutter sah das zum ersten Mal und stellte resigniert fest: »Wir werden diesen Krieg verlieren, wir haben ja nicht einmal mehr Benzin.«

Vor Frankfurt an der Oder wurden wir von deutschen Soldaten angehalten. Sie bedeuteten uns auszusteigen und konfiszierten den Lastwagen. Zwei Sekretärinnen der DVL, die mit im Wagen gesessen hatten, zeterten und gestikulierten und versuchten, den Soldaten klarzumachen, dass sie hochbrisante geheime Dokumente nach Berlin bringen müssten. Doch es half alles nichts, der Wagen wurde beschlagnahmt. Ich habe mich später manchmal gefragt, was das wohl für ein brisantes Material war, das hier befördert und nun so schmachvoll zusammen mit dem LKW einfach entwendet wurde.

Da standen wir nun alle an der Straße. Tante Jette war der Meinung, dass wir von der Himmelsrichtung her gesehen weiter nach Nordwesten gehen müssten. Also verließen meine Mutter, meine Tante und wir fünf Kinder die Straße und zweigten in den Wald ab.

Es war bitterkalt. Ich war die Älteste und hatte die Babyflasche unter meiner Achselhöhle, damit sie nicht ebenso einfror wie unser Brot, das bereits zu einem Eisklumpen geworden war und nicht mehr gekaut werden konnte. Im Wald lag zwar nicht so viel Schnee, aber es gab auch keinen richtigen Weg. Wir mussten uns unseren Pfad durch das Unterholz schlagen. Nach Stunden wurde uns dabei so heiß, dass wir Kinder anfingen, uns auszuziehen. Es fiel mir nicht leicht, den Mantel meiner Mutter im Wald zurückzulassen. Auch mein Bruder warf meinen Mantel weg. Irgendwann setzte meine Mutter sich auf einen Baumstumpf und wollte keinen Schritt mehr weitergehen. Voller Verzweiflung habe ich auf sie eingeschlagen, um sie zum Aufstehen zu bewegen. »Dir wird die Hand aus dem Grabe wachsen. Du hast deine Mutter geschlagen«, warf sie mir vor. Das war eine entsetzliche Drohung, die mich verstörte, aber ich hatte immerhin erreicht, dass sie sich weiterschleppte.

Wir sind den Rest des Tages und die folgende Nacht durch den Wald gelaufen. Als es dämmerte, waren wir nicht mehr sicher, ob die Richtung noch stimmte. Wir hatten uns immer nach dem Geräusch der Front gerichtet. Solange wir das Donnern hinter uns hörten, war uns klar, dass wir gen Westen liefen. Jetzt aber hörten wir auch Motorengeräusche im Süden. Tante Jette und ich wollten es genauer wissen und liefen in diese Richtung, bis wir auf die Hauptstraße stießen. Was wir dort sahen, war schockierend: Russische Panzer hatten einen Flüchtlingstreck von der Straße gedrängt und zum Teil niedergewalzt. Was wir im Wald gehört hatten, war das Dröhnen der Motoren von Militärfahrzeugen, das Stöhnen und Schreien von Menschen und Tieren. Einige Fuhrwerke standen zerbrochen am Rand, Pferden waren die Beine abgefahren worden. Es war ein grausiger Anblick. Wir sind sofort wieder umgekehrt, um uns weiter durch den Wald zu schlagen.

Als die zweite Nacht anbrach, stießen wir endlich auf eine Siedlung und klingelten beim erstbesten Haus. Wir wurden hereingelassen und bekamen ein leeres, unmöbliertes Zimmer zugewiesen. Es war eine kalte Nacht, und wir hatten nichts Warmes mehr dabei, hatten wir uns doch all der übereinandergezogenen Mäntel, Jacken, Pullover entledigt. Mich plagten entsetzliche Zahnschmerzen. Als es hell wurde, ging ein alter Mann mit mir zu einem Zahnarzt, der mir kurzerhand ohne Betäubung einen Backenzahn zog. Die Betäubungsmittel waren knapp und für die Soldaten reserviert. Der Schmerz verschwand aber sofort.

Die Familie, bei der wir übernachtet hatten, gab uns einen Schlitten, auf den konnten wir nun das Baby und seine vierjährige Schwester setzen. Das war eine große Erleichterung. Vor uns lag ein weiterer langer Tag. In völliger Dunkelheit erreichten wir endlich Bohnsdorf, einen Vorort im Osten von Berlin. In einem kleinen Zweifamilienhaus im ersten Stock lag die Wohnung von Tante Jette. Sie war total ausgeräumt, denn die Tante hatte all ihren Besitz mit nach Kreuzburg genommen. Es gab nichts. Keinen Tisch, keinen Stuhl, kein Bett. Zum Glück besaßen wir noch das Huhn, und ich hatte, gleich nachdem Onkel Heinrich uns wissen ließ, dass er einen LKW schicken würde, vor unserem Aufbruch Reise-Lebensmittelkarten organisiert. Ich war in Paradies runter ins Dorf gelaufen, um meine Mutter, Gösta und mich beim Bürgermeisteramt abzumelden. Ich bin im Dritten Reich großgeworden, also wusste ich auch, wie es funktionierte. Tante Jette, die sich oft unkonventionell verhielt und davon ausging, dass sich alles schon irgendwie fügen werde, hatte das versäumt und geriet ohne Vorlage der Abmeldung nun in große Schwierigkeiten, an Lebensmittelkarten zu kommen, weshalb unsere ganze Truppe zunächst mit drei Lebensmittelkarten auskommen musste.

Dann stand irgendwann Onkel Heinrich frierend und fix und fertig vor der Tür. Trotz der Kälte hatte er nur noch Hemd und Hose an. Als Tante Jette ihm die Tür aufmachte, brach mein aufrechter, zuverlässiger Onkel mit den Worten: »Jette, du besitzt nichts mehr«, in ihren Armen zusammen. Zum ersten Mal habe ich einen Mann so erbarmungswürdig weinen sehen. Das war erschütternd. Waren die Männer nicht eigentlich unser Schutz und unsere Stütze? Doch die Erwachsenen konnten uns Kindern ihr Entsetzen und ihre Hilflosigkeit in diesem Krieg nicht verbergen.

Onkel Heinrich war zwei Tage und zwei Nächte zu Fuß unterwegs gewesen. Er hatte noch versucht, die gesamten DVL-Dokumente auf dem Hof hinter Schränken zu verstecken. Das Forschungsmaterial ist vermutlich den Russen in die Hände gefallen. Onkel Heinrich hat lange geglaubt, dass wir den Krieg gewinnen würden, da die Deutschen eine Wunderwaffe entwickelten. Damit meinte er die A-9- und A-10-Raketen. Doch die Entwicklung der Raketen war noch nicht ausgereift – sie sind nicht zum Einsatz gekommen.

Es wurden schwere Luftangriffe auf Berlin geflogen. Wir saßen in diesem kleinen Häuschen in Bohnsdorf wie in einer Mausefalle, und zum ersten Mal glaubte ich nicht mehr, dass wir lebend davonkommen würden. Um uns herum bebte die Erde. Man hörte die Bomben, noch bevor sie die Erde erreichten. Durch den Luftdruck und den Rauch bekam man kaum noch Luft. Eine Mine war in den Vorgarten gefallen, glücklicherweise ein Blindgänger, der nicht explodierte. Wir saßen alle im Keller vor dem Volksempfänger, der meldete, dass die erste Welle gerade Berlin bombardierte und dass sich die zweite Welle im Luftraum über Krefeld im Anflug auf Berlin befand. Es war der schwerste Luftangriff, den wir bisher erlebt hatten. Wir erlitten Todesangst. Es war einfach unvorstellbar, dass wir dieses Getöse, dieses Erdbeben, diesen Weltuntergang, dieses Inferno überleben könnten. Alles, was wir bisher durchgestanden hatten, schien umsonst. Und es war der Tag, an dem ich zum zweiten Mal in diesem Krieg zusammengeklappt bin und nicht mehr aufhören konnte, zu weinen.

Am nächsten Tag gingen wir zum Bahnhof, um mit dem Zug in den Westen zu entkommen. Auf den Bahnsteigen und an den Gleisen, bis weit aus dem Bahnhof hinaus, drängten sich die Menschenmassen. Den ganzen Tag warteten wir stehend und verließen unseren Platz nicht, obwohl die Fliegeralarme immer wieder Panik bei den Menschen auslösten. Wenn die Züge hielten, waren sie immer schon rappelvoll. Viele sprangen einfach auf die einfahrenden Züge auf. Irgendwann war mir klar, dass wir so niemals in einen Zug kommen würden. Als wieder ein einfahrender Zug angekündigt wurde, sprang ich unter dem Protestgeschrei meiner Mutter ins Gleisbett und lief nach vorne, um den Zug abzupassen, bevor er in den Bahnsteig einfuhr. Der Zug rollte an, und als mir dämmerte, dass mir niemand helfen würde, rechtzeitig von den Gleisen wieder herunterzukommen, bin ich einfach in die Menge hineingesprungen. Dabei habe ich auch Menschen umgerissen. Die Lokomotive zog an mir vorbei, dahinter ein Kohlewagen, danach kam ein Waggon mit einem Geschütz, dahinter ein Gepäckwagen und dann erst der erste Reisewaggon. Noch rollte der Zug. Doch ich hechtete schon auf die unterste Trittstufe dieses ersten Reisewagens und besetzte im Inneren das erste Abteil. Mit Händen und Füßen habe ich die zwei sich gegenüberstehenden Bänke gegen die durch Fenster und Türen hereindrängenden Menschen verteidigt. Es war ein richtiger Kampf, ich habe mich gebärdet wie ein Tier, indem ich um mich trat und schlug. Irgendwie konnte ich meine Familie zu mir lotsen und schließlich saßen wir tatsächlich alle in dem von mir »reservierten« Abteil.

In Thüringen wurden wir von Jagdbombern, Jabos genannt, beschossen. Auch das Geschütz hinter der Lok brüllte los. Der Zug hielt mehrere Stunden lang, damit die Toten und Verletzten geborgen werden konnten. Die Nacht war endlos. Gegen Morgen hielten wir in Friedberg. Ich wusste, dass Friedberg in Hessen liegt, und wir beschlossen, alle auszusteigen, denn Marburg war nicht weit, und dort wohnte eine Cousine meiner Mutter, Tante Christa. Die Entscheidung musste schnell gefällt werden, der Zug wartete nicht lange. Wir packten eilends alles zusammen, die kleinen Kinder wurden geweckt, und schließlich standen wir als Einzige im frühen Morgengrauen in Friedberg frierend auf dem Bahnhof.

Wir hatten Glück, denn kurz darauf hielt ein Zug, der doch tatsächlich nach Marburg fuhr. Er blieb kurz vor Marburg stehen, weil er noch keine Einfahrtserlaubnis erhalten hatte. Ich kannte die Stadt gut von einigen früheren Besuchen, ich wusste, wo wir waren, und kannte eine Abkürzung zu Tante Christa. Also machte ich Onkel Heinrich schnell den Vorschlag, aus dem Zug zu springen. Den Sprung hinab unterschätzte ich allerdings und tat mir fürchterlich weh, als ich auf dem Schotter landete. Keine zehn Minuten später standen Onkel Heinrich und ich als Vorhut bei Tante Christa frühmorgens vor der Tür. Sie starrte uns sprachlos an. »Die anderen kommen noch«, eröffneten wir ihr. »Na, dann kommt mal rein«, erwiderte sie und ließ uns in ihre Wohnung.

Wir sind im Krieg immer wieder bei Verwandten untergekommen. Wir waren auf sie angewiesen. Ich hatte immer, auch in meinem späteren Leben, das Gefühl, in der Familie und Verwandtschaft geborgen zu sein. Es war selbstverständlich, dass man einander half und unterstützte. Wir waren ein Clan!

Im Rhein-Main-Gebiet häuften sich die Luftangriffe so sehr, dass es überhaupt keine Entwarnungen mehr gab. Jeden Abend flog ein Jabo über uns hinweg, der in die Häuser hineinschoss. Wir nannten ihn bereits den »Piloten vom Dienst«. Bald saßen wir wieder nur noch im Keller. Tante Christa, die bisher in Marburg relativ friedlich und beschussfrei gelebt hatte, begriff unsere angebliche Hysterie gar nicht und blieb beim Fliegeralarm einfach in ihrer Wohnung. Plötzlich taumelte sie jedoch totenbleich zu uns in den Keller. Sie war im Treppenhaus beschossen worden. Die Einschussspur des Jabos war deutlich zu sehen.

Wir sahen inzwischen aus wie graue Mäuse. Die Sonne schien, und Tante Jette fand, dass wir Kinder mal wieder an die frische Luft müssten. Mit ihren drei Kindern, eines davon im Kinderwagen, den beiden Kindern von Tante Christa, Seute und Toni, meinem Bruder Gösta und mir zogen wir los. Unser Ziel war der Bismarckturm im Wald auf der anderen Seite der Lahn. Als wir über die Brücke am Bahnhofsgelände gingen, wurden wir von zwei Jabos überflogen, die anfingen, uns zu beschießen.

Ich habe noch viele Jahre nach dem Krieg geglaubt, dass das ein Irrtum gewesen sein muss und die Piloten nicht gesehen hatten, dass sie eine Frau mit sieben Kindern beschossen. Erst als ich später selber in Flugzeugen gesessen und festgestellt habe, dass man die Menschen aus einer bestimmten Höhe sehr wohl gut erkennen kann, habe ich begriffen, dass sie tatsächlich bewusst und absichtlich auf uns geschossen haben. Es war eben der totale Krieg.

Panisch sind wir damals über die Brücke gelaufen. Dahinter befand sich eine Allee, die uns etwas Deckung bot. Auf der rechten Seite standen Häuser, aber um sie zu erreichen, hätte man erst die langgestreckten und keinen Schutz bietenden Vorgärten überwinden müssen. Dass unsere Entscheidung intuitiv richtig gewesen war, begriffen wir erst später, als wir sahen, dass die Häuser nicht mehr standen.

Als Nächstes kam ein großes Gebäude, an dessen Kellertreppe zwei Männer uns aufgeregt zu sich winkten. Das Gebäude, ein ehemaliges Internat, war zum Lazarett umfunktioniert worden. Wir schienen in Sicherheit zu sein, doch es fehlten Seute und Toni, die beiden Kinder meiner Marburger Tante. In einer kurzen Beschusspause kamen die beiden angelaufen. Tante Jette, völlig außer sich, gab Seute eine Ohrfeige und schrie sie an, dass sie gefälligst bei ihr hätten bleiben sollen. Toni rechtfertigte sich. Ihre Mutter hatte ihnen geraten, sich im Falle eines Beschusses auf den Boden zu schmeißen, wo auch immer. Deswegen hatten sie sich kurz zuvor sofort in den Rinnstein geworfen. Es war riesiges Glück, dass sie nicht getroffen wurden.

Während meine Tante mit den beiden noch immer hin und her diskutierte, näherten sich sechs riesige Bomber mit dröhnenden Motoren. Im Gegensatz zu den Geschwadern, die sonst über Marburg hinwegflogen, flogen sie erschreckend niedrig. Und dann ging die Hölle los. Wieder einmal war ich mir sicher, dass wir sterben würden, doch ich geriet nicht mehr in Panik, mir war alles egal. Es war die Annahme des Schicksals. Um uns herum explodierten die Bomben, eine unbeschreibliche Geräuschkulisse. Durch den Luftdruck zerbarsten die Türen und Fenster. Die Verwundeten, teilweise frisch operiert, schrien erbärmlich und wurden voller Panik von den Krankenschwestern in den Keller gebracht.

Ich hatte mich über den Kinderwagen geschmissen, um das Baby von Tante Jette zu schützen. Ein Stützbalken löste sich aufgrund des Luftdrucks von der Decke und fiel mir ins Kreuz. Das hatte lebenslange Rückenschmerzen zur Folge. Der Staub vernebelte den gesamten Raum, und wir glaubten zu ersticken. Toni blutete aus Nase, Ohren,

Augen, Mund. Durch den Druck hatte er einen Lungenriss bekommen. Als das Inferno vorbei war, flüchteten wir aus dem Keller und durch eine Trümmerlandschaft hindurch in den Wald. Dort kamen uns meine Mutter und Tante Christa, verrückt vor Sorge, entgegen. Es war der erste Bombenangriff, den Marburg im Krieg erlebte, und wir waren mal wieder mittendrin.

Jetzt hatte auch Tante Christa Angst. Wir beschlossen, Marburg zu verlassen. Onkel Heinrich hatte bereits den Bescheid erhalten, sich zur DVL nach Bayern durchzuschlagen. Tante Jette kam mit ihren Kindern in die Schwalm, ein Landschaftsgebiet in Nordhessen, und wir wurden vom Roten Kreuz in die kleine mittelhessische Gemeinde Lohra verschickt.

Es war im März, als ich meinen letzten »Beschuss« erlebte. An einem schönen Frühlingstag radelte ich mit dem Fahrrad nach Marburg, um Tante Christa zu besuchen, die dort im Krankenhaus gelandet war. Auf dem Rückweg, kurz vor Lohra, kamen zwei Jabos angeflogen und fingen an zu schießen. Neben mir radelte ein alter Mann. Erst erschossen sie einen pflügenden Bauern und seine Pferde auf dem Feld. Als der alte Mann und ich gerade einen steilen Berg hinabfuhren, nahmen sie uns ins Visier. Ich konnte nicht anhalten. In einer Linkskurve ließ ich mich verzweifelt in eine Brombeerhecke fallen, was mir wahrscheinlich das Leben rettete. Als die Jabos wieder weg waren, kam ich aber kaum noch aus der Hecke heraus, die Brombeerstacheln hielten mich fest. Mein Kleid war zerfetzt, ich blutete aus vielen Wunden und musste mir die Dornen aus den Armen und Beinen ziehen, als ich endlich wieder auf der Straße stand. Mein Fahrrad war völlig zerschossen. Den alten Man habe ich nicht mehr gesehen.

Nachkriegszeit

Das Rote Kreuz quartierte uns nun bei einer Bauernfamilie in Lohra ein, sechzehn Kilometer von Marburg entfernt.

An einem strahlenden Sonnentag kurz vor meinem fünfzehnten Geburtstag schickte meine Mutter mich zum Einkaufen in den einzigen kleinen Lebensmittelladen des Dorfes. Plötzlich war der Laden menschenleer. Mit meiner Milchkanne und ein paar Tüten im Einkaufsnetz trat ich auf die Dorfstraße. Und da waren sie: die Amerikaner – der Feind! In einem Jeep mit einem Maschinengewehr obendrauf saßen vier Soldaten mit Netzen über den Helmen. Sie waren dunkelhäutig und sahen für mich aus wie Menschen, die von einem anderen Stern kamen. Sie lachten mit blitzenden Zähnen und richteten das MG auf die einzige Person, die noch auf der Straße war – auf mich. Ich sah meine Mutter am Ende der Straße wild gestikulieren: Ellen, lauf, renn! Ich konnte allerdings nur kriechen und habe mir vor Angst in die Hosen gemacht. Jeden Augenblick glaubte ich das Rattern des MGs zu hören. Es war ein grausames Spiel, das die Amerikaner da mit mir trieben.

Das Dorf zeigte innerhalb kurzer Zeit Flagge: Aus den Fenstern aller Häuser hingen weiße Bettlaken heraus.

Meinem neun Jahre alten Bruder verschaffte das Anrollen der amerikanischen Panzer ein Erlebnis der besonderen Art. Die ganze Zeit schon war sein größter Wunsch gewesen, einmal den Ochsenkarren zu lenken. Er war gerade mit dem Bauern auf dem Feld, als die Panzer von hinten anrollten. Der Bauer gab Fersengeld, und Gösta sah seine Chance gekommen. Er setzte sich auf den Bock und konnte endlich den Ochsenkarren lenken. Er ließ sich auch von den Panzern nicht stören, die ihm auswichen und um ihn herum weiter Richtung Dorf fuhren.

In der Nacht, wir konnten vor Aufregung nicht schlafen, dröhnten die amerikanischen Fahrzeuge durchs Dorf: LKWs, Panzer, Jeeps. Wir sahen die dunklen riesigen Schatten vorbeiziehen und fürchteten uns. Es war eine klare Nacht, und es war Vollmond. Ich sah in den Himmel, und dann sah ich etwas, das ich kaum glauben konnte. Durch den Mond verlief ein leuchtendes Kreuz: ein Längs- und ein Querbalken, sehr groß. An den Enden der Balken wirkte der Mond wie eine Monstranz, denn dort fächerte sich das Licht strahlenförmig in alle Richtungen auseinander. Ich habe Minuten gebraucht, um überhaupt zu realisieren, was ich da sah. Damals, in dieser Nacht, waren zig Lichter am Himmel, von Flaks, den Suchscheinwerfern der Flugzeuge, von den abgeworfenen sogenannten Christbäumen, leuchtende kreisende Metallstreifen. Aber was ich da in der Vollmondnacht sah, war unvergleichlich und mir absolut unerklärlich. Der Längsbalken hätte vielleicht noch von einem Scheinwerfer kommen können, obwohl er sich nach unten hin nicht verdünnte und diese strahlenförmige Lichtfächerung an seinen beiden Enden besaß. Aber der Querbalken war völlig rätselhaft. Was ich sah, war für mich eindeutig ein Zeichen. Ein Wunder? Ich machte die anderen, die im Hof standen, darauf aufmerksam. Unser Bauer war sehr beeindruckt und zitierte aus der Bibel: »Unter diesem Zeichen sollst du siegen.« Meine

Mutter, mein neunjähriger Bruder, der Bauer Dörr mit seiner Frau und den Töchtern Elisabeth und Katharina, beide älter als ich, alle im Dorf haben – von uns benachrichtigt – dieses Zeichen am Himmel gesehen. Mich hat es tief bewegt und mein Leben lang gedanklich begleitet, denn ich fühlte mich dadurch in meinem Menschsein bestätigt. Darin, dass es wichtig ist, anständig zu sein, ein Wertesystem zu haben, und dass es etwas Besonderes ist, auf der Welt zu sein.

Wann immer ich die Geschichte später jemandem erzählte, stieß ich jedoch auf Ungläubigkeit. Einige Jahre nach dieser Nacht haben mich die beiden Dörr-Töchter mit ihren Ehemännern einmal in Marburg bei einer Vorstellung besucht. Ich habe sie darauf angesprochen. Sie mussten lange überlegen, bis sie sich wieder daran erinnerten. Für sie war es offenbar nicht beeindruckend gewesen. Ich habe nie begriffen, dass nicht alle Menschen davon gesprochen haben. Schließlich stand das Zeichen die ganze Nacht am Himmel und wanderte mit dem Mond von Südost nach Nordwest. Es musste doch von vielen Menschen bemerkt worden sein.

Erst Jahre später habe ich angefangen zu recherchieren. Irgendwann bekam ich ein Schreiben von einer Frau, die mir von einem Mann erzählte, zu dem ich Kontakt aufnahm, und er schilderte mir in einem Brief, dass sein Vater, der zu dieser Zeit in russischer Kriegsgefangenschaft im Lager Wollenberg bei Landsberg an der Warthe war, das Zeichen ebenfalls gesehen hatte – und mit ihm dreißigtausend Gefangene. Er machte mich auf ein Buch über das Leben der Vikarin Annemarie Winter aufmerksam, darin war ebenfalls von dem Zeichen die Rede, das demnach Tausende von Gefangenen gesehen haben. Die es sahen, haben sicherlich geglaubt, dass das Zeichen das

Ende ihrer Nöte bedeutete, aber darin täuschten sie sich. Nur zehntausend von insgesamt dreißigtausend Menschen haben die Gefangenschaft überlebt.

Der Krieg war für uns mit dem Erscheinen der Amerikaner zu Ende und überstanden. Die achtköpfige Besatzung eines Panzers wurde bei uns auf dem Bauernhof einquartiert, und der Panzer parkte im Hof. Die Amerikaner waren freundlich und schenkten uns Kindern Kaugummi und Schokolade. Sie drängten sich in unsere kleine Küche und amüsierten sich darüber, dass wir kein fließendes Wasser hatten. Das musste nämlich in der Küche hochgepumpt werden. Sie öffneten zum Essen ihre »rations« und Dosen mit für mich undefinierbarem Inhalt. Auf meine Frage hin erklärten sie, das sei »corn«. Für mich sahen die erbsengroßen, gelben Dinger aber nicht nach Korn aus. Ich versuchte ihnen zu erklären, was Korn sei, und forderte die Männer schließlich auf, mir zu folgen. Meine Mutter sah von unserem Nachbarn aus ihre vierzehnjährige Tochter mit acht Amerikanern im Schlepptau in der Scheune verschwinden. Sie befürchtete das Schlimmste und erschien völlig aufgelöst in der Tür, als ich gerade das Korn zwischen meinen Fingern hindurchrinnen ließ und den interessierten Amerikanern erklärte: »This is our Korn.« Genau das war übrigens auch das Missverständnis der deutschen Übersetzer auf die offizielle Frage der Amerikaner hin, welches Nahrungsmittel in Deutschland nach dem Krieg am dringendsten benötigt werden würde. »Korn« lautete die Antwort der Deutschen. Daraufhin wurde uns von den Amis Mais geschickt, den wir nicht kannten und der zum Brotbacken nicht geeignet war. Das Maisbrot war total trocken und zerkrümelte beim Aufschneiden.

Meine Mutter, die wegen der Scheunengeschichte der Meinung war, ich müsse etwas achtsamer im Umgang mit dem männlichen Geschlecht sein, meinte, mich nun aufklären zu müssen: »Das, was der Hahn mit den Hühnern macht, das darfst du nicht machen. Das ist Natur, und so ist das auch bei uns Menschen.« Das war alles, was sie zu dem Thema zu sagen hatte. Jetzt war ich also »aufgeklärt«.

Unsere Bauernfamilie machte uns unmissverständlich klar, dass wir das Zimmer jetzt zu räumen hätten. Sie erwarteten ihren Sohn aus dem Krieg zurück. Und das Rote Kreuz gäbe es ja wohl nicht mehr, meinten sie, womit sie uns zu verstehen gaben, dass sie nicht mehr in der Pflicht seien, uns zu beherbergen. Das stimmte zwar nicht, doch meine Mutter begann unverzüglich, uns eine neue Bleibe im Dorf zu suchen. Sie bot sich und mich als Arbeitskraft an, und so kamen wir zur Familie Horst, die sehr hart arbeitete und froh über jede Hilfe war. Die Familie hatte eine kleine Landwirtschaft, zwei Kühe, fünf Schweine, ein Pferd. Herr Horst war hauptberuflich Bäcker. Die Landwirtschaft schulterten seine Frau und seine Tochter. Für mich wurde es ebenfalls hart. Jeden Morgen um fünf Uhr musste ich in der Backstube antreten. Zu dieser Zeit hatte Herr Horst die Brote schon geformt und auf die Bretter gelegt, die ich ihm jetzt anreichen musste. Das war schweißtreibend, denn die ungebackenen Brote wogen schwer und die Bretter waren miserabel zu handhaben. Während die Brote im Ofen buken, hatte ich Zeit, die Ställe auszumisten. Beim Pferd durfte ich, um es nicht zu verletzen, keine Mistgabel benutzen. Dafür war es dem Bäcker zu kostbar, denn es musste den Bäckerkarren ziehen. Deshalb musste ich in die Knie gehen und die Hände zum Ausmisten benutzen. Danach wurde ich wieder in der Bäckerei gebraucht: Brote raus aus dem Ofen, auf die Bretter, die Bretter in ein Gestell wuchten. So ging es den ganzen Tag. Eines Morgens kam mir im Stall ein Kälbchen entgegen:

Eine unserer beiden Kühe, die schwarz-weiße, hatte ohne Hilfe in der Nacht gekalbt. Demnächst war auch die braune dran. Die Heuernte stand ebenfalls ins Haus. Das hieß für alle, frühmorgens aufzubrechen, um zu mähen. Die Frauen verteilten das Gras auf der Wiese zum Trocknen. Später wurde es per Hand gewendet und dann eingefahren. Ich blieb alleine auf dem Hof, um die Stallarbeit zu erledigen. Plötzlich krümmte sich die braune Kuh und trampelte unruhig hin und her. Mir war klar, dass sie jetzt ihr Kälbchen gebar. Schon schauten zwei kleine Hufe aus ihrem After. Was sollte ich nur machen? Ich versuchte natürlich zu helfen, indem ich das Ungeborene vorsichtig an den Beinen nach draußen zog. Irgendwann lag das kleine Kalb, klebrig und nass, in dem von mir hastig herbeigeholten Heu. Stroh gab es schon lange nicht mehr, und als Streu hatten wir Laub aus dem Wald herbeigeschafft. Ich versuchte, das Kälbchen damit trocken zu reiben und war inzwischen selber schweißnass. Plötzlich krümmte sich die Kuh erneut, wieder erschienen zwei Hufe in ihrem After. Also noch einmal ziehen, noch einmal trockenreiben. Noch während ich rieb, krümmte sich die Kuh – ich konnte es kaum glauben – doch tatsächlich zum dritten Mal. Jetzt überkam mich helle Panik. Ich ließ alles stehen und liegen und rannte auf die Dorfstraße: »Hilfe, Hilfe, unsere Kuh kriegt Drillinge.« Diesmal kam allerdings nur die Nachgeburt. Das ganze Dorf amüsierte sich über mich, und ich war bis zu meinem Weggang aus Lohra die Lachnummer der Gemeinde.

Nach der Heuernte wurden die Kartoffeln gesetzt, die am Abend zuvor nach Augen geteilt und sortiert worden waren. Wir hatten unsere Lebensmittelkarten abgeben müssen, weil wir ja von der Bauernfamilie mitverpflegt wurden. Doch wir waren ewig hungrig. Jeden Mittag gab es Kartoffeln, dazu ein fingergroßes Stück Speck und eine Schüssel Salat, aus der sich alle bedienten. Ich wunderte mich, wie die Familie bei dieser armseligen Kost nur so schwer arbeiten konnte, bis ich schließlich des Rätsels Lösung entdeckte: Die einzelnen Familienmitglieder verschwanden immer wieder heimlich in der Speisekammer.

Ich bekam von Zeit zu Zeit grauenvolle Bauchschmerzen – kaum auszuhalten. Es war geradezu ein Segen, dass eines Tages Tante Christa auftauchte und uns zurück nach Marburg holte.

Der Hintergrund war folgender: Am Ende des Zweiten Weltkriegs hatten an die zwölf Millionen Deutsche ihre Heimat verloren und waren nun auf der Suche nach einem neuen Zuhause. Die meisten Flüchtlinge und Heimatvertriebenen wanderten nach Südwesten und landeten größtenteils in den amerikanisch besetzten Gebieten von Württemberg und Baden, nachdem die Franzosen sich in ihrer Besatzungszone geweigert hatten, sie aufzunehmen. Die Amerikaner verfügten nun, sie überwiegend in ländlichen Gebieten unterzubringen, wo sie leichter zu versorgen waren als in den zerstörten Städten, und so mussten die Einwohner vieler ländlicher Gemeinden und kleinen Städte Platz für die Heimatlosen schaffen. Auch Tante Christa hatte von den Behörden die Verordnung bekommen, Flüchtlinge in ihrer geräumigen Wohnung aufzunehmen, was sie nun tat. Wir bekamen zu dritt ein kleines Zimmer zugewiesen, direkt gegenüber der Haustür. Das größere Zimmer mit Erker bezog eine junge Flüchtlingsfrau aus dem Osten, die im Gegensatz zu uns eine entsprechende Miete zahlen konnte. In einem Zimmer zum Hof wohnte außerdem ein Soldat, Herr Neumann, der ein »abbes« Bein hatte.

Ich war nun fünfzehn Jahre alt und musste arbeiten, um eine Lebensmittelkarte zu bekommen. Die Schule hatte noch nicht wieder angefangen. Zur Auswahl stand eine Arbeit in der Fabrik oder in einer Gärtnerei. Natürlich wählte ich die Gärtnerei, nicht zuletzt in der Hoffnung, dort etwas Gemüse, Kartoffeln und Obst für uns zu ergattern. Ich hatte eine Zweiundfünfzig-Stunden-Woche, die damals übliche Arbeitszeit, zu dreiundvierzig Pfennig Stundenlohn. Als ich das erste Mal Gemüse kaufen und von meinem Stundengeld bezahlen wollte, lachte mich der Gärtner aus. Er erklärte, zweiundfünfzig Stunden seien Pflicht, bevor ich mir überhaupt etwas kaufen könnte. Ich müsste also länger arbeiten. So kam es, dass ich oft sechzehn, siebzehn Stunden am Tag malochte, um am Abend Gemüse mitnehmen zu können. Ich fühlte mich einfach verantwortlich dafür, meinen Beitrag zu unserem Unterhalt zu leisten, denn wir waren acht hungrige Personen, die tagtäglich versorgt werden mussten.

Meine immer wieder auftretenden Bauchschmerzen machten mir Kummer, und schließlich wurde es meiner Mutter eines Tages zu bunt. Sie brachte mich in eine Klinik, in die Abteilung für Innere Medizin. Ich kam in einen großen Krankensaal mit sechzehn Patienten: je acht Betten auf der einen und acht Betten auf der anderen Seite, Männlein und Weiblein durcheinander. Ich wurde unzähligen Untersuchungen unterzogen, darunter einer außerordentlich schmerzhaften Rückenmarkspunktion. Schließlich stellte sich heraus, dass ich Leukozytose und eine perniziöse Anämie hatte, also eine Art Blutarmut, Befunde, unter denen ich mir damals nichts vorstellen konnte.

Am Ende des Krankensaales befand sich das »Badezimmer«. Fast jeden Abend wurde ein Patient dort hineingeschoben und am nächsten Morgen vollständig, bis auf die nackten, bleichen Füße, mit einem Leinentuch zugedeckt wieder hinausgefahren. Als der letzte der sechzehn Patienten, meine achtzehnjährige Bettnachbarin, am Abend von Ärzten umringt wurde, die ihr empfahlen, ins Badezimmer umzusiedeln, und sie mit schwacher Stimme ihr Einverständnis gab, da war mir klar: Ich wäre die Nächste, die ins Badezimmer verlegt werden und nicht lebend wieder herauskommen würde. Mein Beschluss stand fest: Ich musste hier raus. Also bin ich noch in derselben Nacht aus dem Fenster gesprungen. Unter dem Fenster wuchsen Rosen, die an eisernen Stangen fixiert waren, es hätte auch fatal ausgehen können. Über Gärten und Hinterhöfe lief ich nach Hause. Meine Mutter war entsetzt. Nicht nur über die Tatsache, dass ich jenseits der Sperrstunde, um Mitternacht, im Nachthemd vor ihr stand, sondern auch über den Umstand, dass ich meine Lebensmittelkarten im Krankenhaus hatte abgeben müssen, wo sie noch immer waren. Am nächsten Morgen brachte meine Mutter mich also wieder in die Abteilung für innere Medizin zurück. Und ich hatte Glück: Dicke Drüsen zierten plötzlich meinen Hals. So wurde ich in die Hals-Nasen-Ohrenklinik verlegt. Dort teilten sich nur acht Patienten ein Zimmer. Ich lag mit lauter Trachtenträgerinnen, sogenannten »Hessentrinchen«, denen die Mandeln entfernt worden waren, im Zimmer. Meine Mandeln wurden ebenfalls entfernt, und nun konnte ich – o Freude – jeden Mittag mehrere Teller köstlich schmeckenden Brei essen. Das gelang mir trotz großer Schluckbeschwerden und Schmerzen spielend, denn im Gegensatz zu den Hessenmädels, die alle gut genährt vom Lande kamen, war ich völlig ausgehungert. In der Hals-Nasen-Ohrenklinik lagen auch amerikanische Soldaten, daher die tolle Verpflegung. Ich nahm in neun Tagen zwei Kilo zu, dann musste ich die Klinik verlassen. In den Augen der Ärzte war ich gesund. Die Anämie blieb mir jedoch erhalten. Sie war chronisch. Geheilt hat mich später der Onkel einer Schulfreundin. Er war Arzt und erkannte, was mit mir los war. Er verordnete mir Campolon-Spritzen mit dem Leberextrakt von Tieren, das vor allem viel Vitamin B12 enthielt, ein siruppartiges dickes Zeug, von dem ich täglich fünf Kubik intramuskulös verabreicht bekam. Nachdem ich so gut wie keine Muskeln mehr hatte und nur noch aus Haut und Knochen bestand, spritzte mir der Arzt das Präparat in die Oberarme, die Ober- und Unterschenkel. Es tat unheimlich weh, aber es half, und mir ging es täglich besser.

Plötzlich, 1946, war mein Vater wieder da! Er hatte uns, seine Frau, seine fünfzehnjährige Tochter und seinen neunjährigen Sohn, über das Rote Kreuz gefunden. Da saß er in unserem winzigen Zimmer in seiner dunkelblauen Marineuniform, völlig ausgemergelt. Wir waren befangen, glücklich und staunten. Er war im Krieg zuletzt auf der Halbinsel Hela vor Danzig gewesen und kam aus britischer Gefangenschaft.

Die Geschichte seiner Rettung war abenteuerlich: Meine Mutter hatte ihm zum Weihnachtsfest 1944/45 das Buch »Mein Leben – mein Theater« von Otto Falckenberg geschenkt. Es war ein dickes Buch mit vielen Fotos von den Aufführungen der Münchner Kammerspiele und entsprechenden Kommentaren. Für meinen Vater war dieses Buch wie eine Bibel. Als seine Kompanie den Befehl erhielt, sich ohne jedes Gepäck einzuschiffen, konnte sich mein sentimentaler Vater nur schwer von dem Buch trennen. Er versuchte, es mit Hilfe eines Messers im gefrorenen Boden zu vergraben und verpasste dadurch den Anschluss an seine Truppe – das Schiff, dem er zugeteilt worden war, fuhr ohne ihn ab. Als er schließlich am Kai erschien, legte gerade ein letztes kleines Kanonenboot ab. »Willst du noch mit?«, rief ihm ein Kamerad zu, und mein Vater machte daraufhin einen olympiareifen Satz an Deck. Dieses Kanonenboot erreichte als einziges seinen Zielhafen Kiel. Die gesamte Ostsee war zu der Zeit vermint und voller feindlicher U-Boote. Viele der anderen Boote waren auf Minen aufgelaufen. Die Versenkung der »Wilhelm Gustloff« vor der Küste Pommerns war als Katastrophe präsent. Mein Vater war sich danach sicher: Das Falckenberg-Buch rettete ihm das Leben.

Als der Krieg zu Ende war, wurde es fast langweilig. Denn zuvor war man ununterbrochen damit beschäftigt gewesen, sein Leben zu sichern. Erst im Frieden merkte ich, unter welchem Druck ich im »Tausendjährigen Reich« gestanden hatte und wie dieser nun auf einmal von mir abfiel. Plötzlich konnte man sagen, was man wollte und seine Gedanken frei äußern. Das öffentliche Leben veränderte sich, der Zustand der Kontrolle, der Meinungsvorgabe, des Denunziantentums war vorbei. Das war eine unglaubliche Befreiung. Ich war aufgewachsen unter diesem Regime und unter diesem Druck, es war für mich der Normalzustand gewesen. Ich kannte ja nichts anderes. Viele Menschen haben dies allerdings nicht als Befreiung, sondern als Zusammenbruch empfunden, als Identitätsverlust. Nach dem Krieg ging es chaotisch zu, aber es gab einen Umbruch in der Gesellschaft, auch wenn er sich nur langsam vollzog und nicht gefestigt war.

Bald wurde an den Schulen wieder regulärer Unterricht erteilt. Ich kam in die Untersekunda. Im Zuge der Umerziehungsmaßnahmen durch die Amerikaner wurden uns Originalaufnahmen aus den Konzentrationslagern gezeigt. Was wir in diesen Filmen sahen, bedeutete das Ende der Zivilisation. Entsetzliches, unvorstellbares und unbeschreibliches Leid. Was waren das für Menschen, die anderen Menschen so etwas antaten? Ich konnte nicht fassen, was ich da sah. Als ich nach Hause kam, wollte ich mich von meinen Eltern lossagen – ich konnte nicht glauben, dass sie von der Judenvernichtung nichts gewusst haben sollten. Ich bin auf sie losgegangen: »Was habt ihr gemacht, wie konntet ihr das zulassen.« Ich fragte sie immer wieder, warum sie nichts dagegen unternommen hatten. »Das müsst ihr doch gewusst oder zumindest geahnt haben.«

Ich versuchte sie zu überführen, indem ich aus meiner Erinnerung heraus Ereignisse rekonstruierte, mit denen ich sie konfrontierte.

Mein Vater hatte viele jüdische Kollegen und Freunde gehabt. Ich konnte mich erinnern, wie wir eines Tages mit einem dieser Kollegen eine Straße hinuntergingen und er plötzlich auf eine Straßenlaterne zeigte und sagte: »An so einer Laterne wirst du mich bald baumeln sehen, Lutz.« Mein Vater hatte das damals abgetan und nur gesagt, er solle keinen Blödsinn reden.

Nun erinnerte ich ihn an diese Szene, die sich zugetragen hatte, als ich ungefähr sechs Jahre alt gewesen war und wir in Bonn wohnten, in einer Villa an der Meckenheimer Allee. Mein Vater war am Bonner Stadttheater engagiert, unter uns wohnte eine jüdische Familie namens Hertz mit ihrer Tochter Margot, mit der ich mich angefreundet hatte. Im Erdgeschoss wohnte Familie Sonntag. Sie hatte drei Töchter und einen vierzehnjährigen Sohn. Es waren Halbjuden. Eines Tages sprang Hans Sonntag im Garten umher. »Wir haben die arische Erklärung!«, rief er und wedelte dabei mit einem Stück Papier hin und her. Mein Vater riet der Familie Hertz, die eine Fabrik in Bonn besaß, Deutschland zu verlassen. Sie ist dann 1937 tatsächlich über die Schweiz nach Südamerika ausgewandert. Zwischen meinen Eltern kam es damals zu einem Riesenkrach, denn sie sollten den Hertzens Pakete hinterherschicken, doch die hatten vor ihrer Abreise nicht daran gedacht, meinen Eltern Geld für die doch recht hoch ausfallenden Portogebühren dazulassen. Meine Mutter war außer sich, denn wir hatten kein Geld übrig, um das Porto zu bezahlen. Aber mein Vater setzte sich schließlich durch und hat die Sachen weggeschickt.

In Düren wiederum, auch hier war mein Vater am Theater engagiert gewesen, brannte eines Tages die Synagoge nahe unserer Schule. Feuerwehrmänner spritzten die umliegenden Häuser ab, damit sie kein Feuer fingen. Plötzlich stand mein Vater neben mir. Er kam von der Probe und hatte sein Rollenbuch in der Hand. »Komm, wir gehen nach Hause«, sagte er verstört und nahm mich bei der Hand. Er redete, während wir liefen, kein einziges Wort mit mir.

Drei Jahre später wohnten wir in Koblenz in der Schwerzstraße, gegenüber dem Jüdischen Friedhof. Mein Vater war bereits zum Militärdienst eingezogen worden. Ich spielte auf dem neuen, öffentlichen Teil des Friedhofes, wo es keine Gräber gab. Dort stand ein Obelisk mit der Aufschrift: »Den Gefallenen des Ersten Weltkrieges

1914–1918 zum Gedenken«. Ich lief zu meiner Mutter und fragte sie, wieso dieses Denkmal auf dem Judenfriedhof stünde. Meine Mutter erklärte mir daraufhin, dass viele Juden in diesem Krieg für Deutschland gekämpft hätten und gefallen seien. Ich verstand die Welt nicht mehr. Jetzt waren sie auf einmal unsere Feinde und mussten den Judenstern tragen?

Eines Morgens, gegen sechs Uhr, standen plötzlich LKWs in unserer Straße. Als meine Mutter die Nachbarin fragte, was denn da im Gange wäre, sagte diese: »Die Juden werden abgeholt, die kommen nach Auschwitz, der Führer hat ihnen eine Stadt gebaut, das haben wir doch in der Wochenschau gesehen.« Die Nachbarin war darüber empört und setzte nach: »Warum lässt man die Juden nicht, anstatt ihnen eine Stadt zu bauen, in die Mansarden einziehen und verbietet ihnen bei Luftangriffen, in die Keller zu gehen. Das gibt man dann den Amerikanern bekannt, dann würden die Bombenangriffe bestimmt aufhören. Das wäre doch viel effektiver, als die Juden in den Urlaub zu schicken.« Meine Mutter war sprachlos ob dieser Worte. Die Nachbarin meinte es aber völlig ernst.

Ein paar Tage später hatte meine Mutter ein Päckchen erhalten, in dem sich ein Flakon aus Milchglas mit einem hübschen Stöpsel befand. Sie war sehr betroffen über das Geschenk. Erst viele Jahre später erzählte sie mir, dass sie in Koblenz mit einem alten jüdischen Ehepaar befreundet gewesen war, dem sie auch etwas von unseren Lebensmittelkarten abgab. Den Flakon hatte sie in der Wohnung des Ehepaares einmal bewundert, und nun hielt sie ihn in der Hand. Das Ehepaar hatte sich das Leben genommen. Diese Freundschaft hatte Mutter mir gegenüber nie erwähnt, weil sie mich als BDM-Mädel nicht in Konflikte bringen wollte. Das Fläschchen habe ich übrigens immer noch. Es war sogar der Anstoß dafür, dass ich später anfing, Flakons zu sammeln.

Mit all diesen fragmentarischen Erinnerungen und Ereignissen konfrontierte ich meine Eltern nun. Hilflos und verstört saßen sie da und beteuerten verzweifelt, von diesem Ausmaß nichts gewusst und auch nichts geahnt zu haben. Nie wären sie darauf gekommen, dass die Juden getötet würden.

Jahrelang habe ich mich geschämt, Deutsche zu sein, war beschämt, nicht mitbekommen zu haben, was unmittelbar neben uns geschah. Die Taten unseres Volkes waren so monströs, wir waren so voller Schuld! Ich habe diese Kollektivschuld persönlich intensiv empfunden. Unabhängig davon, ob man sich selbst schuldig gemacht hat oder nicht, trägt man als Volk, als Nation eine Gesamtschuld, die nicht auslöschbar ist. So sehe ich es bis heute. Damals aber sprach niemand darüber. Wir konnten froh sein, dass wir überhaupt davongekommen waren. Vor diesem Hintergrund ist es für mich heutzutage ungeheuerlich, dass es wieder möglich ist, Juden zu beschimpfen, anzufeinden und an Leib und Leben zu bedrohen, dass es schon wieder oder immer noch Fremdenhass gibt. Es ist ein Armutszeugnis für diesen Staat und seine Institutionen, dass die NSU-Morde passieren und dreizehn Jahre lang Neonazis mordend durch die heutige Bundesrepublik ziehen konnten.

Hungerjahre

Mein Vater stürzte nach dem Krieg und all dem Elend, das er erlebt hatte, in eine existenzielle Krise. Er war kein Kämpfer, sondern ein nachdenklicher, in sich gekehrter Mann und Künstler. In seinen Wehrpass stand die Bemerkung: »Zu zivil«. Darauf war er stolz. Er hatte nie ein Gewehr in die Hand genommen. Doch am Ende des Krieges musste er Leichen auf seinem LKW transportieren und sie in einer Kirche aufeinanderstapeln. Er glaubte, nie mehr als Schauspieler auftreten und den Leuten etwas vorgaukeln zu können. Außerdem hatte er fünf Jahre auf keiner Bühne mehr gestanden, und ein kulturelles Leben fand in der unmittelbaren Nachkriegszeit nicht statt. Woran sollte mein Vater nun in Marburg anknüpfen? Zurück nach Koblenz konnten wir nicht ohne Weiteres. Das gehörte jetzt zur französischen Zone, während wir in der amerikanischen Besatzungszone lebten. Zudem waren wir ausgebombt. Wer wusste schon, wie es um unser ehemaliges Zuhause bestellt war. Wir besaßen nichts, absolut gar nichts.

Zu viert hockten wir in einem winzigen Zimmer. Ich hatte das Ehebett geräumt, das ich mir bis dahin mit meiner Mutter geteilt hatte, und schlief auf dem Boden, mein Bruder in einem viel zu kleinen Kinderbett.

Schließlich fing mein Vater in seiner Not an, einen Rezitationsabend zu erarbeiten, ein Soloprogramm mit

Klassikertexten und dem ein oder anderen Rollenmonolog. Doch außer seiner abgenutzten Marineuniform besaß er keine Kleidung, in der er hätte auftreten können. Im Nebenhaus war das Wirtschaftsamt untergebracht. Dort wurde also ein Antrag auf einen Anzug gestellt – und abgelehnt. Als die Zeit verging und kein Bescheid kam, verfielen meine Eltern in totale Resignation. Ich konnte das nicht länger mit ansehen, in mir stieg eine rasende Wut hoch. Das Ganze war so ungerecht. Voll Zorn rannte ich ins Wirtschaftsamt hinüber, wo sich bereits eine lange Warteschlange gebildet hatte. Ich ignorierte alle Hindernisse, erreichte einen Flur mit Türen rechts und links und schrie: »Wo ist der Leiter des Wirtschaftsamtes?« Verschreckt zeigte jemand auf eine Tür, und ich stürmte hinein. Hinter einem Schreibtisch erhob sich ein irritierter Mann. Aufgeregt und wütend spie ich unsere ganze Not vor ihm aus. Es ginge um die Existenz unserer Familie, wie könne man meinem Vater den Anzug nicht bewilligen, den er brauchte, um uns am Leben zu erhalten! Zwischen den einzelnen Sätzen schluchzte ich immer wieder herzzerreißend. Nach dieser reifen schauspielerischen Leistung konnte ich meinen Eltern den Bezugsschein für einen Anzug präsentieren.

Und so gab mein Vater nur einige Tage später gleich um die Ecke, keine drei Minuten zu Fuß von uns entfernt, in zwei schönen großen Räumen, in denen sonst zwei zierliche alte Schwestern Benimm- und Tanzunterricht erteilten, seinen ersten Rezitationsabend. Statt Eintrittsgeld zu verlangen, stellten wir eine Schüssel auf, in die jeder so viel Geld legte, wie ihm die Aufführung wert war. Ich fand diese Regelung entwürdigend, aber wir brauchten den Obolus dringend. Es gab zwar nicht viel zu kaufen, aber selbst das Wenige, was wir auf die Lebensmittelkarten bekamen, kostete Geld.

Die Versorgungssituation war dramatisch. Die Menschen hungerten erbärmlich. Mein Vater sah aus wie ein wandelndes Skelett. Der Arzt hätte ihm gerne eine zusätzliche Lebensmittelkarte verschrieben, aber trotz seiner Dürre hatte er nicht das dafür erforderliche Untergewicht.

Ich hatte inzwischen entdeckt, dass man aus Brennnesseln eine Art Spinat kochen konnte. Bald wuchsen auf den Lahnwiesen daher Kilometer rauf und runter kaum noch Brennnesseln. Auf meinen Ernte-Touren sah ich, dass auf den Wiesen hinter dem Schloss Pferde weideten, an denen überall Fläschchen und Schläuche hingen. Ihren Körpern wurde für die Behringwerke ein Stoff entzogen, der für ein Serum gegen Wundstarrkrampf benötigt wurde. Wenn die Tiere dann ausgebeutet waren, wurden sie geschlachtet. Vor den Metzgereien bildeten sich regelmäßig Schlangen, konnte man an diesen Tagen doch die vierfache Menge an Pferdefleisch auf die Lebensmittelkarte bekommen.

Zusätzlich wanderten meine Mutter und ich einmal in der Woche sechzehn Kilometer weit zu einer Mühle, wo der mitleidige Müller die Körnerreste aus den Ecken zusammenfegte und uns ungefähr ein Kilo Körner in einen Beutel kippte. Diese Körner wurden zu Hause handverlesen, denn in manchen steckten kleine schwarze Käfer. Dann wurden sie gewaschen und vom Staub befreit, getrocknet und schließlich durch eine Kaffeemühle gedreht. Abends wurde eine Handvoll davon in Wasser eingeweicht und mit etwas Salz am Morgen gekocht. Dieser Brei hat uns über die Hungerzeit gerettet. Erst im Jahr 1947, in dem mein Bruder Holger geboren wurde, gab es dann zusätzlich einen Schuss Milch in den Brei. Das war köstlich.

Außerdem wurden Bucheckern und Nüsse gesammelt. Meine von Großvater erworbenen Pilzkenntnisse leisteten mir jetzt gute Dienste. Das Pilzesammeln habe ich mir bis heute erhalten und kenne ungefähr siebzig verschiedene Arten, von denen ich zirka zwanzig koche, trockne und einfriere. Meine Familie und Freunde rühmen meine Pilzgerichte.

Schauspielerin wider Willen

Eine kreative, theaterbegeisterte und spielbesessene Gruppe von Leuten hatte die Marburger Spielgemeinschaft gegründet. Sie bestand größtenteils aus Laien und Studenten der Theaterwissenschaften. Diese Spielgemeinschaft trat an meinen Vater heran, der sich ihr anschloss, und schon bald darauf wurde aus der Spielgemeinschaft die »Marburger Schauspielgruppe«, zu deren Gründungsmitgliedern mein Vater zählte. Die Gruppe wurde im Philippshaus ansässig. Das Interesse an Theateraufführungen war in der Bevölkerung groß. Das deutsche Kulturleben war durch die Nazis zwölf Jahre lang von allen äußeren kulturellen Einflüssen isoliert gewesen, eine geistige Wüste. Theaterstücke und Texte waren verboten worden, weshalb viele Dichter und Denker vor allem den jungen Menschen unbekannt waren. Es gab viel auf- und nachzuholen.

Die Schauspielgruppe erfuhr Unterstützung mit vielerlei Hilfsmitteln; in den kalten Monaten brachten die Zuschauer sogar Briketts mit, damit der Vorführungsraum geheizt werden konnte. Trotz der widrigen Nachkriegsumstände schaffte die Truppe es, in einer kleinen Stadt wie Marburg, die bis dahin kein festes Ensemble besaß, ein Theater zu gründen.

Nachdem ich die zehnte Klasse und somit die Mittlere Reife bestanden hatte, bat mich mein Vater zu einem ernsthaften Gespräch. Er schlug mir vor, das Gymnasium zu verlassen, beim Marburger Schauspiel als Souffleuse anzufangen und auf diese Weise mit einhundertfünfzig Reichsmark pro Monat zum Familieneinkommen beizutragen. Dafür könne ich auch umsonst am Schauspiel- und Sprechunterricht, am Fechten und der tänzerischen Gymnastik teilnehmen, eben an allem, was für die Mitglieder der Truppe angesetzt war. Ich war entsetzt! Nie, nie, nie wollte ich Schauspielerin werden!

Das ganze Elend dieses Berufes stand mir lebhaft vor Augen. Die Nervosität vor den Premieren, das ständige Lernen und Abhören des Textes, die Arbeitslosigkeit, mein Ausgegrenztsein als Kind in der Schule, die ewigen Umzüge wegen der Theaterwechsel, die Streitereien meiner Eltern, wenn das Geld wieder einmal nicht reichte – und es reichte nie. Wir waren, solange ich denken kann, arm. »Das Theater ist keine Versorgungsanstalt.« Wie oft schon hatte mein Vater diesen Satz gehört, wenn er um Aufbesserung seiner Gage bat. Mein Vater war immer »der Schauspieler mit den vielen Kindern«, dabei hatte er bis zur Geburt unseres Nachzüglers Holger nur zwei. Um eine Familie zu ernähren, war der Beruf nicht geschaffen. Ich erinnerte mich mit Schrecken an die Gereiztheit meines Vaters, wenn er zu Hause mit Gegenständen nach uns schmiss, weil er verzweifelt versuchte, seine Texte zu lernen und mit uns Kindern, in der viel zu kleinen Wohnung, keine Ruhe fand. In meinen Augen war Schauspielerei ein grässlicher Zustand und kein Beruf.

Außerdem erträumte ich mir für meine Zukunft etwas ganz anderes. Ich ging gerne in die Schule und hatte mich immer angestrengt, um mein Stipendium zu behalten. Ich wollte Abitur machen, studieren.

Doch nun setzte mir mein Vater auseinander, dass daraus wohl nichts werden würde, wollte ich keine Werkstudentin sein, was nichts anderes bedeutete, als dass ich immer ein Semester aussetzen und arbeiten müsste, um mir das nächste Semester zu finanzieren. Ich könnte frühestens mit siebenundzwanzig Jahren fertig werden. Dann wäre ich vermutlich schon verheiratet, und das ganze Studium wäre für die Katz.

Schließlich kapitulierte ich heulend vor der Autorität meines Vaters, verließ die Schule und fing als Elevin und Souffleuse bei der Marburger Schauspielgruppe an. Der Schauspielunterricht langweilte mich, denn Schauspielerei war für mich nichts, was man erlernen musste. Theater spielen kann ich sowieso, dachte ich. Schon als Kind hatte ich immer mit anderen Kindern Stücke einstudiert und aufgeführt. Aus reinem Spieltrieb heraus, ausschließlich zu unserer Freude. Mit einem regulären Broterwerb hatte das Theaterspielen für mich jedenfalls nichts zu tun.

Mein Vater, der offensichtlich ein schlechtes Gewissen mir gegenüber hatte, schenkte mir einen Gasthörerschein für die Universität. Er ahnte gar nicht, wie glücklich er mich damit machte. Ich konnte mit diesem Schein jede Vorlesung besuchen und schöpfte diese Möglichkeit in vollem Umfang aus: Germanistik, Theaterwissenschaft, dazu Kunstgeschichte und Psychologie. Ich eignete mir eine eigene Form der Kurzschrift an, damit ich die Vorlesungen dokumentieren konnte, und sehr oft baten mich Studenten, eine Vorlesung, die sie nicht besuchen konnten, für sie mitzuschreiben. Das bedeutete, dass ich mich richtig in den Stoff reinknien musste, um das Gehörte verständlich für sie aufzuarbeiten. Auf diese Weise war ich voll beschäftigt, meine Tage fünfzehn Stunden lang. Das Hamstern kam dabei zu kurz, der Hunger war kaum auszuhalten, doch die geistige Nahrung war mein Lebenselixier.

Elevin

An einem Sonntag, dem 13. April 1947, wurde mein Bruder Holger geboren. Zwei Monate später wurde ich siebzehn Jahre alt. Meine Mutter war nach der Entbindung sehr schwach. Auch hielt man sie – damals viel mehr als heute – mit ihren zweiundvierzig Jahren für zu alt für eine Mutterschaft. Erst jetzt merkte man, wie dünn sie eigentlich war. Ich versuchte daher, ihr das Leben so leicht wie irgend möglich zu machen. Um sechs Uhr morgens legte ich ihr das schreiende hungrige Baby ins Bett, das sie dreizehn Monate lang stillte. Das war für uns alle wichtig, weil wir dadurch eine zusätzliche Lebensmittelkarte bekamen. Danach habe ich den Kleinen gebadet, gewickelt, meiner Mutter den Körnerbrei ans Bett gebracht, um zehn Uhr erschien ich auf der Probe. Ich war voll und ganz in den Betrieb der Marburger Schauspielgruppe eingebunden und habe alles gelernt, was in einem Theaterbetrieb benötigt wird: Bühnenmalerei bei unserem Bühnenbildner Erhardt Klonk, einem berühmten Glasmaler, Kulissen zimmern, mit Scheinwerfern einleuchten, Perücken knüpfen und Kostüme nähen. All das hat mir gefallen, und ich konnte es später in meinen Beruf gut gebrauchen.

Als Souffleuse war ich von Anbeginn der Proben mit dabei und lernte dadurch fast automatisch alle Rollen auswendig. Bei den Vorstellungen musste ich gar nicht mehr ins Buch schauen. Ich konnte das Geschehen auf der Bühne von meinem Kasten aus verfolgen und merkte oft schon früher als der Schauspieler selbst, wann einer unsicher wurde und Hilfe brauchte. Ich war eine richtig gute Souffleuse, das haben mir alle Kollegen bestätigt, vor allem rückblickend, nachdem ich nicht mehr da war.

Bei »Maria Stuart« spielten wir in prächtigen Kostümen, die, von den Theatern Frankfurt, Kassel und Gießen in irgendwelche Bergwerken ausgelagert, den Krieg überstanden hatten. Der Nachteil war nur: Die langen Kostüme der Damen fegten mir ganze Wolken von Staub und Dreck in den Souffleurkasten. Vielleicht war das auch der Grund dafür, dass ich anfing, wie ein Steppenwolf zu husten. In der Klinik wurde TBC festgestellt. Ich hatte eine Kaverne in der linken Lungenspitze, mein Sputum war positiv. Für meine Eltern ging die Welt unter. Meine Mutter weinte, und mein Vater erklärte düster, dass es nun ja wohl aus sei mit der Schauspielerei, denn mit einer solchen Diagnose durfte man keinen öffentlichen Beruf ausüben. In diese trübe Stimmung platzte eine Nachbarin. Die hörte sich das ganze Drama an und erklärte dann, dass das alles Unsinn sei und es keine Krankheit gäbe, denn Gott habe den Menschen vollkommen geschaffen. Sie gehörte einer amerikanischen Glaubensrichtung an, der Christian Science. Gemeinsam mit mir wollte sie die »Ausüberin« dieser Lehre in Frankfurt anrufen. Über eine Stunde sprach ich mit der »Ausüberin«, die mir erklärte, dass alle körperlichen Probleme ihre Ursachen im mentalen Bereich hätten und durch die Anwendung geistiger Gesetze gelöst und geheilt werden könnten. Wie auch immer, nach diesem eindringlichen Gespräch habe ich kein einziges Mal mehr gehustet.

Ich fühlte mich gesund. Trotzdem wurde ich ins Bett gesteckt. Die rührenden Kollegen stellten einen großen Topf voll Honig, mit Hundefett vom Abdecker, für mich vor die Tür. Das war angeblich gut gegen TBC. Nach vier Wochen Bettruhe sollte ich zur weiteren Erholung in eine Kurklinik verschickt werden. Vorher stand jedoch nochmals eine Untersuchung an. Ich wurde geröntgt, die Ärzte flüsterten miteinander, Befunde wurden geprüft. Es herrschte Ratlosigkeit, denn ich war gesund. Schließlich war man der Meinung, meine Befunde seien anfänglich vertauscht worden. Eine Spontanheilung, befanden die Ärzte, wäre auch möglich. So etwas gäbe es. So recht erklären konnte es sich niemand. Aber ich wusste, dass ich seit dem Telefonat mit der »Ausüberin« gesund war. Bevor ich mit siebzehn als eine der Jüngsten meine Schauspiel-Reifeprüfung in Frankfurt machte, habe ich die »Ausüberin« noch einmal angerufen und fühlte mich danach ganz sicher für die Prüfung.

Das Auditorium in Frankfurt war hochkarätig besetzt, und ich bestand mit Bravour. Martin Held fragte mich ungläubig: »Wie alt sind Sie? Wirklich erst siebzehn?« Es schien ihn zu beeindrucken, und Ernst Karchow bot mir direkt nach der Prüfung ein Engagement am Bremer Theater an. Doch meine Eltern verhinderten das, sie hielten mich für zu jung, um so weit fortzugehen.

Um ein neues Publikum anzusprechen und fürs Theater zu gewinnen, unternahmen wir mit der »Marburger Schauspielgruppe« Abstecher in die Provinz. Diese Abstecher erfreuten sich bei der Truppe ausgesprochener Beliebtheit, waren sie auf dem Land doch immer mit einer warmen Mahlzeit vor den Vorstellungen verbunden. Es waren Hungerjahre, und immer wieder sind

Schauspieler infolge von Unterernährung auf der Bühne zusammengebrochen. Anfangs fuhren wir alle, samt den Kulissen, in einem Postwagen der Wehrmacht über Land, durch dessen vergitterte Fenster der eisige Fahrtwind pfiff. Später wurde uns dann ein alter Omnibus zur Verfügung gestellt.

Als wir eines Tages mit »Tod im Apfelbaum« von Paul Osborne in Weilburg auftraten, wurde die Darstellerin der »Marcia« auf der Straße von einem Radfahrer umgefahren und erlitt einen Schädelbasisbruch. Das Ensemble stand unter Schock und war ratlos. Ich könne einspringen, bot ich an. Da ich den Text im Souffleurkasten mitgelernt hatte, konnte ich ihn im Schlaf und traute es mir zu. Die Kollegen willigten ein, denn die einzige Alternative wäre gewesen, nach Marburg zurückzukehren. Zum Proben war keine Zeit mehr. Doch ich muss meine Sache gut gemacht haben, die Kritiker schrieben damals: »... von dieser jungen Schauspielerin kann man noch viel erwarten.«

Aus der Marburger Schauspielgruppe entwickelte sich das »Marburger Schauspiel«. Mein Vater stand vor einer schwierigen Entscheidung. Der designierte Intendant aus Koblenz hatte sich gemeldet. Er wollte dort anknüpfen, wo er während des Krieges aufgehört hatte, und dafür die erfolgreichen Schauspieler der damaligen Periode zurückgewinnen, zu denen mein Vater an erster Stelle gehörte. Es wurde ihm alles versprochen und zugesagt, was er sich wünschte: Er würde Oberspielleiter werden und ein entsprechendes Gehalt erhalten. So ließ er sich überreden und gab seine unkündbare Stellung auf, die er als Gründungsmitglied der Marburger Schauspielgruppe hatte. Kaum war alles abgesprochen und abgeschlossen, kam der große Knall: Die Intendanz war geplatzt, der Anwärter bei der Entnazifizierung als Mitläufer eingestuft worden, alle Verträge waren hinfällig. Aus der Traum vom Oberspielleiter und der großen Gage. Mein Vater konnte froh sein, dass der amtierende Koblenzer Intendant, ein alter, freundlicher Herr, ihn noch für eine Spielzeit als Schauspieler beschäftigen wollte. Ich wurde als Knochenbeilage, ohne vorsprechen zu müssen, für hundertachtzig Mark monatlich mit engagiert.

Der Zeit in Marburg habe ich viel zu verdanken. An der Uni hatte ich geisteswissenschaftliche Vorlesungen gehört, bei der Schauspielgruppe alles gelernt, was mit Theater zusammenhing. Und ich hatte, ohne es zu wissen und völlig unabsichtlich, einen ersten Kontakt mit dem Film.

Damals gab ja noch keine große Ablenkung, kein Fernsehen, auch die Printmedien waren sehr beschränkt. Man konnte ab und an ins Kino gehen, das war es aber auch schon.

Bei einem meiner seltenen Kinobesuche traf mich schier der Schlag: Vor Beginn des Hauptfilms lief Reklame, und auf einmal sah ich mich selbst auf der Leinwand auftauchen, übergroß, mit einem lächerlichen Hut auf dem Kopf. Wie war das möglich? Ich brauchte eine ganze Weile, bis ich realisierte, wie es dazu gekommen war. Vor nicht allzu langer Zeit hatte ich Bewerbungsfotos gebraucht, die Kollegen empfahlen mir einen Fotografen in der Altstadt. Der fand mein Gesicht apart und bot mir an, die gewünschten zwanzig Abzüge umsonst zu machen, wenn er dafür mein Foto ins Schaufenster stellen dürfe. Ich war froh über das Angebot, denn Fotos waren damals teuer. Dafür setzte ich sogar den hässlichen Hut auf. Wie das Foto danach als Reklame ins Kino gekommen war, konnte ich mir allerdings nicht erklären.

Die Geschichte mit meinem Bewerbungsfoto ging nach meinem Kinobesuch noch weiter. Eines Tages hing bei uns im Theater am Schwarzen Brett ein Brief der Bavaria-Film. Die Film-Industrie wollte nach dem Krieg ein neues Besetzungsarchiv anlegen. Schauspieler, die sich fürs Filmemachen interessierten, sollten sich mit Fotos bewerben. Eine ältere Kollegin, die mein Foto mit Hut toll fand, schickte es ohne mein Wissen nach München. Diese Initiative der Kollegin sollte Folgen haben, aber da war ich schon in Koblenz.

Der erste Kuss

Tante Jette war inzwischen in Bayern, genauer in Neuburg an der Donau, in unmittelbarer Nähe ihres Mannes gelandet, den die Amerikaner eingestellt hatten, um den Rückbau der DVL-Werke zu leiten. Weil Onkel Heinrich keine Sympathie für die NSDAP gehegt hatte, war er auch nicht in die Partei eingetreten. Die Nazis missbilligten das zwar, nahmen es aber in Kauf, da er als Wissenschaftler und Forscher unabkömmlich für sie war. Der Morgenthau-Plan sah vor, alle Werke zurückzubauen und aufzulösen, denn Deutschland sollte nach dem Krieg ein Agrarland werden.

Tante Jette schrieb mir, dass es sich für uns lohnen würde, zu ihr zu kommen, denn man könnte in ihrer Gegend zum Beispiel Ähren auf den abgeernteten Feldern nachlesen. Dafür kamen natürlich nur die Theaterferien in Frage, und zuvor wollte ich noch meine Schauspiel-Eignungsprüfung in Frankfurt ablegen.

Bei Tante Jette angekommen, machte ich meine erste unangenehme Erfahrung mit dem männlichen Geschlecht. Nach einem anstrengenden, heißen Tag, ich hatte auf einem abgeernteten Feld Nachlese gehalten und einen ganzen Sack voller Ähren gesammelt, gingen wir zum Baden an die Donau: Tante Jette, ihre Kinder und einige ihrer Freunde, darunter auch ein älterer, ehemaliger Major, der ein rechter Charmeur war und die

Damen mittleren Alters um den Finger wickelte. Er wollte schwimmen gehen. Die Frauen mauerten, schickten mich aber mit ihm zum Baden ans Flussufer hinab. Ich hatte zwar auch keine Lust, beugte mich aber ihrer Autorität. Wo die Donau nach etwa hundert Metern eine Linkskurve machte, entschwanden Onkel Pit, so nannten ihn die Kinder, und ich, den Blicken der anderen. Kaum um die Linkskurve herum, griff mir der Onkel mit beiden Händen unter den BH. Ich war starr vor Schreck. Er presste sich an mich, küsste mich auf den Mund und schob mir seine Zunge in den Hals. Ich hatte noch nie geküsst. Es ekelte mich grässlich, und ich wehrte mich verzweifelt. Vielleicht war er von meiner Abwehr überrascht, jedenfalls gelang es mir, mich von ihm zu befreien, aus dem Wasser zu kommen und wegzurennen. Er versuchte zunächst mir zu folgen, gab dann aber auf, denn die Wiese war voller Disteln. Ich spürte sie überhaupt nicht, ich wollte nur weg. Merkwürdigerweise schämte ich mich und habe niemanden von dem Vorfall erzählt. Ich suchte die Schuld dafür bei mir, vielleicht hatte ich mich ihm gegenüber ja falsch verhalten.

Bald reiste ich wieder zurück nach Marburg, mit Mehl, Eiern und Speck im Rucksack. Diesbezüglich war meine Reise erfolgreich gewesen.

Von meinem selbstverdienten Geld behielt ich ein wenig Taschengeld ein, das es mir erlaubte, in der Universitätsreitschule Reitstunden zu nehmen. Dort gab es nur alte arme Zossen, die im Krieg gedient hatten und, hartmäulig meinen Hilfen gegenüber, mit mir machten, was sie wollten. Die Währungsreform stand vor der Tür, auf meiner Zehnerkarte hatte ich noch vier Stunden gut. Danach, das war klar, wäre sowieso Schluss. Der Reitlehrer bot mir an auszureiten. Ich war begeistert. Wir waren zu dritt, ein junger Mann und eine Frau, die mich abhängten. Mit Mühe und Not brachte ich einen müden Galopp zustande, dann war es auch schon vorbei. Mein Pferd stoppte abrupt, und ich flog im hohen Bogen über seinen Hals auf den Acker. Meine beiden Gefährten bekamen mein Missgeschick mit und halfen mir wieder auf die Beine. Noch schwieriger wurde es, mein Pferd über den winzigen Bach zu bekommen, der es veranlasst hatte, so plötzlich stehen zu bleiben. Im Wald folgte mein Pferd nicht dem Weg, sondern kürzte mitten durch die Walachei ab. Meine Zöpfe lösten sich auf, meine Haare verhedderten sich in den Zweigen, ich war vor Anstrengung schweißnass. Dieser Ausritt war der reine Horror.

Als ich, zurück im Stall, mein Pferd trockenrieb, kam der junge Mann auf mich zu und fragte, ob ich nicht Lust hätte, mit ihm auf den Rosenball zu gehen, den ersten Studentenball, der nach dem Krieg wieder stattfinden sollte. Ich konnte es kaum glauben, ich kam mir so würdelos vor bei dem, was ich auf dem Ausritt geliefert hatte. Aber dann siegte die wohlerzogene Tochter in mir, und ich bat ihn, doch bei meinen Eltern vorstellig zu werden und um Erlaubnis zu fragen. Der junge Mann, ich nenne ihn hier »Herr Bäumler«, kam tatsächlich. Als er und mein Vater im Gespräch feststellten, dass dieser Münchner Rhenane gewesen war, entstand so etwas wie eine Kumpanei zwischen ihnen – mit dem Ergebnis, dass ich am nächsten Samstag um drei Uhr von Herrn Bäumler zum Rosenball abgeholt werden sollte. Ich wurde etwas panisch, denn ich besaß rein gar nichts zum Anziehen, was für diesen Anlass getaugt hätte. Doch die Kolleginnen vom Theater halfen mir mit langen Unterröcken und einem weißen Tüllrock aus, das Hochzeitsoberteil aus gepresstem Samt von meiner Tante Christa passte mir wie angegossen, dazu kam noch eine breite Schärpe aus brüchiger Seide mit Rosenmuster – einfach toll. Meine Mutter steuerte einen Stoff bei, den sie zum Geburtstag geschenkt bekommen hatte: zarte hellblaue Baumwolle mit Blümchenstickerei. Daraus nähte mir eine Schneiderin eine Unterhose und ein Hemd. Die Unterhose hatte rechts und links Knöpfe, es gab kein Gummiband. Nun war ich also perfekt von oben bis unten, drunter und drüber.

Herr Bäumler erschien pünktlich. Mit seinem Rosenstrauß machten wir uns auf den Weg, der uns zunächst über die Lahn führte, eine schmale Holzbrücke, auf der man hintereinander gehen musste. Herr Bäumler schritt voraus, und da passierte die erste Hinterhältigkeit; mein Schlüpfer wickelte sich um meine Beine. Ich bat Herrn Bäumler zu warten, da mir leider mein Schlüpfer gerissen sei. Er sicherte nach allen Seiten, sichtlich unangenehm berührt. Ich zog den Schlüpfer aus, auf den ich so stolz war. Er war so wunderschön. Ich musste ihn Herrn Bäumler zeigen. Sicher wäre er beeindruckt. Das war er auch. Er packte mich am Arm und zerrte mich wieder nach Hause, wo mich meine entsetzte Mutter kurzentschlossen in den Schlüpfer einnähte. Das heißt, sie nähte die Knopflöcher an beiden Seiten zu und die Hosenbeine enger. »Du darfst nichts trinken, du kannst jetzt nicht mehr pinkeln gehen«, ermahnte sie mich.

Herr Bäumler und ich gingen zum zweiten Mal los und gewannen auf dem Ball beim langsamen Walzer den zweiten Preis. Danach folgte eine Polonaise, zu der mich ein Professor aufforderte. Bei diesem Tanz stellten sich die Paare am Schluss hintereinander auf, hoben die Arme nach oben und bildeten auf diese Weise einen Bogen, unter dem ein Paar nach dem anderen gebückt hindurchgehen, sich einen Kuss geben und dann wiederum einen Bogen bilden musste. Ich fürchtete mich entsetzlich vor diesem Kuss. Nach dem Debakel mit Onkel Pit hatte ich meine Mutter gefragt, wie man eigentlich richtig küsste. Nicht solche Gutenachtküsse wie bei Oma und Opa. Meine Mutter, die gerade bügelte, war genervt. Aber gut – Gösta, mein Bruder, sollte seine Zunge rausstrecken, ich seinem Beispiel folgen. »So, und nun berührt euch jeweils mit euren Zungen«, befahl sie. Wir taten es. Die nasskalte Zunge meines Bruders ekelte mich, und ihm ging es umgekehrt nicht anders. Meine Mutter bemerkte dies mit Befriedigung. Das also war ein richtiger Kuss. Belastet mit diesem Wissen, sah ich dem Kuss des Professors am Ende der Polonaise nun angstvoll entgegen. Aber der, ganz Gentleman, küsste mir die Hand. So gesehen war der Rosenball ein voller Erfolg.

Wegen der Sperrstunde mussten wir vor zweiundzwanzig Uhr zu Hause sein. Mit dem beim Walzer gewonnenen großen Strauß im Arm näherten Herr Bäumler und ich uns meiner Häuslichkeit. Es war dunkel, über unserer Haustür brannte eine trübe Lampe. Mir war klar, was mir bevorstand, schließlich las man das in jedem Roman: der obligatorische Kuss unter der Haustür. Mir war elend zumute, also fasste ich einen mutigen Entschluss. Als Herr Bäumler sich mir zuwandte, streckte ich ihm meine Zunge bereits entgegen. Er sah mich entsetzt an. Dann drehte er sich um und lief weg. Ich war fassungslos und beschämt. Er hatte mich also gar nicht küssen wollen. Ich weinte mich in den Schlaf.

Später, als ich das Küssen gelernt hatte, war mir klar, wie der ganze Nachmittag und Abend auf Herrn Bäumler gewirkt haben muss: Er muss mich für ein Flittchen – wie man damals sagte – gehalten haben; erst zeigte ich ihm meine Unterhose, dann streckte ich ihm auch noch die Zunge entgegen. Wie auch immer, ich habe Herrn Bäumler nicht wiedergesehen. Dafür litt ich das erste Mal an Liebeskummer.

Viele Jahre später gab es eine Sendung im Fernsehen mit dem Titel »Der erste Kuss«. Ich wurde gefragt, ob ich mitmachen wolle. Klar wollte ich. Ich sah darin die große Chance, Herrn Bäumler die damalige Situation nachträglich zu erklären. Das Fernsehen machte ihn tatsächlich ausfindig. Aber er wollte nicht als Gast in die Sendung kommen – auf gar keinen Fall –, schade.

Erste Liebe und Fuß fassen

Im Spätsommer 1948 fuhren mein Vater und ich vor Beginn der neuen Spielzeit also nach Koblenz und wechselten damit von der amerikanischen in die französische Zone. Meine Mutter und meine beiden Brüder sollten noch so lange in Marburg bleiben, bis wir in Koblenz eine Wohnmöglichkeit gefunden hätten. Für die Übergangszeit war uns vom Theater zunächst ein möbliertes Zimmer in Ehrenbreitstein besorgt worden. Um zum Theater zu gelangen, mussten wir von dort erst die Fähre über den Rhein nehmen oder aber einen Umweg über die Brücke machen. Den machten wir sowieso nach jeder Vorstellung, weil ab einer bestimmten Zeit abends keine Fähre mehr ans andere Ufer übersetzte.

Vor dem offiziellen Beginn der Spielzeit versammelte sich das gesamte Ensemble im Foyer des Theaters, und die neuen Mitglieder wurden vorgestellt. Mit meinen knapp achtzehn Jahren war ich die Jüngste, aber das kannte ich ja schon von der Schule, von der Marburger Truppe und von der Schauspiel-Prüfung her.

Meine neuen Kollegen in Koblenz waren bei unserem ersten Treffen ganz entzückend zu mir. Ich musste mit allen Brüderschaft trinken, verbunden mit einem Schluck Sekt und einem Kuss. Neben mir saß ein junger Mann, groß, blond, blauäugig, der ganz offensichtlich schon fest im Ensemble integriert war. Er lachte und scherzte. Er gefiel mir. Doch als auch er mit mir Brüderschaft trinken wollte, lief ich einfach weg. Weiß der Teufel, warum ich da gekniffen habe! Er rannte hinter mir her, und es wurde eine wilde Jagd durch das ganze Theater, drei Ränge rauf und runter, durch das gesamte Parkett bis ins Foyer. Am Kassenschalter geriet ich in eine Sackgasse. Schwer atmend standen wir uns gegenüber. Doch anstatt mich nun zu küssen, sagte er beinahe väterlich, dass ich nicht vor ihm weglaufen müsse, wir könnten uns auch ohne Kuss duzen. Das saß, und ich war entflammt.

Günther Riepert war der Sohn von Fritz Riepert, dem ersten Bariton am Haus. Er wollte ebenfalls Sänger werden und spielte als Eleve in Operetten und im Schauspiel mit. Ich war zum ersten Mal in meinem Leben verliebt und von diesem mir unbekannten Gefühl ganz überwältigt. Ich himmelte ihn an, er himmelte nicht ganz so intensiv zurück. Zudem hatte er eine dunkelhaarige, sehr hübsche Freundin. Nach etlichen Wochen wagte ich, ihn zu fragen, ob denn ich nicht seine Freundin sein könne. Natürlich, meinte er, aber dann müsste ich auch mit ihm schlafen. Er hätte ja schließlich Natur! Es ist sicher schwer zu glauben, aber ich hatte wirklich keine Ahnung, was er mir damit sagen wollte. Ich war ja, bis auf die damalige Ansprache meiner Mutter, als sie mich mit den acht Amerikanern im Schlepptau in der Scheune hatte verschwinden sehen, nicht aufgeklärt. Mit ihrer nebulösen Rede von Hahn, Hühnern und deren Treiben und dass es bei uns Menschen ebenso sei, war mir nicht wirklich gedient gewesen.

Eines Abends hatte mein Vater Vorstellung, ich aber nicht. Das war eine einmalige Chance. Ich lud Günther in unsere möblierte Wohnung ein. Der Abend endete desaströs. Noch schlimmer aber war, dass Günther danach jedem, der es hören wollte, erzählte: »Stellt euch vor, die Ellen ist noch Jungfrau.« Ich wurde bestaunt wie das achte Weltwunder, ich flehte ihn an, mich nicht weiter bloßzustellen, denn ich fühlte mich wie eine dumme Göre, die von nichts eine Ahnung hatte.

Sehr schüchtern und vorsichtig fragte ich später meine Mutter, ob es denn vorkomme, dass man auf ewig Jungfrau bleiben müsse, weil die Entjungferung nicht klappt. Offenbar um mich abzuschrecken, antwortete sie mit einem scheinbar fundierten, recht drastischen Vortrag: Bei manchen Völkern wäre es die Aufgabe eines Priesters, die Jungfernhaut mit einem Gegenstand, einem Stock zum Beispiel, zu durchstoßen. Mir wurde schlecht.

Rückblickend finde ich es schade, dass ich als junges Mädchen kaum die Möglichkeit hatte, unbeschwert mit jungen Männern zu albern und zu flirten. Es war keine Zeit der Leichtigkeit oder des Vergnügens. Die jungen Männer waren an der Front, sogar die Sechzehnjährigen wurden am Ende des Krieges noch als Flakhelfer eingezogen. Viele von ihnen waren gefallen oder in Gefangenschaft geblieben. Zudem war es eine prüde Zeit. Mädchen und Jungen gingen noch in getrennte Schulen. Bis zum Ende meiner Schulzeit saß ich in reinen Mädchenklassen. Lyzeum wurde die höhere Mädchenschule genannt. Jungen gingen aufs Gymnasium. So wurde einem ganz automatisch vermittelt, dass sie mehr wert waren als Mädchen und dass man sich vor ihnen in Acht nehmen musste. »Einen angebissenen Apfel esse ich nicht, auch wenn ich ihn selber angebissen habe«, predigte meine Mutter immer. Folglich war der erste Mann, dem man sich hingab, auch der Mann fürs Leben. In den Augen meiner Mutter konnten sich Männer alles erlauben, Frauen aber nicht. So wurde ich erzogen, und so war auch

Günther für mich zunächst der Mann meines Lebens. Fünf Jahre dauerte diese Ewigkeit, immerhin.

Die Suche nach einer Wohnung für die Familie gestaltete sich schwierig, obwohl wir aus der Zeit vor dem Krieg noch viele Freunde in Koblenz hatten, die uns alle zu helfen versuchten. So bekamen wir eines Tages den Tipp, dass es in Urbar, einer Gemeinde nördlich der Stadt, ein demoliertes, eventuell ausbaufähiges Haus für uns gäbe. Mein Vater und ich wurden vor Ort vorstellig, und die Wirtin zeigte uns zwei Räume an der Nordseite des Hauses. Die Zimmerdecken fehlten komplett, die Wände waren voller Löcher, Wasser lief an ihnen hinab auf einen bereits völlig aufgetriebenen Holzfußboden. Eine Ruine. Inzwischen war es Winter geworden, ein nasskalter November. Trotzdem wollten Vater und ich es angehen. Uns fehlte die Familie, wir wollten nicht mehr alleine sein, und es gab keine andere Chance. Das größte Problem waren die kaputten Decken: Holzbalken, dazwischen Strohgeflecht, alles verrottet. Wir fingen mit der Renovierung an. Die Decke war hoch, wie das bei alten Herrschaftshäusern üblich ist. Vater stand auf einer langen Leiter, ich reichte ihm Zweige zu und hielt seine Beine umklammert. Im Ernstfall hätte das zwar nichts genützt, aber es gab ihm ein Gefühl der Sicherheit. Wir wechselten uns ab. Irgendwann war das Werk vollbracht. Jetzt musste die »Speis« an die Decke geschmissen werden. Dazu holten wir mit einem einrädrigen Karren Lehm aus einer zwei Kilometer entfernten Lehmkuhle, rührten den Brei an und warfen ihn mit einem Spatel an die Decke, damit er zwischen den Zweigen hängen blieb. Nach dieser Arbeit sahen wir aus wie die Schweine. Abends mussten wir auch noch Theater spielen.

Mein Vater tat mir leid, denn er hatte eine Hauptrolle zu stemmen und wankte völlig erschöpft von den anstrengenden Renovierungsarbeiten zum Theater, während ich dort lediglich einen Satz zu sagen hatte.

Auf der Straße begegnete mir eines Tages Fräulein Schmitz, jene Lehrerin, die wir so tief gedemütigt hatten. »Ich habe dich gestern auf der Bühne gesehen, es war ja klar, dass aus dir einmal nichts Gescheites werden würde«, kanzelte sie mich ab.

Doch ich hatte ganz andere Sorgen: Unsere Decke war zum x-ten Mal wieder herabgefallen. Es war zum Verzweifeln. Sie trocknete in der Kälte einfach nicht, sondern gefror. Die Zeit saß uns im Nacken. Weihnachten stand vor der Tür, Wärme musste her. Auf dem kilometerlangen Heimweg vom Theater in unser neues Domizil, in dem wir inzwischen bibbernd vor Kälte übernachteten, stachen uns eines Tages die Drahtpapierkörbe am Wegesrand ins Auge. Die konnte man, bestückt mit Holz und Kohle, zu einem Ofen umfunktionieren. So verbrachten wir die eisigen Dezembernächte vor den wärmespendenden Papierkörben und beteten, dass die Decke oben blieb. Das tat sie auch. Wir mauerten und putzten und malerten in grimmiger Kälte und kämpften verzweifelt gegen den nicht enden wollenden Bauschutt und Dreck an. Da stand eines Tages Mutter vor der Tür, ein Kind auf dem Arm, das andere an der Hand, und starrte entsetzt auf das, was unser neues Zuhause sein sollte. Nach einem Riesenkrach ergab sie sich jedoch der Situation und fing an, die Wohnung einzurichten. Wir besaßen nichts außer einer ziemlich langen, breiten Gartenbank, die Mutter aus Marburg mitgebracht hatte. Auf der schliefen zukünftig Gösta und ich. Ich an die nasse, kalte Nordwand gepresst, Göstas Zeh in der Nase, Gösta zusammengekauert zur offenen Seite hin, mit der Option mehr als einmal nachts herunterzufallen. Unsere Koblenzer Freunde schenkten uns einige Möbelstücke, die ich mit einem einrädrigen Schubkarren abholte.

Und dann geschah ein Wunder! Das Reklamefoto, das meine Marburger Kollegin an Bavaria-Film geschickt hatte, zeigte Wirkung. Ich erhielt Nachricht aus München zu Probeaufnahmen für einen Film. Das Theater konnte mich entbehren, ich bekam den nötigen Urlaub und in München meine erste kleine Rolle in dem Film »Heimliches Rendezvous« mit Rudolf Prack und Herta Feiler, der damaligen Frau von Heinz Rühmann.

Ich hatte keine Ahnung, wie viel Geld ich dafür verlangen konnte, hatte auch keinen Agenten, der mich hätte beraten können. Deshalb war ich völlig glücklich mit der mir angebotenen Gage von einhundert Mark pro Drehtag. Fünfundfünfzig Mark blieben mir nach Abzug der Steuern und dem Notopfer Berlin. Abzüglich dessen, was ich noch zum Leben verbrauchte, brachte ich am Ende sechshundert Mark mit nach Hause! Davon konnten wir Betten kaufen.

Für die sechzehn Drehtage, die ich hatte, war ich drei Monate lang in München verplant. In Halle 1 auf dem Bavaria-Gelände war mir für diese Zeit eine Garderobe als Zimmer zugewiesen worden. Im Januar 1949 gab es in der zerstörten Stadt keine andere Möglichkeit, mich unterzubringen.

Es kam die Faschingszeit mit den ersten zaghaften Vergnügungen nach dem großen Krieg. Eines davon war der erste Münchner Filmball im Malteser Filmpalast. Der Produzent unseres Films wählte mich als seine Tischdame, die eigentlich Zarah Leander, angeblich seine Geliebte, sein sollte, die jedoch abgesagt hatte. Der Ball war eine

Herausforderung für mich, denn ich hatte mal wieder nichts Passendes anzuziehen. Tante Jette, die immer noch in Neuburg an der Donau wohnte, wusste Rat. »Ach Ellen, du bringst immer so eine schöne Aufregung in mein Leben«, pflegte sie zu sagen. Anders als meine hoch emotionalen Eltern war sie ein Mensch, der einen kühlen Kopf bewahrte. Das half mir oft, mich zu orientieren.

Aus einem hellen Popeline-Stoff nähte mir die Dorfschneiderin ein Abendkleid, und die Baronin Langen, Tante Jettes Freundin, lieh mir dazu ein Cape aus Affenhaar. Ich sah pompös aus, das fand auch der Produzent. Tante Jette, die mich auf den Ball begleitete, verabschiedete sich früh und ziemlich laut von mir, so dass es auch der Produzent mitbekommen musste, mit dem Hinweis, dass sie in meinem Zimmer auf mich warten würde. Der Produzent lud mich am Ende des Balls in sein Büro ein, das direkt neben meinem Zimmer in Halle 1 lag, und traktierte mich dort mit Cognac. Wir tranken ein Glas nach dem anderen, wobei mein Cognac jedes Mal heimlich im Topf mit der Zimmerpalme landete. Irgendwann gab der Produzent auf. Sein Kopf sank auf den Schreibtisch, und ich stieg hinter ihm aus dem Fenster. Die Tür hatte er nämlich abgeschlossen.

Tante Jette grinste über das ganze Gesicht, als ich ihr alles erzählte. Ihr Plan war aufgegangen.

Ich hatte sowieso das Gefühl, mich ständig der Angriffe meist älterer Herren erwehren zu müssen. Eines Tages bestellte mich die Besetzungschefin der Bavaria ins Büro. Sie machte mir heftige Vorwürfe, denn meine diesbezüglichen Verteidigungsmaßnahmen waren bis zu ihr vorgedrungen. Ich hatte eine Ohrfeige und eine Knieattacke zu verantworten. Sie war der Meinung, dass es doch besser wäre, wenn ein Produzent bei mir Erfolg hätte als ein kleiner Statist. Damit spielte sie auf die nette, harmlose Freundschaft an, die ich mit einem der Komparsen im Film geschlossen hatte. Ich bekannte ihr daraufhin offenherzig, dass ich noch keine Erfahrung mit Männern hätte. »Mit fast neunzehn Jahren«, meinte sie fassungslos. Aber damit hatte ich offenbar ihren Beschützerinstinkt angesprochen und in ihr eine Komplizin gefunden, denn als ich wieder zu Hause war, bekam ich von ihr ein Filmangebot nach dem anderen. Doch ich hatte keine Lust mehr aufs Filmen. Drei Monate meines Lebens hatte ich mit sechzehn lächerlichen Drehtagen vergeudet, wo ich doch inzwischen vom Stadttheater Koblenz entdeckt worden war und eine große Rolle nach der anderen spielen konnte!

Das letzte Angebot, das mir die Filmagentin offerierte, war in einem Film von Helmut Käutner, um den es mir tatsächlich ein bisschen leid tat. Aber auch diese Rolle sagte ich ab, denn ich hatte am Theater die Ophelia in Aussicht.

Allmählich ging es im Westen spürbar aufwärts. Die Menschen krempelten die Ärmel hoch, machten sich an den Wiederaufbau des zerstörten Landes, und die Trümmer des Krieges verschwanden nach und nach. Der Morgenthau-Plan war zu den Akten gelegt worden und stattdessen der Marshall-Plan, das große Konjunkturprogramm der USA für Westeuropa, in Kraft getreten. Deutschland wurde ab 1948 von den USA mit Krediten zur Wirtschaftsförderung versorgt, und die Produktion kam wieder in Gang. Doch an uns ging das beginnende »Wirtschaftswunder« vorbei, denn meinem Vater war die vorauszusehende Kündigung ausgesprochen worden und wir hatten mal wieder schwere Geldsorgen. Mein Vater tat wirklich alles, um neben dem Arbeitslosengeld noch etwas dazuzuverdienen. Er verkaufte aus einem Bauchladen Kaugummi im Fußballstadion, versuchte, für einen Buchclub Mitglieder zu werben, Staubsauger an den Mann zu bringen, sich als Nachtportier im Hotel zu profilieren und stellte sich als lebende Schaufensterpuppe zur Verfügung. Letzteres fand ich so demütigend, dass ich ihn weinend darum bat, so etwas nicht mehr zu machen. Später fand er ein Engagement in Neuwied bei der Landesbühne und fuhr bei Wind und Wetter mit seinem Motorrad die sechzehn Kilometer hin und her. Es war in den Nachkriegsjahren sehr schwer, sich in Deutschland an anderen Bühnen zu bewerben, weil man nicht so ohne Weiteres von einer Besatzungszone in die andere wechseln konnte.

Auch ich tat alles, um unser Budget aufzubessern: Ich verkaufte in einem Andenkenladen am Rhein sogenannte Rheinkiesel an die Touristen aus Holland, mit denen ich mich auf Englisch verständigen konnte. Rheinkiesel sind Schmucksteine, die in den Farben des Regenbogens schillern. Ich putzte das Fischgeschäft »Nordsee« für fünf Mark pro Stunde. Und ganz toll war es, wenn der Rundfunk sich meldete und man eine kleine Sprecherrolle bekam. Das brachte satte zwanzig Mark ein. Auf der Strecke zwischen Koblenz und Bonn, in einem Seitental des Rheins, hatte sich in Remagen eine Synchronfirma etabliert. Wenn ein neuer Film besetzt werden sollte, reisten von überallher die Schauspieler zum Vorsprechen an. Das fand natürlich nur des Nachts statt, nach Mitternacht, nach den jeweiligen Theatervorstellungen. Der Aufnahmeleiter erschien dann in der Ateliertür mit der Ansage: »Wir brauchen einen Schauspieler Anfang dreißig mit tiefer Stimme«, worauf alle Schauspieler zwischen achtzehn und achtzig das Atelier stürmten, um diese Rolle zu erwischen, von der niemand wusste, wie groß sie letztendlich sein würde. Man wurde pro Einzelaufnahme, also pro Take bezahlt. Eine größere Rolle hatte zirka zwanzig Takes und brachte einhundert Mark ein. Man konnte aber auch Pech haben und nur drei Takes ergattern. Doch meist war das Glück mir gewogen.

Zur Eröffnung meiner zweiten Spielzeit in Koblenz bekam ich zu meiner großen Freude die Rolle der Franziska in »Minna von Barnhelm«. Ich verspürte eine ungeheure Spielfreude in mir. Zu Hause nervte ich meine arme Mutter, indem ich ihr ständig hinterherlief und die Rolle vorspielte. Nachts träumte ich die Rolle, sah mich auf der Bühne stehen und die Franziska spielen. Und so, wie mir die Rolle im Traum am besten gefiel, legte ich sie dann auch in der Realität an. Insofern waren mir diese Träume tatsächlich eine große Hilfe. Auch später noch habe ich so manch eine Rolle durch Träumen bewältigt. Die Premiere wurde ein großer persönlicher Erfolg für mich. Bei der Verbeugung stand das ganze Ensemble auf der Bühne, auch die Technik, die Dramaturgie, der Bühnenbildner, der Regisseur. Alle hielten sie Blumensträuße in den Händen, außer mir. Niemand hatte daran gedacht, mir zu meiner ersten großen Premiere in Koblenz Blumen zu schicken. Meine Eltern nicht, weil wir kein Geld hatten, Günther Riepert nicht, weil er es schlicht vergessen hatte. Da fing jemand aus dem Publikum an zu rufen: »Warum kriegt die Schwiers keine Blumen«, und das ganze Publikum fiel ein. Zigmal rief es diesen Satz. Schließlich zerrte der Regisseur aus seinem Strauß eine dicke Chrysantheme und überreichte sie mir. Da johlte das Publikum, und ich wand mich vor Rührung und Verlegenheit.

Diese Vorstellung hatte auch Joseph Breitbach gesehen. Unsere beiden Mütter waren befreundet, seit mein Vater 1939 erstmalig ins Engagement nach Koblenz kam und wir einige Monate bei Frau Breitbach zur Untermiete gewohnt hatten. In der Zeit war ihr Sohn schon vor dem Nazi-Regime nach Frankreich geflüchtet. 1933 war sein Buch »Die Wandlung der Susanne Dasseldorf« aufgrund der freimütigen Darstellung von Homosexualität und Prostitution verboten worden. Hin und wieder besuchte er nachts heimlich seine Mutter und war im Morgengrauen schon wieder fort.

Beide Mütter gaben sich die größte Mühe, uns zu verkuppeln. Daraus wurde nachvollziehbarer Weise nichts, doch Joseph Breitbach lud mich zum Essen ein und versuchte mich davon zu überzeugen, dass ich nach Paris kommen müsse. Er würde mich an die Comédie Française vermitteln, das einzige französische Nationaltheater mit einem festen Ensemble. Er selbst hatte als Mitglied der Académie Française, der französischen Gelehrtengesellschaft, beste Verbindungen. Mir fehlte der Mut, das Angebot in Erwägung zu ziehen. Ich war damals noch nicht so weit, war zu sehr an die Familie gebunden, war verliebt. Die Sprache stellte ebenfalls ein Hindernis dar, denn mein Schulfranzösisch war armselig. Außerdem hatte ich generell Angst vor den Franzosen, die als Besatzungsmacht nicht gerade als freundlich galten.

Joseph Breitbach überredete mich zur Gründung einer deutsch-französischen Studiobühne. Wir bekamen einen Raum bei der von ihm unterstützen Deutsch-französischen Gesellschaft und spielten eine ganze Zeitlang zusätzlich zu unseren Abonnementsstücken am Stadttheater Anouilh, Giraudoux, Sartre, Gide und so weiter. 1962 erschien Joseph Breitbachs Roman »Bericht über Bruno«, der damals eine kleine Sensation war. Er thematisiert Homosexualität und wendet sich gegen die Doppelmoral und die gesetzlich begrenzte sexuelle Selbstbestimmung. Der seit 1998 verliehene Joseph-Breitbach-Preis gehört zu den höchstdotierten Literaturpreisen in Deutschland.

Mein Vater, der sich über meine beruflichen Erfolge in Koblenz zwar freute, wies mich dennoch immer wieder darauf hin, dass ich noch keine Schauspielerin, sondern nach wie vor nur eine sehr begabte Laiin wäre. Ich verstand nicht, was er damit meinte, ich hatte doch Erfolg. Die Zeitungen schrieben: »Gut wie immer, Ellen Schwiers«. Keine Rolle bereitete mir Schwierigkeiten, ich kannte auch kein nennenswertes Lampenfieber, bis ich eines Abends auf der Bühne mein Waterloo erlebte. Im Laufe einer dramatischen Szene hatte ich flehend in Tränen auszubrechen. Normalerweise war es kein Problem für mich, Rotz und Wasser zu heulen, bis zu jenem Abend, an dem ich einfach nicht weinen konnte. Ich dachte an den Zweiten Weltkrieg, an Hunger und Tod, doch es war nichts zu machen. Mir kamen einfach keine Tränen, und ich konnte sie auch nicht »darstellen«. Da fiel es mir wie Schuppen von den Augen, was mein Vater meinte.

Ich hatte bisher stets nur mit dem primären Gefühl gearbeitet. Das Wesen der Schauspielkunst ist jedoch mehr. Es ist Enthüllung und Verwandlung. Dabei darf die Kontrolle nie verloren gehen. Es geht auch nicht um Täuschung oder so tun als ob sondern Herz und Seele müssen ebenfalls sprechen.

Am Koblenzer Theater hatte die Intendanz gewechselt. Der neue Leiter des Theaters war ein Opern-Mann, den das Schauspiel nicht zu interessieren schien. Es hieß, er wolle es sogar gänzlich abschaffen. Die Schauspieler gerieten in Panik. Günther und ich beschlossen, zur Bühnen-genossenschaft zu pilgern, um unsere Not darzulegen. Wir fuhren also per Anhalter nach Frankfurt und fanden dort bei Siegfried Nürnberger, dem Vorsitzenden der Büh-nengenossenschaft, ein offenes Ohr. Er setzte sich dafür ein, den Abbau des Schauspiels in Koblenz zu verhindern. Das Land Rheinland-Pfalz war bereit, zweitausend Mark monatlich beizusteuern. Das bedeutete nichts anderes, als dass gerade einmal zehn Schauspieler für zweihundert Mark Gage beschäftigt werden konnten, was auch für damalige Verhältnisse sehr wenig war.

Nach wie vor in Sorge wegen unseres opernliebenden Intendanten schlossen wir Schauspieler uns zu einer Not-gemeinschaft zusammen und überlegten, wie wir vor allem in der vier Monate währenden Sommerpause arbei-ten und Geld verdienen konnten. Schließlich kam uns die Idee, in dieser Zeit Sommerfestspiele zu veranstalten. Mit der Burg Lahnstein, in deren Hof wir Theater spielen wollten, fanden wir eine schöne Spielstätte. Der Wirt der Burggaststätte war begeistert und unterstützte unser Vor-haben kräftig.

Schon vor der ersten Premiere waren alle Karten ausverkauft. Die Festspiele auf der Burg Lahnstein gibt es heute noch, sie ist das älteste Freilichttheater in der Region.

Noch in Koblenz engagiert, wurde ich zu Probeaufnah-men für den Film »Die Sünderin« nach München gebeten. Dabei ging es um die Rolle der Prostituierten Marina, die ihrem lebensmüden Geliebten beim Selbstmord assistiert. Bei den Probeaufnahmen lernte ich eine Agentin ken-nen, die sowohl mich als auch alle anderen jungen Schau-spielerinnen, die zu diesen Probeaufnahmen eingeladen worden waren, sofort dingfest machte, denn eine von uns würde die Rolle ja bekommen und sie damit die Provision. Die Agentin verlangte von mir, ihr meine Brüste zu zeigen, da in dem Film Nacktaufnahmen vorkommen würden. Mir war das entsetzlich unangenehm. Danach kam ich in die Maske. Willi Forst, der Regisseur, war der Meinung, dass ich mit meinen Haaren keine Karriere machen könnte. Er packte meinen dicken Zopf, um ihn mir abzuschneiden. Aber mir in die Haare zu schneiden, ist ungefähr so, als versuche man, ein Telefonbuch zu zerreißen. Doch das Unglück war bereits geschehen und mein Haar verhunzt.

Beim Film wurde man oft respektlos und ohne Achtung behandelt. Wie eine Ware, die zur Befriedigung persönlicher wie auch beruflicher Bedürfnisse dient, wie ein Gegenstand, über den nach Belieben verfügt werden kann. Oft wurde in meinem Beisein über mich als Person, mein Äußeres oder meine Qualifikation ohne jedes Feingefühl geurteilt. Denn ich war ja nur ein Produkt. Da brauchte ich manchmal schon eine dicke Haut. Hinzu kamen äußerst unangenehme Situationen, in denen ich mich wie Freiwild fühlte. Weil es beim Film so viele Jahre lang keine Instanz gegeben hatte, die sexuelle Übergriffe ahndete, war es zu einer Entwicklung gekommen, die meiner Meinung nach dazu führte, dass bestimmte Männertypen mit der Zeit immer übergriffiger wurden. Daher finde ich die heutige Debatte darüber wichtig, vor allem, wenn es um Abhängigkeitsverhältnisse geht. Doch man sollte es auch nicht übertreiben und eine Hexenjagd daraus machen, denn nicht jeder Flirt ist ein Übergriff. Und erstens sind natürlich nicht alle Männer so geartet. Und zweitens gab es auch Frauen – und gibt es noch –, die nicht nur bereitwillig darauf eingingen, sondern es sogar darauf anlegten, weil sie sich beruflich einen Vorteil davon versprachen.

Bei den Probeaufnahmen zur »Sünderin« war Curd Jürgens mein Partner. Er war der schönste Mann, den ich je gesehen habe. Er trug einen blauen Parallelo, und seine Augen waren genauso blau. Ich sollte bei der Aufnahme meine Augen öffnen und zu ihm sagen: »Guten Morgen, mein Liebling.« Der Regisseur war nicht zufrieden mit mir. Als er mich entließ, wünschte er mir alles Gute und riet mir, »doch erst einmal ein bisschen zu sündigen«. Als »Sünderin« hat dann Hildegard Knef Furore gemacht. Der Film wurde einer der erfolgreichsten des deutschen Nachkriegskinos, obwohl er nach der Premiere bei den Kritikern und dem Publikum erst einmal durchfiel. Doch da der Inhalt des Filmes mit einem handfesten Skandal einherging und gleich gegen mehrere Tabus verstieß – Prostitution, Selbstmord, Sterbehilfe und Hildegard Knefs nackte Brüste –, strömten die Menschen scharenweise ins Kino. Das führte zu einem Streit der Produzenten mit der FSK, der Freiwilligen Selbstkontrolle der Filmwirtschaft, in dessen Folge es zu einer Debatte über die Freiheit der Kunst im Kino kam. Der Filmverleih klagte gegen ein Aufführungsverbot, und am Ende entschied das Bundesverfassungsgericht, dass der Film »Die Sünderin« als Kunstwerk gelte und sein Inhalt damit durch die Kunstfreiheit geschützt sei.

Als ich später in Göttingen engagiert war, führte mich eines Tages mein Kollege Siegfried Breuer in den Ratskeller aus. Plötzlich war ich wie elektrisiert, denn an einem der Tische saß Curd Jürgens. Der tolle Typ, mit dem ich die Probeaufnahmen gemacht hatte. Ich dachte natürlich, dass er mich gleichfalls erkennen würde, aber er sah durch mich hindurch. Er hatte eine junge Frau an seiner Seite, die er »Tomatensalat« nannte. Ich funkelte ihn mit meinen Augen an, darauf hoffend, dass er mich erkennen würde. Schließlich sagte ich zu ihm: »Guten Morgen, mein Liebling.« Er schaute mich entgeistert an: »O Gott, habe ich da irgendetwas verpasst?« Ich erinnerte ihn daran, dass wir gemeinsam Probeaufnahmen gemacht hatten. »Ah, sie sind der Protegé von Käthe Dorsch«, antwortete er. So erfuhr ich im Nachhinein durch Curd Jürgens, dass es die einflussreiche Staatsschauspielerin Käthe Dorsch gewesen war, die mich, nachdem sie mich in Koblenz auf der Bühne gesehen hatte, für die Probeaufnahmen zur »Sünderin« empfahl.

Einige Jahre später stand ich dann tatsächlich mit Curd Jürgens bei den Dreharbeiten zu »Gustav Adolfs Page« vor der Kamera. Er spielte in diesem aufwendigen Historiendrama den Schwedenkönig Gustav Adolf, der während des Dreißigjährigen Krieges nach Nürnberg kommt, um dort Truppen für seinen Kampf gegen Wallenstein anzuwerben. Er war ein sehr angenehmer, charmanter, charismatischer, wenn auch etwas poltriger Kollege, der sich selbst und das Leben nicht allzu ernst nahm und das Dasein wie ein Renaissancefürst in vollen Zügen genoss.

Liebesleid

Zurück in Koblenz endete meine Beziehung mit Günther, mit dem ich inzwischen verlobt war, wegen einer Ziege.

Auf dem Spielplan der von unserem Intendanten geplanten Operettenfestspiele am Rhein stand »Im Weißen Rössl«, und am Schwarzen Brett war eine Notiz angeschlagen, die auch uns Schauspieler dazu aufforderte, Ideen zu dieser Aufführung beizusteuern. Weil mein Günther auf jeden Fall in dieser Operette eingesetzt werden würde, reizte es mich, ebenfalls dabei zu sein.

In der Inszenierung kommt die Christel mit einem Kahn angefahren und bringt die Post ins Weiße Rössl. Da sie dazu sehr umständlich mit dem Boot anlanden, die Post wegbringen und dann wieder ablegen muss, hatte ich die Idee, stattdessen als Ziegenhirtin mit einer Ziege aufzutreten, die der Christel die Post abnimmt. So würde alles viel schneller gehen. Dafür hatte ich sogar eigens einen kleinen Dialog geschrieben.

Mit dieser Idee ging ich zum Intendanten. Der war sehr wohlwollend, fand sie gut und war bereit, mir fünfzig Mark für den Kauf einer Ziege zu bewilligen. Wie ich feststellen musste, kostete eine gute Milchziege allerdings das Fünffache. Also fragte ich nach Ziegenbabys. Aber die Ostertage waren bereits vorüber und alle Zicklein geschlachtet. Doch im Dorf gab es noch einen Bauern mit Ziegen-Zwillingen, die noch zu klein gewesen waren, um dem Messer zum Opfer zu fallen. Der Bauer verkaufte mir eins davon für fünfunddreißig Mark, und ich trug es in einer Einkaufstasche nach Hause.

Ziegen sind sehr störrisch, und mein Weg zu den Proben war weit. Drei volle Stunden war ich unterwegs, weil meine kleine Ziege keinen Schritt gehen wollte, sondern sich von mir in der Tasche tragen ließ. Und die Probe wurde ein einziges Desaster. Ich versuchte mit aufmunternden Worten, den Winzling an einem Strick hinter mir her auf die Bühne zu zerren. Das irritierte den Regisseur und er fragte mich über die Flüstertüte: »Fräulein Schwiers, was bitte zerren Sie da hinter sich her?« Ich klärte ihn auf und versprach, dass die Ziege bis zur Premiere noch wachsen würde. Das tat sie auch und zwar gewaltig. Ich konnte mit der immer größer werdenden Ziege unmöglich tagtäglich den weiten Weg zu den Proben zurücklegen und versuchte daher, sie irgendwo in der Nähe unterzubringen, was mir schließlich auch gelang.

Von Probe zu Probe entwickelte sich nun ein immer innigeres Verhältnis zu meiner Ziege, die ein Böckchen war und zunehmend strenger zu riechen begann. Ich war ob der Ziege der Garderobe verwiesen worden und musste im Freien auf meinen Auftritt warten. Während der Wartezeit spielte ich mit meinem Böckchen, ballte zum Beispiel eine Faust und buffte meinem Hansi damit an die Stirn. Hansi hatte bald kapiert, was ich wollte, senkte das Köpfchen und buffte zurück. Ich meckerte Hansi etwas vor, Hansi meckerte zurück. Ich brachte ihm bei, mich ins Hinterteil zu stoßen, wenn ich eine ruckhafte Bewegung machte. Das löste während der Aufführung einen Riesenlacher im Publikum aus, und aus der Ziegennummer wurde eine richtige Show. Doch Hansi wuchs, und mit ihm auch seine Hörner. Um keine blauen

Flecken am Popo zu bekommen, stopfte ich mir hinten ein Kissen unter mein Kostüm. Um nicht zu hinterlastig zu werden, musste ich mir auch meine Brust ausstopfen und verdoppelte so meinen Umfang.

Die Premiere wurde ein Triumph, das Publikum spendete uns zwei Mal Szenenapplaus, und Hansi stellte sich zum Dank an die Wasserkante und meckerte begeistert ins Publikum.

Dann bekam Hansi Durchfall. Darüber beschwerte sich das Ballett, das nach uns seinen Auftritt hatte. Meine Rolle wurde dementsprechend größer, denn ich musste nun zusätzlich einen Eimer und einen Wischlappen mit auf die Bühne nehmen und Hansi hinterherwischen. Hansi und ich wurden zur Attraktion, sogar der Rundfunk kam und ließ Hansi ins Mikrofon meckern. Aber ich war ein einsamer Mensch geworden, denn inzwischen stank ich fast so wie mein Ziegenbock. Der Geruch war aus meinen Kleidern und Haaren nicht herauszubekommen.

Mein sehr umworbener Verlobter nutzte diese Zeit, um sich derweil anderweitig zu orientieren. In der Garderobe, der ich verwiesen worden war, hatte er jetzt freie Bahn. Am Ende der Spielzeit hatte ich daher zwar einen Ziegenbock, aber keinen Verlobten mehr.

Als Günthers Betrug herauskam, brach für mich eine Welt zusammen. Alle meine Vorstellungen von Beziehung, Treue und meiner Zukunft mit ihm waren durch seinen Verrat zunichte gemacht worden – so glaubte ich. Die Trennung war schmerzvoll, und ich litt sehr darunter, auch weil sein Verhalten so beleidigend und demütigend gewesen war. Diese Kränkungen saßen sehr tief und taten weh. Günther war für mich der erste Mann und ich ihm natürlich treu gewesen. Das war zumindest für mich völlig klar und gar keine Frage. Besonders demütigend war, dass er seiner Geliebten ein Bild mit Donald-Duck-Motiven schenkte, das wir gemeinsam gemalt hatten, weil es später einmal in unserem Kinderzimmer hängen sollte.

Durch dieses Bild war er überhaupt erst aufgeflogen, denn ich vermisste es eines Tages, als wir noch ein Paar waren, bei ihm und fragte ihn danach. Er bekam daraufhin einen roten Kopf und behauptete, es für dreißig Mark an seinen Zahnarzt verkauft zu haben.

Als ich später jedoch von unserem Maskenbildner erfuhr, dass er mit unserer Soubrette ein Verhältnis hatte, suchte ich sie, naiv wie ich war, in ihrer Wohnung auf, um mich mit ihr auszusprechen. Über ihrem Bett hing das Bild.

Nach der Misere mit Günther ging ich davon aus, dass ich mein zukünftiges Leben ohne Mann verbringen müsste, weil ich keinen mehr bekommen würde. Keine Kinder, keine Ehe, das war für mich nach Günther klar, denn ich war ja ein »angebissener Apfel«.

Nachdem der schlimmste Kummer überwunden war, kam die Empörung. Ich konnte Günthers Verrat nicht auf mir sitzen lassen und sann nach Vergeltung. In Koblenz wurde der Karneval groß gefeiert, und am Rosenmontag gab es immer eine Vorstellung, an der sich das gesamte Theaterensemble beteiligte. Ich war inzwischen nach Göttingen engagiert worden. Um am Rosenmontag dabei sein zu können, fuhr ich heimlich, ohne Urlaub zu nehmen, nach Koblenz.

Verkleidet und mit einem Schleier vor dem Gesicht ging ich ins Theater und setzte mich in die Mittelloge. Ich merkte, wie das Publikum zu mir hinaufschaute und rätselte, wer diese Dame wohl sei. Als nach der Vorstellung das Licht anging, lüftete ich meinen Schleier. Da fing das Publikum an zu klatschen, die Schauspieler auf der Bühne ebenfalls, und Günther blieb nichts anderes übrig, als mitzutun. Wir hatten uns seit einem halben Jahr nicht mehr gesehen. Durch meinen geheimnisvollen Auftritt und die Aufmerksamkeit, die man mir schenkte, war er plötzlich wieder an mir interessiert und ließ seine Freundin, meine Nebenbuhlerin von damals, nach der Vorstellung stehen, um mit mir auf den großen traditionellen Karnevalsball auf dem Rittersturz zu gehen. Dort tanzten wir miteinander, und die Leute freuten sich, denn sie glaubten, wir wären wieder ein Paar. Günther strahlte, und ich vollendete meinen Racheplan, indem ich ihm anbot, noch mit zu ihm zu kommen. Er war ganz verunsichert, doch ich gebärdete mich wie die größte Kurtisane Babylons.

Als ich dann früh am Morgen nach Hause ging, habe ich bitterlich geweint, denn ich wusste, dass es aus und vorbei war. Und obwohl ich mir darüber im Klaren war, machte es mich gleichzeitig traurig, dass meine Liebe erstorben war. Er hingegen war, wie von mir beabsichtigt, wieder neu entflammt. Er schickte mir Geschenke und schrieb Briefe, in denen ich, wie eine Lehrerin, die Fehler anstrich, um ihn zu demütigen. Irgendwann interessierten mich seine Briefe nicht mehr, und ich sandte sie ungelesen zurück. Mit allen Mitteln hat Günther versucht, mich zurückzuerobern, aber es war nichts mehr zu machen.

Das Kapitel Liebe war für mich abgeschlossen.

Heinz Hilpert – Göttingen

Meine Mutter stichelte permanent, ich solle mir schon einmal eine Grabstelle auf dem Koblenzer Friedhof suchen, weil ich ja doch in dieser Stadt hängen bleiben würde. Ich fing an, mich selber unter Druck zu setzen, indem ich laut hinausposaunte, dass ich, wenn überhaupt, sowieso nur zu Hilpert oder zu Gründgens gehen würde.

Heinz Hilpert war neben Gustaf Gründgens einer der großen Theaterschaffenden des 20. Jahrhunderts. Seine Karriere begann als Regisseur, später verpflichtete ihn Max Reinhardt als Oberspielleiter an das Berliner Deutsche Theater. Als Max Reinhardt vor den Nazis fliehen musste, übernahm Hilpert das Deutsche Theater, die Kammerspiele und später auch die zweite Reinhardt-Bühne: das Wiener Theater in der Josefstadt. Er schaffte es, seinen Theatern unter dem Nationalsozialismus eine gewisse künstlerische Freiheit zu erhalten. Doch hatte er aufgrund seiner Karriere im Dritten Reich nach dem Krieg zunächst Probleme, seine Theaterarbeit fortzusetzen, und lebte eine Zeitlang in Zürich. 1950 übernahm er die Leitung des Deutschen Theaters in Göttingen, nun eine der ersten Bühnen der Bundesrepublik.

Im vierten arbeitslosen Koblenzer Sommer bekam ich das Angebot, in einem Heimatstück zur 800-Jahr-Feier von Osterode mitzuspielen, das nur einen Katzensprung von Göttingen entfernt lag, wo Heinz Hilpert Intendant war.

Ich nutzte also die Gelegenheit und fuhr nach Göttingen, um bei Hilpert vorzusprechen. Der war aber in den Ferien auf Sylt, aus dem Vorsprechen wurde nichts. Ich war erleichtert und enttäuscht zugleich. Erleichtert, weil ich das Gefühl hatte, mich nicht nur persönlich, sondern auch beruflich in einer Krise zu befinden und zudem Angst hatte, vor Hilpert nicht zu bestehen.

Zurück am Stadttheater Koblenz erreichte mich nur wenig später ein Brief von Heinz Hilpert, den ich noch heute auswendig zitieren kann:

»Ich habe sie als Leonore in ›Die Verschwörung des Fiesco zu Genua‹ gesehen und hätte größte Lust, sie zu engagieren. Wenn sie überhaupt einen Tapetenwechsel ins Auge fassen, dann würde ich mich freuen, wenn sie Mitglied meiner geliebten Bande werden.«

Ich konnte mein Glück kaum fassen. Hilperts Brief kam mir wie ein Wunder vor.

Bald darauf geriet meine Mutter in helle Aufregung, denn Heinz Hilpert war im Hotel »Rheinischer Hof« abgestiegen und wollte mich sehen, da wir uns persönlich ja noch nicht kennengelernt hatten. Das Herz klopfte mir bis zum Hals, und ich wusste wieder einmal nicht, was ich anziehen sollte. Ich entschied mich schließlich für ein schlichtes graues Kleid und fuhr bibbernd vor Aufregung mit der Straßenbahn zum »Rheinischen Hof«. Ich erkannte Hilpert sofort. Er saß in Hemdsärmeln auf der Terrasse. Ich bin einfach auf ihn zugegangen. Er strahlte über das ganze Gesicht und freute sich, mich zu sehen. Er war sehr väterlich, lieb und sehr menschlich, dabei hatte er eine natürliche Autorität. Irgendwann im Gespräch fragte er, was ich zurzeit machen würde. Unsere Spielzeit war zu Ende, und ich war arbeitslos. Hilpert blickte mich eine Weile nachdenklich an. Dann fragte er, ob ich, wenn er mir ein Telegramm schickte, am Tag darauf in Göttingen sein könne. Ich sagte sofort zu. Das Telegramm kam, und so bin ich bereits im Mai während der noch laufenden Spielzeit ans Deutsche Theater nach Göttingen gekommen.

Meine Kollegen in Koblenz lästerten nach dem Motto: Bei uns spielst du Hauptrollen, wenn du jetzt zu Hilpert gehst, darfst du dort gerade mal ein Tablett über die Bühne tragen. Doch das kümmerte mich nicht. Ich trug lieber bei Hilpert ein Tablett über die Bühne, als noch länger in Koblenz zu sitzen.

Ein Tablett musste ich in Göttingen dann auch gar nicht tragen, sondern war sofort bei drei laufenden Theaterstücken mit dabei. Bei der Premiere von »Der Widerspenstigen Zähmung« erlebte ich in der Rolle der Bianca zum ersten Mal, dass der eiserne Vorhang von der Feuerwehr, die endlich nach Hause gehen wollte, heruntergelassen wurde – so donnernd und anhaltend war der Applaus. Doch ich hatte wieder einmal meine Selbstzweifel und das Gefühl, diesen Applaus nicht verdient zu haben. Als ich mich genierte, durch die Tür des eisernen Vorhangs vor das Publikum zu treten, schnauzte Hilpert mich an: »Raus, das gehört dazu.«

Dann fing die nächste reguläre Spielzeit an. Hilpert hatte mir anfangs gesagt: »Sie werden mein Gretchen sein, denn ich glaube, sie haben eine blonde Seele.« Diesen Ausspruch habe ich nie vergessen. Damals jubelte ich innerlich – endlich hatte mich jemand erkannt! Inszenieren sollte den »Faust« sein neuer Oberspielleiter Eberhard Müller-Elmau aus Mainz.

Dieser hatte mich in Koblenz in meiner Abschiedsrolle in einem unsäglichen Stück, das »Die Stunde Null« hieß, auf der Bühne gesehen. Die Kritiker verrissen die Inszenierung und schrieben: »... der Titel des Stückes wäre Programm«. Ich spielte darin eine Hollywoodschauspielerin, die weit über vierzig ist. Ich muss in der Rolle der alternden Schauspielerin sehr überzeugend gewesen sein, denn Herr Müller-Elmau war nun der Meinung, ich könne allenfalls die Marthe spielen, aber niemals das Gretchen. So ist mir die Rolle des Gretchens entgangen, das Gretchen, das ich so unbedingt spielen wollte und in- und auswendig studiert hatte. Wegen meines Aussehens hat man mir die Rolle auch danach nie gegeben. Nur Hilpert hatte meine »blonde Seele« erkannt.

Hilpert war ein bescheidener Mensch, dabei heiter und gesellig, ein präziser Regisseur, ein »Heger und Pfleger« seiner Schauspieler, die ihm absolut vertrauten. Er erwartete, dass man mit gelerntem Text auf die Szene trat. Dann sagte er »goldene«, richtungsweisende Worte zu jeder Rolle. Kurz, klar und schlicht. Während der Proben saß er an seinem Pult und ließ die Schauspieler erst mal ungehindert laufen.

Hilpert hatte für sein Ensemble auch eigens einen Schauspiellehrer engagiert. Wer wollte, konnte Unterricht bei ihm nehmen. »Papa«, wie der Lehrer genannt wurde, war bereits neunzig Jahre alt, aber behände und voller Energie, dabei stets liebenswürdig und humorvoll. Für mich war »Papa« die Rettung, um aus meinem Schauspielertief, in dem ich steckte oder zu stecken glaubte, herauszukommen. Er brachte mir bei, dass alles über den Atem lief. Bei meinem Vater hatte ich zu sprechen gelernt, ohne zwischendurch Luft zu holen. Jetzt lernte ich das genaue Gegenteil davon, nämlich zu atmen, wann immer mir danach war.

Soviel ich auch bei Hilpert lernte, ließ er es doch nicht zu, dass jemand aus seiner »geliebten Bande«, so nannte er sein Ensemble, Filme drehte, ausgenommen er selber. Die Unterscheidung und Abgrenzung zwischen Theater und Film war damals noch sehr stark. Während das Theater eindeutig der Kunst zugeordnet wurde, fiel der Film eher in die Rubrik Unterhaltung. Das Theater lebt vom unwiederbringlichen Moment und von der Aktualität. Theater braucht Publikum. Mit dem Publikum gehe ich auf der Bühne einen Pakt ein. Um am Theater zu bestehen, muss man ein Schauspieler sein. Beim Film reicht es dagegen aus, ein Darsteller zu sein. Lediglich die Kamera ist der Partner, das Filmen wie auch der Film selbst sind wiederholbar.

Hilpert war der Meinung, dass das Filmen eine »After-Kunst« sei. Als seine liebste Schauspielerin, Elisabeth Müller, die Hauptrolle in einem Film angeboten bekam, war er entgeistert, böse und eifersüchtig. Beim Film nannte sie sich Lisbeth Müller. Hilpert prägte daraufhin das Bonmot: »Bei mir hieß sie Elisabeth Müller, jetzt nennt sie sich Lisbeth Müller, und nicht mehr lange, dann heißt sie nur noch Bett Müller.«

Ich selbst machte dessen ungeachtet andauernd irgendwelche Probeaufnahmen, denn vor Ort war die »Filmaufbau Göttingen« angesiedelt, eine Produktionsfirma, die 1946 entstanden war.

Eines Tages bekam ich ein Filmangebot für »Der Fall Dr. Sorge«. Der Film sollte in Japan gedreht werden und ich sollte – o Wunder – eine Eurasierin spielen. Der Film wurde größtenteils in den Theaterferien gedreht, ein kleiner Teil fiel aber auch in die kommende Spielzeit. Ich musste also Urlaub beantragen. Es war der Tag der Sonnenfinsternis, und wir saßen alle mit geschwärzten Gläsern vor dem Theater, als ich mir ein Herz fasste und Hilpert darauf ansprach. Wir mussten ihn alle duzen, was ich immer tunlichst vermied, weil ich innerlich so sehr »Sie« zu ihm gesagt habe. Er war nicht erfreut über meine Filmofferte, sagte aber auch nicht gleich Nein.

Daraufhin machte ich in Göttingen nun erstmals Bekanntschaft mit internen Eifersüchteleien und Intrigen, die es in Koblenz so nicht gegeben hatte. Ich pflegte eine enge Freundschaft mit einem drei Jahre jüngeren Studenten der Theaterwissenschaften, den ich »Brüderchen« nannte. Als ich ihm eine Regieassistenz am Göttinger Theater vermittelte, verliebte sich unser Oberspielleiter in Brüderchen. Das war eine heikle Sache, denn damals gab es noch den Paragrafen 175, der homosexuelle Kontakte unter Strafe stellte. Zudem war Brüderchen noch keine einundzwanzig und somit nicht einmal volljährig. Der Oberspielleiter wusste, dass ich es wusste. Für mich war das irrelevant, aber er war mir gegenüber misstrauisch, denn ihm behagte es nicht, in mir eine Mitwisserin zu haben. Nachdem ich für meinen Film nun Urlaub beantragt hatte, rief er mich an und sagte nur drei Worte: »Du kannst fahren.«

Doch ich hörte nichts mehr von dem Film, auch Irmgard Palz, die Agentin, die ich inzwischen hatte, meldete sich nicht. Allmählich wurde es mir unheimlich. Ich musste nach München fahren und die Sache klären. Dort erfuhr ich, dass der Film für mich geplatzt war. Man hatte mittlerweile eine echte Eurasierin engagiert. Das war billiger, als mich nach Japan fliegen zu lassen. Zum Ausgleich für die mir entgangene Rolle erhielt ich allerdings die vertraglich gesicherte Option, innerhalb einer gewissen Frist eine äquivalente Rolle von der Gloria-Film angeboten zu bekommen. Gäbe es eine solche Rolle nicht, würde mir zumindest ein gewisser Geldbetrag ausgezahlt werden. Geknickt fuhr ich nach Göttingen zurück und schrieb sofort an Hilpert, dass ich wieder einsetzbar sei. Zurück kam ein Kündigungsschreiben für die übernächste Spielzeit. Hilpert hatte bereits eine andere Schauspielerin engagiert, die meine Rollen spielte. Ich war kaltgestellt.

Als ich wieder einmal am Schwarzen Brett eine Besetzung las, in der ich nicht vorkam, packte mich die Wut. Ich wollte mich nicht länger demütigen lassen. Ich lief zum Intendantenbüro – und ins Leere, denn Hilpert war leider nicht da, wohl aber seine Sekretärin. Voller Trotz kündigte ich meinerseits fristlos. Ich wollte nur noch weg und das Theater nie mehr betreten. In der Garderobe habe ich dann geheult wie ein Schlosshund. Was sollte ich tun? Es war mitten in der Spielzeit. Ich war nun arbeitslos.

Am nächsten Tag ging ich noch einmal ins Theater, um meine persönlichen Sachen abzuholen. Als ich ankam, standen die Kollegen am Schwarzen Brett und guckten mich alle erwartungsvoll an. Ich war mit einer Hauptrolle in der Uraufführung von »Hotel La Liberté« von Kalbeck besetzt worden. Hilpert war mein Ausbruch auf seine Strafaktion hin offensichtlich zu Ohren gekommen, und er hatte umdisponiert.

Bei der Premierenfeier saß ich dann zwischen dem Ministerpräsidenten von Niedersachsen und Hilpert. Inzwischen war es Oktober und meine Kündigung vom Oberspielleiter bestätigt worden. Im Kündigungsgespräch hatte er mir gesagt, ich sei nicht gut gewesen, und ich hatte das zur Kenntnis genommen.

Der Kündigungstermin der Theater war normalerweise der 31. Januar. Hilpert aber kündigte stets schon im Oktober, denn er wollte seinen Schauspielern, die alle einen hervorragenden Ruf besaßen, genügend Vorlauf geben, damit sie sich rechtzeitig bewerben und an den ersten Theatern Deutschlands unterkommen konnten.

Der Ministerpräsident fragte uns Schauspieler, einen nach dem anderen, ganz jovial, was die Zukunft brächte. Ganz am Schluss fragte er auch mich, »unser liebes Schwierschen«. Mit klirrender Stimme antwortete ich: »Unser liebes Schwierschen weiß noch nicht, was es macht, unser liebes Schwierschen ist gekündigt.« Plötzlich herrschte eisiges Schweigen. Hilpert war entsetzt. »Aber das stimmt doch gar nicht«, herrschte er den Oberspielleiter an, »hast du denn noch nicht mit ihr gesprochen?« Der Oberspielleiter musste noch an diesem Abend mit mir reden. Ich war demnach, ohne es zu wissen, längst reengagiert worden und erhielt zudem hundert Mark mehr als bisher.

Ich gehörte also wieder zum Ensemble. Weihnachten stand vor der Tür, und Brüderchen brachte mir ein Buch mit dem Titel »08/15« von Hans Hellmut Kirst. »Das musst du lesen, da ist eine Rolle für dich drin, die Natascha. Das Buch wird verfilmt, das ist deine Rolle, ich weiß es!«

Die Roman-Trilogie »08/15« beschreibt den passiven Widerstand des Gefreiten Asch, der dem stupiden Drill auf dem Kasernenhof und der Willkür seiner Vorgesetzten zu entgehen versucht. Das Buch war ein Bestseller.

Bei dem Film sollte Paul May die Regie führen, das Drehbuch hatte der Schriftsteller Ernst von Salomon geschrieben, eine interessante Kombination, denn Paul Mays Ehefrau, Ille Gotthelft, war während der Nazizeit von Salomons Lebensgefährtin gewesen. Da sie »Volljüdin« war, schützte von Salomon sie, indem er sie als seine Ehefrau ausgab. Obwohl sie sich getrennt hatten, blieben sie lebenslange Freunde. Ille war die pure

Lebensfreude und eine lebhafte Frau, die gerne Menschen zusammenbrachte, während Paul May ein in sich gekehrter, stiller Mann war, der am liebsten angelte. Ernst von Salomon hingegen war ein großer Geschichtenerzähler, der mit seinem Auftritt den Raum füllen konnte. Er war kein einfach zu fassender Mann. In seiner Jugend von rechtsradikaler Gesinnung, hatte er eine fünfjährige Haftstrafe verbüßt, weil er 1922 wegen Beihilfe zum Mord an Reichsaußenminister Walther Rathenau verurteilt worden war. Doch er litt unter dieser Schuld und lehnte den Antisemitismus immer ab. Seine Haltung zum Hitlerregime war jedoch durchaus ambivalent. Er machte sich mit Hitler-Deutschland nicht gemein, distanzierte sich aber auch nicht von ihm.

Das »08/15«-Buch gefiel mir, ich rief meine Agentin an und wurde wenig später zu Probeaufnahmen eingeladen. Ich fuhr nach München zur Bavaria. Für die Probeaufnahmen hatte sich Joachim Fuchsberger, »Blacky« genannt, zur Verfügung gestellt, der bereits als Hauptrollenträger engagiert war.

In dem Atelier, in dem die Aufnahmen stattfinden sollten, standen eine Menge Leute herum, darunter ein Mann in einem langen Gangstermantel, der mir wegen seiner starken Ausstrahlung ganz besonders auffiel und ständig etwas gefragt wurde. Alle schienen großen Wert auf seine Meinung zu legen. Später erfuhr ich, dass der Mann Peter Jacob hieß.

Joachim Fuchsberger und ich spielten meine ganze Rolle durch, dann war klar, ich hatte den Part. Der Herr in dem Gangstermantel war auch ganz eindeutig dafür.

Nun brauchte ich Urlaub vom Theater, denn schon im Januar sollte es losgehen. Hilpert war nicht da, er gastierte in Darmstadt. Ich musste also wiederum zum Oberspielleiter und ihn fragen. Die Aussicht, mich loszuwerden, gefiel ihm offensichtlich. Aber er stellte Bedingungen. Da meine Rolle nun kurzfristig umbesetzt werden musste, verlangte er für die Kollegin fünfhundert Mark Gage pro Vorstellung. Ich brach zusammen. Weinend fand mich eine ältere Kollegin in der Garderobe. Ich erklärte ihr schluchzend, dass ich die Bedingungen nicht erfüllen konnte, denn ich bekam nur viertausend Mark brutto für den Film. Wie sollte ich da das Übernahmehonorar für die Kollegin aufbringen? Ich musste den Film absagen, mit allen Konsequenzen, denn damit wäre auch die Gloria-Film nicht mehr in der Pflicht mir gegenüber. Die Kollegin wurde wütend: »Das geht jetzt wirklich zu weit. Jetzt erzähl ich dir mal, wie es damals tatsächlich gelaufen ist.« Staunend erfuhr ich nun, dass Hilpert, als ich ihn um Urlaub gebeten hatte, um in Japan »Fall Dr. Sorge« zu drehen, den Oberspielleiter gebeten hatte, mir zu sagen, dass ich in der nächsten Spielzeit drei Hauptrollen haben oder aber zu den Filmaufnahmen fahren könne. Der Oberspielleiter hatte eine Intrige gegen mich geschmiedet und mir nur ausgerichtet, dass ich fahren könne. Hilpert wiederum hatte er mitgeteilt, ich würde keinen Wert auf die Hauptrollen legen, sondern lieber den Film machen. Damit war ich für Hilpert weg vom Fenster, und das erklärte auch seine bittere Reaktion, mir zu einer Zeit zu kündigen, in der man es gemeinhin noch nicht tat. Mir fiel es wie Schuppen von den Augen. Nachdem ich nun das gesamte Ausmaß der Intrige kannte, habe ich vom Oberspielleiter verlangt, Hilpert nachträglich den wahren Hergang zu berichten, sonst würde ich es tun. Ich weiß nicht, ob er es je gemacht hat, es war aber auch nicht mehr wichtig. Denn inzwischen hatte ich meinerseits schweren Herzens gekündigt.

Ich bekam immer häufiger Filmangebote, und es war klar, dass sich die Dreharbeiten nicht länger mit der Theaterarbeit vereinbaren ließen. Nachdem »08/15« abgedreht war und ich zurück ans Göttinger Theater kam, bauten sich auf den letzten Stufen vor dem Hintereingang die Kollegen auf. Dort standen wir auch immer, um Heinz Hilpert zu verabschieden, wenn er für längere Zeit die Stadt verließ. Mein erster Impuls war wegzulaufen, aber in dem Moment kam Hilpert, sah mich und breitete die Arme aus. Ich flog an seine Brust. Er lobte mich und versprach mir, dass er immer einen Platz in seiner geliebten Bande für mich hätte. Wenn ich mal wieder Theater spielen wolle, sollte ich zu ihm kommen. Mir fiel ein Stein vom Herzen, er hatte mich in Gnade entlassen.

Die Zeit bei Hilpert war noch auf eine andere Weise sehr lehrreich für mich, hatte mir die Geschichte mit dem Oberspielleiter doch einmal mehr gezeigt, was für eine große Kraft der Zorn ist. Zorn ist ein zutiefst wahrhaftiges Gefühl, das Empörung, Gerechtigkeit und auch Ehrlichkeit beinhaltet. Schon in meiner Jugend habe ich seine reinigende Wirkung gespürt. Er hat mich frei und stark gemacht. Und auch später hat er mich im wahrsten Sinne des Wortes beflügelt. Es hat drei Situationen in meinem Leben gegeben, wo ich bar jeder Vernunft und ohne doppelten Boden gehandelt habe, denn ich war voller Zorn.

Das erste Mal hatte ich das Gefühl unbändigen Zorns in Koblenz. Dort gab es eine Bande in der Altstadt, die uns Kinder gerne aufmischte. Vor den »Kastorgässern« hatten wir alle Angst. Als eines Tages der Warnruf ertönte: »Sie kommen!«, rannten alle weg. Nur mein kleiner Bruder Gösta blieb wie paralysiert auf der Straße stehen und ließ sich von mir nicht bewegen, endlich wegzulaufen. Verzweifelt schrie er – ein einziges kleines Krampfbündel – nach unserer Mutter und stand auch noch da, als die »Kastorgässer« tatsächlich auftauchten. Mit einer Mischung aus Angst und Wut riss ich aus einem Vorgarten eine Bohnenstange aus dem Boden und bin mit dieser drei Meter langen Stange wie mit einer Lanze auf die etwa zwanzig Jungs losgestürmt. Erst haben sie ungläubig gelacht, dann wurden sie unsicher, und als sie meinen unbändigen Zorn spürten, liefen sie weg – zwanzig Jungs rannten davon, vor einem einzigen Mädchen.

Von da an wusste ich, dass mir nichts mehr passieren konnte. Die zweite Situation in meinem Leben war jene bei Hilpert in Göttingen, als ich kurzfristig kaltgestellt war und daraufhin fristlos kündigte.

Und die dritte war bei Dreharbeiten für einen Abenteuerfilm in Jugoslawien. Er handelte von drei jungen Frauen, die in den Dschungel gehen, um dort die Indianer zu unterrichten und ihnen Medikamente und Verbandszeug zu bringen. Dabei werden sie von Räubern überfallen und gefesselt. Der Regisseur wollte, dass man uns den Mund mit Mullbinden verbindet, was schon deshalb absurd war, weil wir uns ja mutterseelenallein im Urwald befanden. Wer sollte uns da also hören und finden, wenn wir – ohne Mullbindenverband – schrien. Die Räuber fingen also bei meiner ersten Kollegin an, sie schier endlos zu umwickeln, und als sie damit fertig waren, sah sie aus, als ob sie eine Camelia-Binde vor dem Mund hätte. Ich bestand auf einer anderen Lösung. Der Regisseur fing an, mit mir zu streiten und mich anzuschreien. Daraufhin verließ ich das Set, und es konnte nicht weitergedreht werden. Die Produktionskosten für einen Drehtag betrugen rund vierzigtausend Mark. Der Regisseur vermerkte den Vorfall im Drehbericht und wollte mich regresspflichtig machen. Ich war damals schon verheiratet und rief also meinen Mann an, um ihm beklommen mitzuteilen, dass wir wahrscheinlich unser Haus verkaufen müssten, da uns nun jeder Tag vierzigtausend Mark kosten würde. »Na wunderbar, ich wollte immer schon mit Pferd und Wagen durch die Gegend ziehen«, war seine Antwort. Immer die Ruhe zu bewahren war typisch für meinen Mann. Dafür habe ich ihn geliebt, weil er mir mit dieser unaufgeregten Reaktion oft den Rücken stärkte.

Die Dreharbeiten wurden schließlich abgebrochen, und ich war scheinbar der Auslöser. Doch Regressansprüche sind nie an mich gestellt worden. Hinterher habe ich erfahren, dass die Produktionsfirma froh war, den Regisseur losgeworden zu sein.

Die Situationen, in denen ich so wütend war, dass ich mich jeweils auf die Hinterbeine stellte, waren sehr unterschiedlich und nicht miteinander vergleichbar. Mal war ich weniger zornig, mal packte mich der Zorn umso heftiger, doch haben sie alle etwas in mir verändert. Denn jedes Mal ging ich gestärkt aus ihnen hervor und mit dem guten Gefühl, etwas Positives für mich oder auch für andere bewirkt zu haben.

Mann und Karriere

Nachdem ich für den Film »08/15« besetzt worden war, sah ich Peter Jacob auf dem Flug zum Drehort nach Finnland wieder.

Es war mein erster Flug, und ich schaute mir die Augen aus dem Kopf. Es war großartig, die Welt so zu sehen. Der Anblick war einfach phantastisch. Ich konnte die Erdkrümmung am Horizont sehen, konnte bis auf den Grund der Ostsee schauen und war hingerissen.

Meine erste Aufgabe an meinem ersten Drehtag bestand darin, auf einem dick vereisten Brunnenrand zu stehen und Wasser zu schöpfen. Die Kamera wurde immer näher aufgebaut, denn Zoomen ging damals noch nicht. Ich habe in der Eiseskälte von morgens bis abends nur diese Einstellung gedreht. Meine Körperwärme brachte mit der Zeit das Eis am Brunnenrand zum Schmelzen. An den Füßen hatte ich original russische Filzstiefel, die sich nun langsam mit Wasser vollsogen und dann vereisten. Am Abend war ich im wahrsten Sinne des Wortes zum Eisblock erstarrt.

Bereits am nächsten Tag lag ich mit hohem Fieber im Bett. Ich hatte mir eine Blasen- und Unterleibsentzündung geholt, und keiner kümmerte sich um mich, bis auf Peter Jacob, der hin und wieder nach mir schaute. Das fand ich wahnsinnig nett und aufmerksam. Er war sehr väterlich, was mir gefiel, und ich fühlte mich bei ihm gut aufgehoben. Mir war aber keineswegs klar, dass er auf diese Weise um mich warb.

Ich erzählte Peter meine ganze vergangene schmerzliche Liebesgeschichte mit Günther, und er hörte mir aufmerksam zu. Wir kamen uns im Laufe der Dreharbeiten näher, und irgendwann erklärte er mir, dass er mich liebte. Ich hatte das überhaupt nicht erwartet.

Als ich wieder in Göttingen war, kündigte Peter seinen Besuch an, und ich freute mich wahnsinnig. War ich verliebt? Es fühlte sich so an. Als er dann ankam, war mir die Sache klar.

Peter war ein Mann mit einer starken Persönlichkeit, einer tollen Ausstrahlung. Er hat mir Halt gegeben, war humorvoll und konnte sehr witzig sein. Dazu sah er gut aus, hatte knallblaue Augen und war sehr sportlich. Er hatte Jura studiert und war 1933 als Soldat zur Reichswehr gegangen, dort als Offizier zu den Gebirgsjägern gekommen und von Anbeginn des Krieges an im Fronteinsatz. Später wurde er Regimentskommandeur und erhielt im Frankreichfeldzug das Ritterkreuz Erster Klasse. Nach dem Krieg wurde er militärischer Berater beim Film, hatte unter anderem darauf zu achten, dass das militärische Zeremoniell korrekt umgesetzt wurde, dass die Uniformen, die Ränge, die Orden und vieles andere mehr stimmten. So musste er den über hundert Komparsen in »08/15«, die vom Militär keine Ahnung hatten, beibringen, wie ein Soldat zu stehen und zu grüßen, wie sie mit einem Gewehr umzugehen und es zu halten hatten. Bevor er anfing, selbst als Regisseur zu arbeiten, war er eine Weile Dialogregisseur bei Paul May, denn er hatte ein gutes Gehör für falsche Töne.

Peter war ein interessanter Mann mit einem interessanten Freundeskreis. Er konnte wunderbar Leute unterhalten. Später, als wir schon in Aufkirchen lebten, versammelte er über einige Jahre jeden Donnerstagabend im Gasthaus zur Post einen gemischten Künstler-Stammtisch.

Mit dem Geld, das ich für meinen nächsten Film bekam, der in Göttingen gedreht wurde, lud ich meine Familie zu einem Urlaub auf Sylt ein. Wir hatten so viel gemeinsam durchgemacht, und es war eine schöne Idee, dass wir dort alle eine sorgenfreie, unbeschwerte Zeit miteinander verbringen würden. Es fuhren meine Mutter, mein kleiner Bruder Holger, meine geliebte Tante Jette und Onkel Heinrich sowie eine meiner Cousinen mit. Ich konnte die Reise und den Aufenthalt auf der Insel bezahlen, aber in ein Hotel zu gehen, konnten wir uns nicht leisten. Also freuten wir uns alle aufs Zelten in Hörnum.

In München saß derweil ein sehnsüchtiger Peter Jacob, der mir nach wenigen Urlaubstagen ein Telegramm schickte: Die Premiere von »08/15« wäre vorgezogen worden, ich müsse sofort nach München kommen. Dass das eine Finte war, um mich so schnell wie möglich wiederzusehen, habe ich nicht durchschaut. Ein strahlender Mann erwartete mich auf dem Bahnsteig mit einem Rosenstrauß und einer stürmischen Umarmung. Ich war gerührt und konnte auch nicht sauer sein, als er mir erklärte, er habe so große Sehnsucht nach mir gehabt. Er konnte nicht ahnen, wie sehr mich meine Familie auf Sylt gebraucht hätte, denn unterdessen spielte sich dort eine Tragödie ab. Während ich im Zug nach München saß, ertrank Onkel Heinrich in der Nordsee. Er war, nur siebenundvierzig Jahre alt, einfach im Wasser untergegangen und von jungen Männern tot geborgen worden. Wie von einer Vorahnung befallen, hatte er einen Tag zuvor von Sylt aus noch eine Versicherungsprämie eingezahlt und sicherte damit seine Familie ab.

Die Premiere von »08/15«, zweiter Teil, fand in München statt. Die Kritiker bemängelten, wie schon beim ersten Teil, dass der Film zu unpolitisch wäre, und sich zu unkritisch mit dem Soldatenleben und dem Nationalismus auseinandersetzen und sich zudem noch stärker als der erste Teil anekdotischer und spaßiger Elemente bedienen würde. Doch auch der zweite Teil wurde ein Erfolg. Die »08/15«-Geschichte traf offenbar das Lebensgefühl vieler Kriegsheimkehrer. Während im ersten Teil mit der Figur des Asch der Soldatenalltag mit all seinen Demütigungen und Schikanen gezeigt wurde, ging es im zweiten Teil um die Darstellung des Kriegsdienstes an der Front, mit einem erschütternden Ende. Eigentlich war »08/15« die Bezeichnung für ein mit Wasser gekühltes, oft versagendes Gewehr aus dem Ersten Weltkrieg. Nun wurde der Ausdruck in der Alltagssprache zur Chiffre für Durchschnittlichkeit und Beliebigkeit.

Schon bald hieß es für mich und Peter wieder Abschied zu nehmen, denn ich drehte den nächsten Film in Hamburg, während Peter, der inzwischen Regieassistent und Dialogregisseur von Paul May war, in München bleiben musste. Doch er versprach mir, mich so bald wie möglich in Hamburg zu besuchen.

Familie

Ich wollte eine Familie haben und Kinder bekommen. Da ich schon fünfundzwanzig Jahre alt war, fand ich, es wurde Zeit. Aber Peter wollte nicht. Er hatte schon eine Ehe hinter sich und war zudem der Meinung, dass er zu alt für mich wäre und es höchstens fünf Jahre mit uns gehen würde, danach würde ich aus der Ehe ausbrechen und ihn verlassen. Obwohl Peter Jahrgang 1909 und damit fast einundzwanzig Jahre älter war als ich, empfand ich ihn keineswegs als zu alt. Schließlich machte ich ihm einen Heiratsantrag und trumpfte dabei mit dem guten Argument auf: »Wenn dir die fünf Jahre, die du uns gibst, die Sache nicht wert sind, dann gehe ich sofort.« Da lenkte er ein. Am 11. Juli 1956 heirateten wir standesamtlich in Parsdorf bei München. Meine Agentin, Irmgard Palz, und der Drehbuchautor Ernst von Salomon waren unsere Trauzeugen. Ernst und Peter hatten sich während der Arbeit am »08/15«-Film angefreundet. Regisseur Paul May bestand darauf, den Brautstrauß zu besorgen. Es kam eine riesige Blumensäule aus Sonnenblumen, Dahlien und Gladiolen an, die wir auf dem Autodach zum Standesamt transportieren mussten. Als der Strauß auf dem Tisch stand, verdeckte er sowohl uns als auch den Standesbeamten, der uns trauen sollte. Bei den »Ehepflichten« las dieser uns aus den alten Nazi-unterlagen vor. Das kam uns so absurd und altertümlich vor, dass wir von Lachanfällen geschüttelt wurden. Unser Trauzeuge, Ernst von Salomon, war zudem völlig abgelenkt von einer Urkunde, die im Standesamt an der Wand hing. Dokumentierte diese doch, dass Napoleon mit dem kleinen Örtchen Parsdorf 1800 einen separaten Waffenstillstand geschlossen hatte. Das fand er so interessant, dass er unbedingt mehr darüber erfahren wollte. Er löcherte den Standesbeamten, dem vor Anspannung bald der Schweiß von der Stirn perlte. Der Bürgermeister selbst, der uns eigentlich trauen sollte, hatte gekniffen, da ihm die »Prominentenhochzeit« auf den Magen geschlagen war. Doch nicht ich war die Prominente, sondern Peter, der in erster Ehe mit Leni Riefenstahl verheiratet gewesen war. Irgendwann bemerkte der Standesbeamte ob unserer Albernheiten, dass es kein Wunder wäre, dass Ehen, die so unernst geschlossen werden wie die unsere, auch irgendwann wieder geschieden würden.

Wenn wir auch auf dem Standesamt albern waren und die Formalitäten keine Rolle für uns spielten, habe ich die Ehe als solche doch sehr ernst genommen. Ich war während unserer Ehe oft eifersüchtig, denn Peter war dem weiblichen Geschlecht sehr zugetan. Flirten gehörte zu seinem Wesen. Doch ich habe ihn nie darauf angesprochen, sondern mich dumm gestellt. Es kam mir auch nicht in den Sinn, mich zu empören oder zu revoltieren, zumal ich auch Angst hatte, ihn zu verlieren. Peter war eine Autoritätsperson für mich, eine Vaterfigur, denn als Kind hatte ich kaum etwas von meinem Vater gehabt. Als dieser als Soldat eingezogen wurde, war ich noch klein, und später hatte sein Beruf ein geregeltes Familienleben verhindert. Als Schauspieler war er bis spät nachts im Theater und schlief dann morgens, wenn wir aufstanden, aus. Ich sah meinen Vater kaum. Vor Peter hatte ich großen Respekt, und ich war ihm vollkommen ergeben, gehorchte ihm, diente ihm. Meine Mutter hatte mir außerdem unmissverständlich zu verstehen gegeben, dass Männern in sexueller Hinsicht mehr zuzugestehen sei als Frauen. Und schließlich hatte ich ein warnendes Beispiel vor Augen. Peter war von 1944 bis 1947 mit Leni Riefenstahl verheiratet gewesen. Die beiden hatten sich im Herbst 1940 kennengelernt, als Leni Riefenstahl in der Nähe von Mittenwald den Film »Tiefland« drehte, bei dem Peter während seines Urlaubs mitmachte und Bernhard Minetti doubelte. Kein halbes Jahr später erfuhr sie jedoch, dass Peter nicht wie von ihr angenommen unterwegs zur Front, sondern seit einer Woche mit einer anderen Frau in einem Berliner Hotel zusammen war. Ihre Liebesbeziehung war unter anderem auch deshalb von Anfang an konfliktreich, dennoch blieben die beiden nach ihrer Scheidung miteinander befreundet.

Ich habe Leni Riefenstahl viele Jahre später durch Peter kennengelernt. Sie war eine Egozentrikerin, eine Frau, für die die Ästhetik, die Schönheit die allererste Rolle spielte. So wollte sie auch wahrgenommen werden, nur für ihre Kunst, die für sich stehen sollte. Sie hatte einen gewissen Stolz und wollte sich auch nicht weiter rechtfertigen, so viel Kritik ihr in Deutschland nach dem Krieg auch entgegenschlug. Dort blieb sie der »Prügelknabe« der Nation, während im Ausland die besondere Form und Ästhetik ihrer Filme und sie selbst als Künstlerin durchaus angesehen waren. An Leni Riefenstahls Verhalten während des Dritten Reichs entzündete sich die Frage, inwieweit ein Künstler moralische Verantwortung für sein Schaffen im Dienst eines Unrechtsregimes trägt. Ihre Uneinsichtigkeit und ihre mangelnde Selbstprüfung, auch die Nähe zu den obersten Nazigrößen, wurden ihr in Deutschland sehr übel genommen.

Es wurde zu einem Running Gag bei uns zu Hause, dass Peter nie an unseren Hochzeitstag dachte. Als ich mit den Kindern pflichtbewusst zur Kräftigung ihrer Gesundheit einmal Ferien in Dahme machte, damit sie von der frischen und jodhaltigen Luft der Ostsee profitierten, vergaß Peter wieder einmal unseren Jahrestag. So lief ich kurz vor Geschäftsschluss noch schnell aufs Postamt und schickte ihm ein Telegramm: »Hochzeitstag vergessen, Scheidung eingereicht, in Liebe, dein Weib.« Darüber hat sich dann der ganze Ort amüsiert.

Das Schicksal hatte 1957 etwas Bedeutsames für mich in petto. Peter drehte gerade am Königsee einen Heimatfilm. Ich selbst hatte ebenfalls einen Heimatfilm in der Schweiz abgedreht und besuchte nun meinen Mann. Damals rauchte ich noch. Das heißt: Man rauchte, jedermann rauchte. Noch reflektierte niemand das Gefahrenpotenzial dieser Sucht. Doch am ersten Drehtag schmeckte mir auf der Pressekonferenz auf einmal die Zigarette nicht mehr. Nach etlichen Versuchen gab ich es auf. Ich erwartete meine Periode. Als diese am nächsten Morgen nicht kam, war mir klar, dass ich schwanger war. Ich ließ alle an meinem Glück teilhaben. Ich war schwanger! Wie sehr wünschte ich mir ein Kind, doch über ein Jahr hatte sich nichts getan. Ich hatte gehofft und schließlich schon gebangt. Ille Gotthelft, die Frau des Regisseurs Paul May, fragte mich, wie lange ich es denn schon wisse. »Seit heute Morgen, nein, eigentlich bereits seit gestern, weil mir da die Zigarette nicht mehr schmeckte«, erwiderte ich fröhlich. Ille war entsetzt: »Und da verkündest du jetzt schon, du seist schwanger?« Ja! Ich schnappte mir eine Flüstertüte, überredete die Bootsmannschaft der Bundeswehr, mich zum Drehort über den See zu fahren, und brüllte glücklich, als ich in Hörweite war: »Peter, ich bin schwanger!«

Gar nicht glücklich war man darüber im Schauspielhaus Zürich, weil sich dadurch mein einjähriges Engagement für die Spielzeit 1957/58 um etliche Monate verkürzen würde. Bereits am 1. Januar 1958 war dort für mich Schluss. Schon nach meiner letzten Vorstellung im Dezember hatte es die Meldung gegeben: »Frau Schwiers scheidet aus persönlichen Gründen aus.« Und diese persönlichen Gründe waren auf der Bühne nicht länger zu übersehen. Mein kleines Mädchen hatte zuletzt schon kräftig mitgespielt. Oft dachte ich, das Publikum müsse die Beulen sehen, die sie mir in den Bauch boxte. Am Ende des letzten Auftrittes rief das Publikum sogar: »Alles Gute für Mutter und Kind!« Ich war so gerührt, dass mir die Tränen kamen, auch weil ich gerne in Zürich gearbeitet hatte.

Am 1. März 1958 wurde unsere Tochter Katerina geboren. Ich hätte sie am liebsten die ganze Zeit bei mir behalten und war unglücklich, als die Schwestern auf der Geburtenstation mir mein Baby wegnahmen, es in einen anderen Raum brachten und ich es nur noch zum Stillen bei mir haben durfte. Es fühlte sich für mich falsch an, aber so war es damals nun einmal in den Krankenhäusern üblich.

Einer, der dringend auf meine Entbindung gewartet hatte, war der Filmproduzent Artur Brauner in Berlin, der mich unbedingt für die Tolstoi-Verfilmung von »Polikuschka« engagieren wollte. Zuletzt rief er mich sogar täglich an und meinte schließlich, ich solle so schwanger kommen, wie ich sei, bei dieser Rolle spiele es eh keine Rolle, nur anfangen wollte er. Als ihn endlich die Nachricht von der glücklichen Geburt erreichte, bekam ich von ihm noch am selben Tag einen wunderschönen Blumenstrauß per Flugzeug ins Krankenhaus geschickt, zusammen mit handgeschriebenen Glückwünschen. Ich war gerührt, mein Mann aber lachte. »Das ist der teuerste Blumenstrauß von allen«, meinte Peter mit Blick auf die Blumengrüße, die jetzt reichlich von überall her eintrudelten, »denn dafür wird dich Brauner, wie immer, in der Gage drücken.« Das tat Brauner dann auch tatsächlich, aber ich spielte lieber bei ihm – für weniger Gage – als bei anderen Produzenten.

Artur Brauner war netter und charmanter als diese, und er liebte seine Schauspieler. Als ich ihn beispielsweise einmal zufällig auf dem Filmgelände traf, freute er sich sichtlich, mich zu sehen und mir mitteilen zu können: »Ich habe gerade eben Muster gesehen. Sie werden jeden Tag besser, wirklich gut.« So etwas vom Produzenten gesagt zu bekommen, baut auf und macht Mut. Was ist dagegen der schnöde Mammon? Ein anderer Berliner Produzent bediente sich einer anderen Methode, die Gage zu drücken. Er kritisierte stets die Leistung der Schauspieler und versuchte, sie kleinzureden. Da wurde ich mit jeder Silbe teurer, selbst auf die Gefahr hin, die Rolle am Ende nicht zu bekommen.

Ich hatte keine Zeit, meine junge Mutterschaft zu genießen. Vierzehn Tage nach der Geburt ging es direkt aus dem Wochenbett nach Berlin. Dass ich mich als Wöchnerin bereits von meinem Baby trennen musste, war schlimm. Ich heulte mir die Seele aus dem Leibe, doch ich musste Geld verdienen. Gerade jetzt, da wir eine Familie waren und uns Gedanken über unser zukünftiges

Zuhause machten, auf das wir fleißig sparten. Außerdem unterstützte ich weiterhin meine Eltern, die inzwischen mit meinen beiden Brüdern in Hamburg lebten. Mein Vater war dort am Altonaer Theater engagiert. Mein Bruder Holger ging noch zur Schule, und Gösta hatte eine Lehre als Schiffbauer begonnen. Ebenso wie ich einst wollte er mit Schauspielerei nichts zu tun haben und dem emotionalen Chaos, das dieser Beruf in unserem Elternhaus verursachte, so schnell wie möglich entkommen. Er liebte die Präzision, die Berechenbarkeit und das wissenschaftlich Beweisbare. Später machte er sein Fachabitur und studierte Schiffbau.

Peter und ich mieteten im Osten von München ein kleines Häuschen von einem kinderlosen Polizistenehepaar und bekamen dadurch auch gleich eine Tagesmutter für unser Baby. Es fiel mir unendlich schwer, mein Baby zurückzulassen. So hatte ich mir das nicht vorgestellt. Mir brach es fast das Herz, erleben zu müssen, wie mein Katrinchen mit mir fremdelte und sich schreiend in die Arme ihrer »Ersatzmami« stürzte, wenn ich von Dreharbeiten zurückkam. Auf der anderen Seite war ich froh, dass ihr von einer anderen Frau so viel Liebe geschenkt wurde, während ich fort war. Ich hatte in meiner Jugend unter ewigem Heimweh gelitten, das sollte meinen Kindern erspart bleiben. Ich wollte ihnen von Anfang an wenigstens eine stete und sichere Heimat geben, denn ich war ständig unterwegs und auch Peter arbeitete in Katerinas ersten Lebensjahren noch. Deswegen war sie eigentlich immer Haushälterinnen überlassen und ihre Kindheit, so gesehen, kein Honigschlecken.

Peter und ich begannen, die Seiten der Immobilienangebote regelmäßig zu studieren. Eines Tages stach uns ein Inserat ins Auge: Ein Rohbau auf 1500 Quadratmetern Grund und bezahlbar, weil das Grundstück nicht verkauft, sondern verpachtet wurde. Als wir zur Besichtigung kamen, standen bereits fünf andere Familien da. Wir würden uns schnell entscheiden müssen. Im Haus waren bislang nur die Zimmerwände und Decken eingezogen worden. Nachdem wir uns die vorderen Räume angesehen hatten, haben wir den Rest des Hauses gar nicht weiter besichtigt. Uns war klar, das ist unser Haus. Als wir den Zuschlag bekamen, sind wir so schnell wie möglich zum Notar gefahren, um alles unter Dach und Fach zu bringen. Als wir einzogen, hatten wir keine Möbel und behalfen uns zunächst mit Apfelsinenkisten. Ich wollte kein provisorisches Mobiliar kaufen, denn ich wusste, so etwas bleibt. Wir richteten uns erst nach und nach und zunächst auch sehr minimalistisch ein. Heute ist das ein bevorzugter Stil, damals empfand ich es als karg. Außerdem gefiel mir der Teakholzstil der fünfziger und sechziger Jahre nicht. So fing ich an, immer dann, wenn Geld übrig war, Antiquitäten zu erwerben.

Kurz nachdem wir unser Haus bezogen hatten, bekamen wir weiteren Familienzuwachs. Im Nachbarhaus wohnte ein Witwer mit zwei kleinen Jungs. Ich hatte für meine Tochter extra einen schönen Kinderspielplatz angelegt, damit auch andere Kinder zum Spielen angelockt wurden. Tatsächlich kamen Torsten und sein Bruder aus der Nachbarschaft schon bald zu uns und spielten täglich mit Katerina. Der kleine Torsten war ein verschüchterter Zweijähriger und konnte kaum sprechen. Er war mit einem Geburtsfehler auf die Welt gekommen, der zu spät erkannt wurde: einem erweiterten Harnleiter, was bedeutete, dass seine Nieren irgendwann versagen würden. Er hatte sein ganzes bisheriges Leben im Krankenhaus verbracht. Seine Mutter hatte sich in seinen persischen

Kinderarzt verliebt, die Familie verlassen und die beiden Kinder ihrem Mann überlassen, der mit dem kranken Torsten völlig überfordert war. Als ich merkte, dass der Junge nicht seinem Alter entsprechend entwickelt war, begann ich mich mit ihm zu beschäftigen. Auf diese Weise und weil sich bei ihm zu Hause niemand um ihn kümmerte, war Torsten immer öfter bei uns. Schließlich blieb er ganz. Jede Nacht stellte ich mir zwei Mal den Wecker, um Torsten aufs Töpfchen zu setzen, sonst hielt er wegen seiner Behinderung nicht durch. Wenn ich nicht zu Hause war, machte das unser Kindermädchen. Dafür war ich ihr sehr dankbar.

Torsten nannte mich Mami, weil er das von Katerina gehört hatte. Ich habe mich viel um ihn gekümmert, und er wuchs mir ans Herz. Irgendwann fing sein Vater dann an, Frauen mit nach Hause zu bringen. Eines Tages kam er mit einer unbedarften Siebzehnjährigen an, die er Knall auf Fall heiratete. Von da an durfte Torsten nicht mehr zu mir kommen, was mich sehr grämte. Ich bemerkte, dass er immer dicker wurde, offensichtlich wurde seine Diät nicht eingehalten. Mir gegenüber verhielt er sich plötzlich völlig eingeschüchtert. Man hatte ihm verboten, mit mir Kontakt zu haben. Eines Tages waren in seinem aufgedunsenen Gesicht deutlich die Abdrücke von fünf Fingern zu sehen. Ich schickte ihn und Katerina unter dem Vorwand, eine Tasse Mehl zu brauchen, zur Nachbarin, damit sie sich Torsten ansehen konnte. Das Gleiche machte ich mit einem anderen Nachbarn. Beide waren entsetzt, und so hatte ich Zeugen für die Misshandlung des Jungen. Seinem Vater habe ich mit dem Jugendamt gedroht. Das half, und die Verhältnisse für Torsten verbesserten sich deutlich. Eine Operation konnte nicht durchgeführt werden, bevor er nicht mindestens fünf Jahre alt war. Peter hat sich dann um einen Arzt gekümmert und erreicht, dass Torsten in Hamburg kostenlos operiert wurde. Für Katerina ist er bis heute wie ein Bruder.

Ich war oft wochenlang fort. Wenn ich dann von der Arbeit wieder nach Hause kam, habe ich manchmal schon – natürlich im übertragenen Sinn – die Girlande an der Haustür vermisst, denn ich hatte vieles auf mich genommen. Doch statt einer kleinen Auszeit für mich fuhr bereits am nächsten Tag das Kindermädchen, das bis dahin durchgängig die Stellung zu Hause gehalten hatte, in den wohlverdienten Urlaub. So etwas wie Ruhephasen hatte ich kaum. Rückblickend frage ich mich, wie ich das als junge Frau alles nur geschafft habe: Immer geschuftet, immer geleistet, permanenter Druck und dieser hohe Anspruch an mich selbst. Damals aber habe ich das gar nicht so empfunden.

Als ob Peter es vorausgesehen hatte, befanden wir uns nach fünf Jahren in einer Ehekrise. Ich war inzwischen erwachsen geworden, während Peter mich weiterhin wie ein Kind behandelte, wie seine Tochter, als ob ich sein Werk wäre. Sein Blick auf mich war stehen geblieben, und er ignorierte meine persönliche Entwicklung, sicherlich auch aus Angst, mich zu verlieren, denn er muss gespürt haben, dass ich mich im Laufe der Zeit verändert hatte. So versuchte er, mich nach wie vor kleinzuhalten, indem er mir suggerierte, ich sei unattraktiv und unbegabt. Mein Selbstwertgefühl war nicht sehr ausgeprägt, und bisher hatte er mit dieser Methode durchaus Erfolg gehabt.

Auch ließ er mich nicht an seinem Leben teilhaben. Über viele Dinge wurde einfach nicht geredet. Wir wollten wohl auch verdrängen und vergessen und manchen

Dingen lieber nicht nachgehen. Einen gewissen Abstand zueinander zu wahren, war wie eine unausgesprochene Vereinbarung. Wenn ich nachbohrte, mauerte Peter. Er hatte bestimmt sein Päckchen zu tragen. Nur einmal ist er aus sich herausgegangen, dabei fast explodiert und schrie mich an: »Du weißt doch, ich war Soldat, ich habe schreckliche Dinge erlebt, soll ich dir das erzählen?« Da bin ich still gewesen, was ich heute bereue. Ich hätte Ja sagen sollen. Ja, darüber müssen wir reden.

Bei Dreharbeiten in Wien traf ich zufällig Rudolf Noelte wieder, den ich bereits von einer gemeinsamen Hörspielarbeit her kannte. Noelte war ein hochinteressanter Gesprächspartner und eigenwilliger Charakter mit bestechendem Intellekt, wenn auch sehr besserwisserisch. Wir hatten eine lange Diskussion darüber, mit welchen Schauspielern man welche Rolle besetzt. Mir stellte sich die Frage gar nicht, denn ich kam aus einem Ensemble, in dem ich alles hatte spielen müssen. Ich war der Meinung, dass ein Schauspieler jede Rolle spielen können muss. Von der Gräfin bis zur Klofrau. Die Rolle ist das Spiel. Wohlgemerkt das Spiel und nicht das Sein. Noelte war vollkommen anderer Meinung. Er war ein Verfechter der Spiegeltheorie und besetzte deshalb nur typgerecht. Wer eine Königin spielen sollte, musste nicht nur so aussehen wie eine Königin, er musste auch so »sein«. Das hieß: Der Schauspieler spielt dann nicht mehr die Rolle, er »ist« sie. Ein paar Jahre später und um viele Erfahrungen reicher, sollte ich Noeltes Theorie teilen. Auf meinen Mann bezogen, auf den wir ebenfalls zu sprechen kamen, bedeutete sie allerdings, dass der innere Abstand, den ich zu Peter hatte, der gleiche war, den er schon lange zu mir hatte. Darüber habe ich lange nachgedacht.

1963 wurde Daniel geboren. Ich war selig. Die Familie war nun komplett. Eigentlich wollte ich ein Dutzend Kinder haben, und auch Peter war sehr kinderlieb, aber mit meinem Beruf ließ sich das einfach nicht vereinbaren. Als Daniel auf die Welt kam, war ich schon deutlich besser organisiert als in den ersten Jahren mit Katerina. Aber es musste dennoch endlich eine dauerhafte Lösung gefunden werden. Das ständige Lavieren mit den Kindermädchen war nervenaufreibend. Sie kamen und gingen, weil sie schwanger wurden, unaufrichtig waren, gestohlen hatten oder mit den Arbeitszeiten nicht zurechtkamen. Oft waren wir wochenlang weg, während dieser Zeit mussten die Mädchen durchhalten. Mit manchen hatten wir Pech, mit anderen war es sehr familiär und nett.

Während der großen Filmkrise, durch Beginn des Fernsehens ausgelöst, wurden viele Filmregisseure arbeitslos. Peter und ich hatten eine ernsthafte Unterredung, nach der Peter zu dem Schluss kam: »Du bist jung, du wirst noch Karriere machen. Ich aber nicht mehr, denn wenn selbst Leute wie Wolfgang Staudte, der als einer der wichtigsten deutschen Filmregisseure der Nachkriegszeit gilt, arbeitslos ist, brauche ich nicht mehr darauf zu warten, noch eine Chance zu bekommen.« Von da an blieb Peter zu Hause und kümmerte sich um die Kinder. Das war eine große Erleichterung für mich.

Berufung

Nachdem ich 1949 bei meinem ersten Film »Heimliches Rendezvous« für nur sechzehn Drehtage drei Monate »verludert« hatte, beschloss ich, lieber weiterhin Theater zu spielen und mir das Repertoire, das zu einer jungen Schauspielerin gehörte, zu erarbeiten. Hinzu kam, dass ich zwar nach Drehschluss als große Neuentdeckung gehandelt worden war und mir ein Herr von der Bavaria einen Nachwuchsvertrag angeboten hatte. Da ich diesem Herrn aber eine Ohrfeige verpasste, weil er mich gegen einen Zaun gedrängt hatte, war von dem Vertrag keine Rede mehr.

Danach ging meine Filmkarriere schleppend weiter, denn immer wollten die hohen Herren, dass ich für eine Rolle auch mit ihnen schliefe. Das wurde natürlich nicht ausgesprochen, aber deutlich signalisiert, mit Gesten, Blicken und Anspielungen. Doch die Besetzungscouch habe ich abgelehnt, dazu war ich zu stolz. Innerhalb kürzester Zeit hieß es, ich wäre schwierig und ein Pflänzchen »Rührmichnichtan«.

So drehte ich erst fünf Jahre später meinen zweiten Film. »08/15« war mein Durchbruch, und drei Jahre später stellte der Film »Helden« mit O. W. Fischer und Lilo Pulver einen weiteren Meilenstein in meiner Filmkarriere dar. Der Film beruht auf einer Komödie von George Bernard Shaw, die während des Bulgarisch-Serbischen Krieges im ausgehenden 19. Jahrhundert spielt. Der schweizerische Hauptmann Bluntschli gerät zwischen die Fronten und ist lieber vernünftig als tapfer. Mir machte nicht nur meine Rolle als Magd Spaß, sondern auch die Zusammenarbeit mit Lilo Pulver. Sie war wunderbar, völlig natürlich, hatte viel Humor und keinerlei Starallüren. Wie ich war sie zuvor am Züricher Schauspielhaus engagiert gewesen.

»Helden« wurde ein großer Publikumserfolg. Der Film erhielt den Bundesfilmpreis und machte auch international Furore. Der Regisseur Franz Peter Wirth, Hauptdarsteller O. W. Fischer, Lilo Pulver und ich wurden 1958 nach Cannes eingeladen, und als bester ausländischer Film wurde »Helden« sogar mit einer Oskar-Nominierung geehrt.

Es gab damals eine Wochenzeitung, die *Star Revue*, die eine Sparte hatte, in der dreißig beliebte Filmschauspieler nach ihrem Bekanntheitsgrad aufgeführt wurden, das sogenannte »Starometer«. Nach »Helden« rutschte ich auf den sechzehnten Platz. Das war natürlich toll, und prompt bot man mir einen Hollywood-Vertrag an. Es war ein geschickter Schachzug der Amerikaner, die beliebtesten Stars aus Deutschland abzuwerben. In Amerika wurden die Schauspieler »kaltgestellt« und bekamen nur unbedeutende Rollen. Auf diese Weise versuchten die Amerikaner, die deutsche Filmindustrie zu schwächen und ihre eigenen Filme in Deutschland zu platzieren. Finanziell war der Hollywood-Vertrag reizvoll. Man bekam zweitausend Dollar die Woche, zu einer Zeit, als der Dollar über vier Mark wert war, auch ein Haus in Beverly Hills und ein Chauffeur wurden zur Verfügung gestellt. Aber die Verträge waren so gestaltet, dass die Studios mit einem machen konnten, was sie wollten – Haare grün färben, Zähne, Nase, Augen verändern. Auch auf die Rollen hätte ich keinen Einfluss gehabt.

Peter nahm mir die Entscheidung ab, indem er sagte: »Hollywood oder ich« und mit diesen Worten den Vertrag zerriss. Er konnte kein Englisch, und es war ihm ein Gräuel, finanziell abhängig von mir zu sein.

Alle deutschen Schauspieler – wie Lilo Pulver, Sonja Ziemann, Ruth Leuwerik, O. W. Fischer – sind unverrichteter Dinge aus Amerika zurückgekommen, O. W. Fischer sogar mit großem Schaden. Lediglich Maria Schell hat dort einen einzigen guten Film gemacht.

Doch trotz aller Erfolge wurde ich in Filmen fast immer nur mit der Rolle der Gegenspielerin besetzt. Ich spielte Russinnen, Spanierinnen, Zigeunerinnen, meistens die Böse, oft sogar die Mörderin. Maria Schell, Marianne Koch waren diejenigen, die im deutschen Film Karriere machten, entsprachen sie doch dem damaligen Schönheitsideal.

Die *FAZ* fasste diesen Umstand zu meinem sechzigsten Geburtstag sehr treffend zusammen:

»Wo blieben nur im Kino die blond Betörenden mit ihrem sanftblau gehaltenen Augenaufschlag, wenn es nicht jeweils die Widersacherin gäbe, die dunkel sein darf, glutäugig, womöglich mit slawisch hoch angesetzten Wangenknochen? Sie blieben im Hintertreffen, in das unfairerweise immer die anderen geraten. Ellen Schwiers war in den Filmen der fünfziger und sechziger Jahre das Paradebeispiel der am Ende, wie es das Drehbuch befiehlt, klein beigebenden Gegenspielerin.«

Dennoch haben mich die Leute gern gesehen, vielleicht weil die Figuren, die ich spielte, bei ihnen auf Verständnis stießen, weil sie nachvollziehbar waren, menschlich. Ich habe mich immer gefreut, Fans zu haben. Doch den Star zu mimen lag mir nicht. Als ich mit O.W. Fischer zum ersten Mal in Cannes war und dort beobachtete, wie Sophia Loren sich bewegte, wie sie tanzte und sich gab, wusste ich schlagartig, dass ich das niemals können würde. Ich war auch nicht dazu bereit, die Öffentlichkeit auf diese Art und Weise zu bedienen. Das ist gewiss ein Handicap in einem Beruf, bei dem man sich auf Premieren und vielerlei Veranstaltungen der Öffentlichkeit präsentieren muss. Soweit es nötig war, habe ich es brav getan, aber es hat mich stets gepeinigt und ist mir schwergefallen.

Der Film macht Namen, das Fernsehen nur Gesichter, heißt es. Dem kann ich zustimmen und es nach vierzig Kinofilmen und zirka hundertfünfzig TV-Produktionen auch beurteilen. Das Kino lässt dem Schauspieler stärkere Anerkennung zukommen, platziert ihn besser, macht deutlich, dass er für den Film eine wichtige Rolle spielt. Das fängt schon mit dem Vor- und Abspann an, bei denen die Namen der Schauspieler auf der Kinoleinwand klar und deutlich zu lesen sind. Außerdem findet meist eine Filmpremiere statt, bei der die Presse vertreten ist und die Mitwirkenden auf der Bühne gewürdigt werden. Darüber hinaus gibt es Filmfestivals, Filmpreise und so weiter.

Anfang der sechziger Jahre machte das Fernsehen dem Kino als Unterhaltungsmedium Konkurrenz, und ich war eine Fernsehschauspielerin der ersten Stunde. Ich habe in der ersten deutschen Serie »Gestatten, mein Name ist Cox« mitgewirkt sowie in dem Dreiteiler »Der rote Schal« und dem zweiteiligen Film »Onkel Silas«. Anfangs wurde vor dem Dreh noch geprobt wie am Theater, denn man konnte das Filmmaterial – Ampex – noch nicht schneiden. So ging ein Stück quasi live über den Sender. Es gab damals nur die ARD, das ZDF folgte erst knappe zehn

Jahre später. Heute ist das Fernsehprogramm beliebig und, wie ich finde, bis auf wenige löbliche Ausnahmen unerträglich. All diese Gerichts- und Kochsendungen, diese Reality Shows! Was für eine Schmiere! Ich langweile mich heutzutage beim Fernsehen ohne Ende. Die Storys sind fast alle über den gleichen Kamm geschoren, die Geschichten konstruiert und vorhersehbar. Man merkt die Absicht und ist verstimmt. Dann diese Krimis, die jetzt angeblich neue Wege gehen, bei denen aber vor lauter Konstruktion keiner mehr durchschaut, worum es eigentlich geht und wie was miteinander zusammenhängt. Oft ist am Ende eine Person der Mörder, die als Figur gar nicht eingeführt wurde. Dann gibt es düstere Bilder, zusätzlich eine banale Tonkulisse sowie fürchterliche Musik, die über die Bilder gelegt wird. Nicht alles ist schlecht, aber es ist eben auch nicht gut. Das meiste ist einfach nur mittelmäßig, und offenbar merkt niemand, dass es besser sein könnte. Man ist ja schon glücklich, wenn man die Darsteller überhaupt versteht. Richtig und gut zu artikulieren scheinen sie nicht mehr zu lernen. Zudem sieht man immer die gleichen Gesichter, dabei haben wir so gute Schauspieler, die alle nicht eingesetzt werden. Den Sendern geht es nur um die Quote, das ist verwerflich, denn schließlich zahlen die Zuschauer Gebühren dafür, dass ihnen ein gutes Programm geboten wird.

Obwohl ich gerne gedreht habe, war für mich die Arbeit beim Film und Fernsehen immer zweitrangig. Ich habe mich damit nicht identifiziert, auch wenn ich es interessant fand, mit den besten Regisseuren meiner Zeit zu arbeiten. Höhepunkte waren dabei die Arbeiten mit Wolfgang Staudte, Paul May, Billy Wilder, Bernardo Bertolucci,

Franz Peter Wirth, Denys de La Patellière, Henri Verneuil. Meine Leidenschaft gehörte aber immer dem Theater mit seinem direkten Kontakt zum Publikum. Der Beruf des Bühnenschauspielers ist hochinteressant, muss man doch innerhalb von zwei Stunden einen Charakter gestalten und all seine Gefühle, Gedanken und Erkenntnisse glaubhaft darstellen. Es geht bei jeder Figur auch um ihren geschichtlichen und persönlichen Hintergrund. Hat man diesen im Hinterkopf, wird man die Rolle viel intensiver darstellen, wobei auch gesagt sein muss, dass einige Rollen das nicht hergeben.

Der Schauspielberuf macht süchtig, er ist Adrenalin pur. In keinem anderen Beruf trägt man seine eigene Haut so zu Markte. Auf der Bühne geht der Schauspieler ein Abenteuer ein und weiß nicht, wie es ausgeht. Erfolg ist eine tolle Sache, aber man muss auch mit Niederlagen fertig werden. Niemand steckt schlechte und ungerechte Kritiken einfach weg. Hilpert ging seinerzeit so weit, dass er Kritikern verbot, das Theater zu betreten. Er hat das ein Jahr lang durchgehalten, dann durften sie alle wiederkommen – lieber schlechte Kritiken als gar keine.

Über meine Darstellung der Vivie aus »Frau Warrens Gewerbe«, die ich in Frankfurt mit Boy Gobert spielte, schrieb ein Kritiker: »Die Vivie von Ellen Schwiers war eher eine Vivisektion des schwierigen Auftrages.« Ich war fassungslos und traurig. Jahre später saß ich mit diesem Mann an einem Tisch. Als ich ihn auf seine damalige vernichtende Kritik ansprach und seinen Satz zitierte, lachte er und erwiderte salopp, dass er sich dieses Wortspiel einfach nicht habe entgehen lassen können, mit mir habe es aber eigentlich nichts zu tun gehabt. So banal ist es manchmal. Und manchmal auch geradezu absurd: Es gab einen Kritiker, der es ganz besonders auf mich abgesehen hatte. Dahinter steckte eine Zurückweisung meinerseits auf einem Filmball. Seitdem arbeitete er sich an mir ab. Wieder einmal schickte mir meine Agentin eine von ihm verfasste Kritik über eine Kieler Theateraufführung von »Helden«, mit der ich überhaupt nichts zu tun hatte. Dennoch war darin dem Wortsinn nach zu lesen, dass Ellen Schwiers, die diese Rolle im Film gespielt hatte, ihre Theaterkollegin auf der Bühne hätte sehen sollen, denn dann wüsste sie, wie sie die Rolle hätte spielen müssen. Da ist mir der Kragen geplatzt. Ich habe die Zeitung angerufen und ihr mit einer Klage wegen übler Nachrede gedroht. Von da an hatte ich Ruhe vor ihm.

Oft gehen Kritiker sehr leichtfertig mit den Gefühlen der Schauspieler um. Es kann eben nicht jeder ein Fontane sein, dessen Theaterkritiken liebevoll sind. Man merkt diesen an, wie schwer es ihm gefallen ist und wie weh es ihm getan hat, Negatives zu schreiben.

Ich bin eine »Hilpert-Schauspielerin«, die Zeit bei ihm in Göttingen hat mich für mein gesamtes späteres Bühnenleben geprägt. Bei Hilpert musste man bereits zur Stellprobe, bei der Gangart, Stellungen und Haltungen der Personen auf der Bühne festgelegt werden, den Text parat haben. Darin war er sehr streng. In Koblenz konnte man seinen Text selten hundertprozentig, dazu gab es einfach viel zu viel zu lernen, wir hatten fast alle vierzehn Tage eine Premiere und spielten nahezu jeden Abend ein anderes Stück aus dem Repertoire. Man kann aber erst anfangen die Rolle zu gestalten, wenn der Text sitzt, wenn er zweitrangig wird. Erst wenn ich nicht mehr an den Text denken muss, kann ich an den Subtext denken und mich auf die Situation konzentrieren. Ich muss mir die Rolle einverleiben.

Als Künstler sollte man seine moralischen Grenzen kennen, diesen Anspruch habe ich. Diese Grenzen muss jeder mit sich selbst ausmachen. Es gibt Szenen, die ich nicht darstellen könnte, weil sie mein Schamgefühl übersteigen. Ich könnte beispielsweise auf der Bühne keinen Geschlechtsakt mimen. Würde man aber so einen Akt auf der Bühne verbieten, würde ich mich dagegen wehren. In der Kunst ist alles erlaubt, wenn es Kunst und wenn es schlüssig ist. Kunst muss etwas riskieren.

In unserem Beruf schließt man während einer Produktion oft intensive Freundschaften. Man ist ja in dieser Zeit enger mit den Kollegen zusammen als mit dem Partner. Es herrscht aber eine gewisse Oberflächlichkeit, und mit der Arbeit endet meist auch die Freundschaft. Manchmal sieht man sich nie wieder, wenn aber doch, kann es gelingen, dort anzuknüpfen, wo man aufgehört hat. Nichtsdestotrotz muss man Freundschaften pflegen, sonst vertiefen sie sich nicht, sondern bleiben austauschbar.

Als Schauspieler war man gesellschaftlich ein Außenseiter, auch wenn sich mancher gerne mit einem Prominenten schmückte. Ich war immer froh, dass ich mich einer bürgerlichen Lebensform nicht anpassen und gewissen Spielregeln gar nicht stellen musste. Als ich mit meinem Beruf anfing, war es nicht üblich, dass Schauspieler überhaupt sesshaft waren. Ein Schauspieler mit Familie war zu jener Zeit exotisch. Hilpert kündigte sogar jedem aus seinem Ensemble, der heiratete. Er war der Meinung, es tue der Schauspielerei nicht gut, ein Schauspieler solle mit seinem Beruf »verheiratet« sein und sich voll und ganz auf seine Aufgaben konzentrieren.

Ich hatte Familie und war Strapazen ausgesetzt. Ich habe immer schmerzlich Abschied genommen, und es ist das Defizit meines Lebens, dass ich immer ein schlechtes

Gewissen meinen Kindern gegenüber hatte. Bei Katerina noch viel stärker als bei Daniel, nach dessen Geburt ich die Dinge schon besser in den Griff bekam und die Zeiten sich auch geändert hatten. Am Ende hat Hilpert recht gehabt. Er wollte seiner »geliebten Bande« all diese Konflikte ersparen. Vieles kann man heute auch mit Familie sehr viel leichter regeln als damals. Dank Auto ist man mobil, ist über Handy und Internet jederzeit erreichbar. Früher musste ich mir eine Telefonzelle suchen, um mit meiner Familie zu sprechen, und habe stapelweise Briefe geschrieben. Eine Familie steht einem Schauspieler heute nicht mehr im Wege.

Intrigen

1956 – ich hatte gerade Peter kennengelernt – drehte ich unter der Regie von Arthur Maria Rabenalt meinen vierten Film »Tierarzt Dr. Vlimmen« mit Bernhard Wicki in der Hauptrolle. Rabenalt hatte einen Ruf wie Donnerhall. Er scherzte mit mir, indem er auf meinen Busen zeigte und sagte: »Über diesen Punkt sprechen wir noch.« Ich fand das überhaupt nicht witzig, sondern fühlte mich eher gedemütigt, doch bis auf diesen einen Ausrutscher verhielt sich Rabenalt mir gegenüber anständig. Er war zudem witzig und gescheit. Und er versprach, mich in seinem nächsten Film »Zwischen Zeit und Ewigkeit« wieder zu besetzen.

Als ich zu Dreharbeiten für »Anastasia, die letzte Zarentochter« nach Berlin reisen musste, gab Rabenalt mir den Auftrag, Lilli Palmer, die die Anastasia spielte, zu grüßen und ihr auszurichten, dass ihr Besetzungswunsch für die männliche Hauptrolle in Rabenalts nächstem Film in Ordnung gehen würde. Es handelte sich dabei um Carlos Thompson, einen jungen, gutaussehenden amerikanischen Schauspieler, der bei uns noch völlig unbekannt war.

Am frühen Morgen begrüßte ich Lilli Palmer im Filmatelier höflich und achtungsvoll, sie aber reagierte kalt und unfreundlich und verhielt sich auch während unserer gemeinsamen Szenen mir gegenüber abweisend. Ich konnte mir keinen Reim darauf machen, denn ich bewunderte sie und hatte großen Respekt vor ihr als Künstlerin, auch aufgrund ihres Schicksals. Als Jüdin wurde sie in der Nazizeit verfolgt und war emigriert.

Als mein Mann mittags auftauchte – er war mit dem Auto von Hamburg nach Berlin gefahren –, fiel ich ihm schluchzend um den Hals, ich wollte nicht weiterdrehen. Peter tröstete mich und blieb bis zum Ende der Dreharbeiten bei mir, meine Rolle war letzlich nicht so groß.

Wieder in München angekommen, wollte es der Zufall, dass ich Rabenalt und seine Frau auf der Maximilianstraße traf. Doch auch er war von einer Kälte, die ich nicht verstehen konnte, und kam auch nicht auf die versprochene Rolle in »Zwischen Zeit und Ewigkeit« zurück. Kaum war ich zu Hause, klingelte das Telefon, Frau Rabenalt war am Apparat. Sie hatte meine Irritation bemerkt, und ich tat ihr leid. Sie erzählte, Frau Palmer habe an die Produktionsfirma geschrieben, dass sie mich grauenvoll fände und nicht wolle, dass ich eine Rolle an ihrer Seite bekäme. Sie stellte sogar ihre Mitwirkung in Frage, falls ich besetzt werden würde. Ihr war durch Bernhard Wicki zu Ohren gekommen, dass ich ein Verhältnis mit Rabenalt hätte.

Dazu muss man wissen, dass Lilli Palmer eine enge persönliche Beziehung zu Rabenalt hatte. Im Nationalsozialismus widersetzte er sich als Theaterregisseur in Darmstadt den Anweisungen der SA, beschäftigte sie als Jüdin weiter bei sich und schütze sie. Dafür war sie ihm ewig dankbar. Lilli Palmer wollte Rabenalts Frau die Erniedrigung einer Geliebten am Set ersparen. Eigentlich eine noble Geste. Auf Anweisung der Produktionsfirma, die eine Absage von Frau Palmer vermeiden wollte, wurden daraufhin Probeaufnahmen mit anderen Schau-spielerinnen gemacht. Man kam aber immer wieder auf mich zurück. Da half mir nun endlich einmal mein exotisches Aussehen.

Rabenalt war allerdings ebenfalls ärgerlich auf mich, denn Wicki hatte wiederum ihm erzählt, ich würde mich hinter seinem Rücken über ihn amüsieren und ihm schöne Augen machen, um die Rolle der Consuela in »Zwischen Zeit und Ewigkeit« zu bekommen.

So also sah die ganze kleine Intrige aus, die Wickis Rache für eine Ohrfeige war, die ich ihm gegeben hatte, als er flapsig sagte, ich solle doch endlich mit Rabenalt schlafen, dann würde es am Set viel entspannter zugehen. Als ich ihm daraufhin erklärte, ich würde meinen Mann lieben und wäre für so etwas nicht zu haben, machte er eine Bemerkung über Peter, die mich veranlasste, ihm diese fatale Ohrfeige zu verpassen. Wicki ahnte mit Sicherheit nicht, welche Lawine er mit seinen Äußerungen losgetreten hatte und wie Lilli Palmer reagieren würde. Frau Rabenalt beschwor mich, niemandem von unserem Telefonat zu erzählen, schon gar nicht ihrem Mann.

Zur Premiere von »Anastasia« fuhren Lilli Palmer und ich gemeinsam nach Karlsruhe. Wir standen am Flughafen und redeten nicht miteinander. Ich tigerte auf und ab, bis sie mich ansprach und bat, mich zu ihr zu setzen. Und dann erzählte sie mir, was ich ja nun schon wusste, und noch einiges mehr. Sie sprach von ihrer Verbundenheit mit Rabenalts, aber auch von ihrer Abneigung gegenüber Deutschland, wo wegen der Nationalsozialisten ihre vielversprechende Karriere abbrach. Sie bat mich um Verzeihung und räumte ein, mittlerweile zu wissen, dass ich keineswegs ein Verhältnis mit Rabenalt hätte und sie es sich nicht verzeihen könne, dass sie, obwohl sie schon so lange in diesem Beruf arbeite, dennoch der lausigen

Intrige aufgesessen sei. Sie sagte mir außerdem, dass sie mich für eine sehr gute Schauspielerin halte und ihren unglücklichen Brief an die Produktion widerrufen habe.

Damit war das Thema für mich aus der Welt. Wir sind in Freundschaft auseinandergegangen, haben uns später sehr gut verstanden und auch wieder zusammengearbeitet.

Rabenalt prophezeite mir nach unserer gemeinsamen Arbeit, dass ich niemals Starqualitäten haben würde, denn in meinem Wesen sei ich viel zu bürgerlich. Er hat recht gehabt damals. Ich war leicht zu verunsichern und besaß kein großes Selbstwertgefühl. Das braucht man aber in diesem Beruf. Stattdessen war ich immer voller Zweifel und legte strenge Maßstäbe an mich an. Selten war ich mit mir zufrieden. Außerdem war ich wahnsinnig naiv, wie ein Kind vom Lande. Meine Mutter, die tatsächlich ein Kind vom Lande war, legte ihren eigenen Maßstab an die Welt und erzog auch mich so. Ich war in keiner Weise frivol oder raffiniert. Ich habe mir immer viel zu viel gefallen lassen und war Intrigen nicht gewachsen. Deshalb zog ich nach dem Erlebnis mit Lilli Palmer Resümee und entschied, dass die Welt des Films nichts für mich sei. Meine Seele war wundgescheuert, ich wollte wieder Theater spielen.

Ich bekam eine Anfrage vom Züricher Schauspielhaus für die Hauptrolle in Arthur Millers »Ein Blick von der Brücke« und überlegte nicht lange. Ich würde wieder einem wunderbaren Ensemble angehören und viele meiner Kollegen wiedertreffen, mit denen ich schon in Göttingen gespielt hatte. Ich war glücklich.

Schauspielhaus Zürich

Das Schauspielhaus Zürich hatte immer ein ausgezeichnetes Ensemble, aufgewertet durch Schauspieler, die im Krieg aus Nazi-Deutschland fliehen mussten und dort unterkamen. Der damalige Eigentümer des Theaters, Ferdinand Rieser, bot zahlreichen jüdischen Bühnenkünstlern Arbeit an. Auf diese Weise erhielten sie eine Schweizer Aufenthaltsgenehmigung und konnten ausreisen. Die antifaschistische Haltung des Hauses spiegelte sich auch in der Auswahl der Stücke wider.

1957 wurde ich also, wie erwartet, für zwei Jahre ans Schauspielhaus Zürich engagiert. Ich hatte dort großartige Kollegen wie Therese Giehse, Gustav Knuth, Willy Birgel und Leonard Steckel und durfte zudem mit so herausragenden Dramatikern wie Max Frisch und Friedrich Dürrenmatt zusammenarbeiten.

Dürrenmatt war eigentlich ein unkomplizierter und sehr freundlicher Mensch, aber er hatte natürlich auch konkrete Vorstellungen davon, wie seine Stücke gespielt werden sollten. Bei den Proben für die Uraufführung »Der Meteor« sah er dem Regisseur auf die Finger und hatte so sein Einwände. Nach einer Probe, auf der alles schiefgelaufen war, was nur schieflaufen kann, saß das ganze Ensemble frustriert im Konversationszimmer und ließ die ätzende Kritik unseres Dreierkonsortiums – Hauptdarsteller, Regisseur und Autor – über sich ergehen. Als

Steckel, Lindtberg und Dürrenmatt gingen, blieben wir ermattet zurück. Dürrenmatt trug wie immer einen knöchellangen Pelzmantel, ungewöhnlich für einen Mann. In die frustrierte Stille hinein, die nun einsetzte, meldete sich die Stimme unseres Garderobiers und Berliner Originals, Prüfi genannt. »Wat is dat denn für'n Pelz, den der Dürri da anhat?« Ich konnte ihm Auskunft geben: »Das ist ein Otter.« Stille, dann: »Det is och nur so'n oller Fischmantel.« Sein ganzer Frust und Zorn machte sich in diesem einen Satz Luft.

Aber auch ich hatte Probleme mit der Rolle, wie sie Dürrenmatt plante. Als Malermodell sollte ich nackt auf der Bühne liegen, was ich nicht wollte. Ich sprach mit ihm, aber er war gnadenlos. Nein, keine Kompromisse. Also musste ich mir etwas einfallen lassen. Meine Haare reichten mir bis zum Po. Wenn ich sie aufmachte und über meinen Busen drapierte und den Busen mit Leukoplast verkleben würde, wäre dieses Problem schon einmal gelöst. Unten herum schlang ich schließlich ein lila Seidentuch um meinen hautfarbenen winzigen Slip herum, und schon sah man vom Zuschauerraum aus nur noch meinen blanken Rücken, musste aber davon ausgehen, dass ich gänzlich nackt sei. Tatsächlich galt ich nach der Uraufführung als die erste Nackte auf einer deutschsprachigen Bühne.

Als die Spielzeit zu Ende war, holte Peter mich ab, denn wir wollten zu einem Zigeunertreffen nach Saintes-Maries-de-la-Mer in der Provence fahren. Wir hatten mit Dürri verabredet, ihn auf unserem Rückweg, in Neuchâtel, zu besuchen. Als wir nach seiner Adresse fragten, winkte er ab. Die bräuchten wir nicht, ihn kenne dort jedes Kind. Das stellte sich jedoch als Irrtum heraus. Kein Mensch in

Neuchâtel konnte uns sagen, wo der Dichter wohnte. Es blieb uns nichts anderes übrig, als ihn anzurufen. Er holte uns schließlich an einer Tankstelle ab. Sein wunderschönes neues Haus lag hoch versteckt in den Weinbergen. Auf seinem Grundstück stand ein riesiges Teleskop, mit dem er den Himmel beobachten konnte. Der war aber an diesem Tag verhangen, dafür zeigte er uns seinen atombombensicheren Keller, den er zu einem Weinkeller umfunktioniert hatte.

Es wurde eine lange Nacht mit Dürris Frau, seinen Kindern, dem Bühnenbildner Teo Otto und Therese Giehse. So wie sie wollte ich immer werden, wie diese alte Komödiantin, die ihren Beruf, ihr Handwerk perfekt beherrschte. Eine starke Frau, die wirklich wusste, wie es geht, unaufgeregt, nie bemüht, dabei präzise und auf den Punkt in ihrem Ausdruck.

Dürri fragte jeden von uns, wann er geboren sei, entsprechend der genannten Jahreszahl kredenzte er uns dann den jeweiligen Jahrgangswein. Da er Diabetiker war, konnte er selbst nur ganz bestimmte staubtrockene Weine trinken. Wir sprachen über das Sonnensystem, das Dürrenmatt als uninteressant abtat, weil ihn eine absurde Idee fesselte: Wenn man alles Uran dieser Welt an einem Ort bündeln und zünden würde, müsste sich die Erde aus der Verankerung und ihrem System herauslösen und in einem anderen Sonnensystem wieder aufhängen können. Als ich nachfragte, wer das überleben würde, grinste er über das ganze Gesicht: »Na keiner.« Er hatte einen Hang zum Makabren. So musste uns seine Tochter Ruth die Königin der Nacht vorsingen, und ich traute ihm sogar zu, uns als Experiment seine Tochter zum Fraß vorzuwerfen.

Dürrenmatt war auch Maler. »Such dir was aus«, sagte er in seinem Atelier. Ich entschied mich für zwei Zeichnungen: »Vor dem Sündenfall« und »Nach dem Sündenfall«. Er schrieb mir eine liebe Widmung dazu.

Max Frisch wünschte mich als Besetzung in seinem neuen Theaterstück. Ich sollte in der Uraufführung von »Biografie: ein Spiel« am Schauspielhaus Zürich die weibliche Hauptrolle übernehmen. Frisch hatte mich in einer Sendung des WDR gesehen, wo ich mit einem Kollegen Dialoge aus »Stiller« sprach. Das hatte ihm offensichtlich gut gefallen, so dass er jetzt auf mich zurückkam. Das Angebot war reizvoll, aber ich musste ihm leider einen Korb geben. Ich stand in Düsseldorf bereits unter Vertrag und bin so erzogen worden, dass man Verträge nicht einfach unter einem Vorwand bricht – überhaupt bricht man keine Verträge, aus welchen Gründen auch immer.

Eine Woche vor der Premiere teilte das Schauspielhaus Zürich der Öffentlichkeit überraschenderweise mit, dass man mit Max Frisch übereingekommen sei, die Uraufführung abzusagen. Dahinter verbarg sich ein Theatereklat mit dem Regisseur des Stückes. Rudolf Noelte hatte, zunächst in Absprache mit Max Frisch, Textänderungen vorgenommen, die der Autor irgendwann nicht weiter hinnehmen wollte, weil sie über das Vereinbarte hinaus und ihm zu weit gingen. Noelte verlangte zudem, aufgrund seiner genehmigten Änderungen als Mitautor genannt zu werden. Er führte einen Prozess gegen Max Frisch, den er verlor, woraufhin das Züricher Schauspielhaus Noelte aus seinem Vertrag entließ.

Durch dieses ganze Hickhack war aber so viel Zeit ins Land gegangen, dass ich in Düsseldorf mit »Zeugin der Anklage« fertig war und wieder zur Verfügung stand.

Mit Max Frisch war ich fast schon befreundet, und wir standen in einem anregenden Gedankenaustausch. Ich mochte seine Gesellschaft, wir verstanden uns gut. Er war offensichtlich auch etwas verliebt in mich. Als wir während der Faschingszeit einmal gemeinsam im Taxi nach Hause fuhren, entstand eine peinliche Situation. Das Taxi konnte nicht vor meiner Wohnung vorfahren, und ich dachte: O je, er wird mich jetzt doch wohl nicht an die Haustür bringen und da küssen wollen? Natürlich brachte er mich bis an die Haustür, sah mir tief in die Augen ... Dann war der Moment vorüber, er beugte den Kopf und küsste mir die Hand.

Ein paar Jahre darauf schickte mir der Suhrkamp Verlag mit einem herzlichen Gruß von Max Frisch seine Tagebücher, was mich wunderte. Ich las sie und fand darin die skizzenhafte Schilderung unserer Taxifahrt. Natürlich aus seiner Sicht. Im Nachhinein hat mich das sehr amüsiert.

Die Studentenbewegung der sechziger Jahre habe ich hauptsächlich während meiner Zeit in Zürich erlebt. Wir Theaterleute protestierten damals gegen den Militärputsch in Griechenland und die darauffolgende Militärdiktatur. Das Militär hatte unter anderem zahlreiche Journalisten, Schriftsteller und Künstler verhaftet. Wir waren der Meinung, dass sich die demokratischen Mitglieder der NATO im Namen von Freiheit und Gerechtigkeit mit dem unterdrückten griechischen Volk solidarisch erklären und dem neuen Regime die Anerkennung versagen sollten, was aber nicht geschah. Max Frisch war politisch sehr engagiert und hatte uns im Ensemble gefragt, wer mit dabei sein wolle. Nur vier Leute erklärten sich bereit. Wir hielten Reden und gaben Solidaritätsbekundungen ab. Aufgrund solchen Engagements drohte ein Einreiseverbot nach Griechenland. Da ich noch nie dort gewesen war, konnte man mich damit nicht beeindrucken. Frisch hielt dann am 27. Mai 1967 in Zürich auf einer öffentlichen Kundgebung eine großartige, intelligente Rede, in der er sagte: »Wer die Offiziere in Athen als griechische Regierung anerkennt, bevor die politischen Gefangenen entlassen sind und sich öffentlich zu Wort melden können und bevor Wahlen stattgefunden haben, hat sich auf die Menschenrechte als die Moral der freien Welt nicht mehr zu berufen. Was aber verteidigen wir dann? Eine Lüge.«

Um uns herum waberten Wolken von Haschisch. Ich selber habe nie Drogen genommen, ich wollte mir meinen Verstand nicht vernebeln. Und emotional war ich sowieso schon immer »high« genug.

1968 wurden die Deutschen Notstandsgesetze von der ersten großen Koalition im Deutschen Bundestag verabschiedet. Das war von massiven Protesten begleitet. Zu dieser Zeit drehte ich in Berlin. Auf dem Ku'damm saßen die Studenten und demonstrierten. Einige Damen flanierten vorbei und fragten, worum es eigentlich gehe. Ich fing an, ihnen den Sachverhalt zu erklären, war ich doch durch die politischen Diskussionen mit den Kollegen am Züricher Schauspielhaus gut informiert. Einer der Zuhörer brachte eine Apfelsinenkiste, auf die ich mich stellen sollte, um der immer größer werdenden Gruppe die Situation zu schildern. Ich konnte in dieser Position gut beobachten, was sich auf dem Ku'damm ereignete. Aus einer Nebenstraße kam ein Bagger gefahren, der wegen der auf der Straße hockenden Studenten nicht weiterkam. Da ließ der Baggerführer seine Schaufel einfach herunterfallen und verletzte etliche Demonstranten zum Teil schwer. Chaos brach aus, und die Polizei rückte an. Am nächsten Tag schilderte die Springerpresse, die schon seit Monaten gegen die Studenten hetzte, den Vorfall völlig anders. Ich war außer mir, denn ich war Zeugin einer ganz anderen Szene gewesen.

Zeitgleich mussten sich in Hamburg meine Eltern erneut mit der nationalsozialistischen Vergangenheit auseinandersetzen und den kritischen Fragen meines siebzehn Jahre jüngeren Bruders Holger stellen. Fragen, die komplex, und Antworten, die schwer zu verstehen sind. Fragen, die verlangen, die Zeitumstände und Biografien zu berücksichtigen, auch wenn diese nichts entschuldigen. Fragen, die sich die Generation meines Bruders nicht stellte. Darunter auch die: Wie hätte ich selbst in dieser oder jener Situation gehandelt? Holger, mit seiner langen Mähne, war ein typischer Vertreter der 68er. Er stritt viel mit meinen Eltern, die sich der Auseinandersetzung mit ihm stellten, soweit sie es konnten. Er revoltierte, denn er merkte, dass mit der Nachkriegsgesellschaft etwas nicht stimmte, dass die Schatten der Vergangenheit, über die nicht gesprochen wurde, überall präsent waren. Dass ehemalige Nazis, die für ihre Verbrechen nie belangt worden waren, in der Bundesrepublik Deutschland wieder hohe Positionen einnahmen. Auch in seiner Schule gab es einen alten Nazi, der noch als Lehrer arbeitete und den Schülern seine subversive Haltung vermittelte, sie Lieder singen ließ wie »Schwarzbraun ist die Haselnuss, schwarzbraun bin auch ich, ja, bin auch ich ...« Als mein Vater sich darüber beim Schuldirektor beschwerte, wurde er mit dem Hinweis abgewiesen, dass Lehrermangel herrsche. Der Prozess der Demokratisierung eines ganzen Volkes war nicht nur an den Schulen, sondern im ganzen Land nicht abgeschlossen und teilweise auch ausgesessen worden. Am Beispiel meines Bruders und meiner Eltern konnte ich sehen, wie sich die Generationen voneinander entfremdeten. Wie die Nachkriegsgeneration die ihnen vorangehenden Generationen nicht begreifen konnte und ihnen zunehmend misstraute. Die jungen Menschen waren gegen das konservative rechtslastige Reglement, gegen den immer noch vorhandenen Mief, wollten die spießige Enge durchbrechen. Mein Bruder wünschte sich wie viele andere seiner Generation mehr individuelle Entscheidungsfreiheit und begehrte auf gegen eine Gesellschaft, die ihm nicht gefiel. Er setzte sich auch mit dem Sozialismus auseinander. Schon das Wort war in der damaligen Zeit für die meisten Menschen über dreißig ein rotes Tuch. Der Kalte Krieg, Kommunismus versus Kapitalismus, spaltete die Welt und hatte für uns Westdeutsche mit dem Mauerbau ein sichtbares Zeichen gesetzt. Und uns allen steckte noch die Kuba-Krise in den Knochen und die entsetzliche Angst vor einem erneuten Kriegsausbruch.

Ich war politisch immer interessiert, auch aus der Motivation heraus, dass sich so etwas wie der Nationalsozialismus nie mehr wiederholen durfte. Man muss ein Auge auf die Machthaber und die Politiker haben und sie unter Kontrolle halten. Unsere Demokratie ist nicht selbstverständlich, wir Deutschen mussten sie uns nach Beendigung des Krieges bis heute erarbeiten. Überhaupt, Demokratie muss immer wieder neu gestaltet werden, denn die Zeiten ändern sich und sie muss diesem Umstand Rechnung tragen, darf nicht stehen bleiben.

Inshallah-Produktionen

»Inshallah-Produktionen« – also »So Gott will«-Produktionen – nannten Peter und ich die Filme von Ernst Ritter von Theumer nach dem Titel eines seiner Filme. Es waren naive, künstlerisch wenig ambitionierte und action-lastige Filme mit entsprechend reißerischen Titeln. In den drei »Inshallah-Filmen«, die ich mit Ernst machte und bei denen auch Peter jeweils eine kleine Rolle hatte, war mein darstellerisches Können kaum gefordert, doch mein Mann und ich liebten diese Dreharbeiten, die oft chaotisch waren. Ein Zustand, der schon immer meine Phantasie angeregt hat, denn das Glatte, das Fertige, das Perfekte interessierte mich nie. Die »Inshalla-Produktionen« waren im Grunde ein Synonym für mein Leben, das zum großen Teil aus Unvorhergesehenem besteht. Man wurde, wie ich es auch in meinem sonstigen Leben kannte, in Situationen geworfen, auf die man nicht vorbereitet war, die man nicht »proben« konnte, sondern nehmen musste, so wie sie kamen, und versuchen, das Beste daraus zu machen. Vieles wurde improvisiert, oft wurde unregelmäßig gezahlt und wir bekamen statt Geld Wechsel, die nie eingelöst wurden. Aber das Geld war nicht so vorrangig, denn das, was wir an Abenteuern und aufregenden Reisen zu phantastischen Drehorten erlebten, war unbezahlbar und bereicherte mein Leben.

Die Dreharbeiten für »Camp der Verdammten« fanden 1961 in der Türkei statt, also zur damaligen Zeit am anderen Ende der Welt, und brachten große organisatorische Probleme mit sich, weil wir dafür unsere vierjährige Tochter für eine Woche mit einer Kinderfrau zurücklassen mussten. Obwohl uns die Kinderfrau und die Nachbarin beruhigten, fühlte ich mich einmal wieder als rechte Rabenmutter.

Über das damalige Jugoslawien fuhren wir mit unserem Auto auf der West-Ost-Route nach Bulgarien. An der Grenze zu Bulgarien mussten wir angeben, wie viel Geld wir mit uns führten, und sollten über die Ausgaben, die wir auf der Durchreise hatten, Buch führen. Das hat mein lieber Mann aber nicht getan, weshalb wir an der Grenze zur Türkei ein Problem bekamen, nachdem wir dort viel weniger Geld als in Bulgarien angegeben, vorweisen konnten. Unser Auto wurde daraufhin auseinandergenommen, die Räder abgebaut, unsere Taschen umgestülpt. Allmählich wurde uns ganz blümerant, zumal die Zöllner in meiner Tasche ein Foto gefunden hatten, das Peter als jungen Mann in Uniform mit Ritterkreuz zeigte. Ich mochte das Foto gerne. Er war darauf noch so jung, ich hatte ihn ja erst viel später kennengelernt. Aber der Fund brachte uns in Erklärungsnot. Schließlich wurden wir in eine vier Quadratmeter große Zelle gesperrt mit nichts weiter darin als einem Eimer und einem Schemel. Peter und ich beschimpften uns in dieser Nacht wechselseitig wegen des Fotos, wegen unserer nicht nachweislichen Ausgaben.

Am nächsten Morgen brachte man uns ein Glas Tee. Dann kam ein Mann, der uns auf Französisch fragte, ob wir Schauspieler wären, er habe Autogrammkarten in meinem Gepäck gefunden. Peter sprach zum Glück fließend Französisch, er hatte in Grenoble studiert. So klärte sich alles auf, und man ließ uns weiterfahren. Dass wir uns nach dieser Episode nicht haben scheiden lassen, war ein Wunder.

Das ganze Land, die Natur und Architektur, war exotisch für mich. Es gab keine Straßen, sondern nur Pisten, die wir mit unserem Karmann Ghia bewältigen mussten. Als wir durch Edirne fuhren, sah ich meine erste Moschee, was mich tief beeindruckte.

In Istanbul kamen wir wegen der Nacht in der Zelle einen Tag zu spät an. Im Hotel war unser Zimmer vergeben, der Portier konnte sich auch an keine Zimmerreservierung erinnern. Doch Gott sei Dank kannte er den Filmproduzenten, Herrn Ilhan Filmer, der sich so nannte, seit Kamal Atatürk 1934 die Nachnamen eingeführt hatte. Frau Filmer kam und holte uns ab. Sie erklärte uns, dass man nicht länger auf uns habe warten können und wir nun nach Ankara weiterfahren sollten. Bis dorthin waren es rund fünfhundert Kilometer, und es gab 1961 noch keine Brücke über den Bosporus und keine Autobahn zwischen Istanbul und Ankara. Doch es blieb uns nichts anderes übrig, als uns wieder ins Auto zu setzen und nach Ankara zu fahren. Als wir ankamen, war die Filmcrew aber schon weitergezogen und zwar nach Adana ins Palast-Hotel. Das bedeutete erneut fünfhundert Kilometer Strecke, und die Fahrt führte übers Gebirge. Richtige Straßen waren nicht vorhanden, sondern erst im Bau, teilweise wurden sie gerade erst in den Berg gesprengt. So krochen wir geradezu mit unserem Auto dahin und mussten ständig anhalten. An einigen Stellen mussten die Straßenarbeiter das Auto sogar über die gesprengten Steine hinweg tragen.

Endlich fanden wir die Filmcrew. Wir hatten ein tolles Hotel erwartet, es hieß immerhin »Palast-Hotel«. Die

Zimmer waren aber nur mit dem Nötigsten bestückt: zwei eiserne Betten, ein Schrank, ein Stuhl. Ernst von Theumer begrüßte uns überschwänglich, denn mein Mann sollte gleich am nächsten Morgen eine Rolle als LKW-Fahrer übernehmen. Der dafür vorgesehene türkische Schauspieler war abgehauen.

Als ich am Morgen in die Garderobe kam, saß dort ein braungebrannter Mann mit Schnauzbart und dichten Augenbrauen. Ich sagte höflich »Guten Morgen«, worauf dieser sich fast kaputtlachte. Ich hatte meinen eigenen Mann nicht erkannt. Peter drehte den ganzen Tag. Dann witterte er den Braten: Ernst von Theumer hatte ihn reingelegt, es ging nicht nur um ein paar Sätze, die er zu sagen hatte, sondern es war eine der größten Rollen des Films. Peter war verständlicherweise sauer, denn wegen der ganzen Fahrerei und seiner Rolle konnte er nicht wie ursprünglich geplant zeitig nach Deutschland zurückkehren, sondern würde genauso lange wie ich in der Türkei bleiben müssen. Diese Entscheidung stellte sich jedoch als wahrer Segen heraus. Was hätten wir bloß ohne meinen Mann gemacht, der gut organisieren konnte und während der Dreharbeiten oftmals mutig und entschlossen agierte und darüber hinaus die Kollegen zu motivieren verstand?

Beispielsweise wurden für eine Bar-Szene Statisten benötigt. In der Nähe befand sich eine amerikanische Militärbasis, die Adana Air Base. Dorthin fuhr Peter und bat die Amerikaner, als Statisten mitzuwirken. Es war eine große Szene, für die viele Männer benötigt wurden. Die Amerikaner kamen gerne, brachten aber leider Alkohol mit, was das Drehen erschwerte und zum Teil aus dem Ruder laufen ließ. Während der Bar-Szene, bei der ich Zuschauerin war, begannen sich hinter mir zwei türkische Männer laut zu streiten. Es endete damit, dass der eine den anderen mit einem Messer abstach. Auf der Tanzfläche vor mir spielte sich ebenfalls ein Drama ab. Unsere Hauptdarstellerin, Christiane Nielsen, die mit Ilham Filmer tanzte, wurde von einem Mann als Hure beschimpft. Daraufhin zog sie ihren Schuh aus und schlug dem Mann damit auf den Kopf. Nun entbrannte eine Schlägerei, bei der unser Produzent Ilham Filmer ein Auge verlor und nach Ankara abtransportiert werden musste.

Christiane hatte durch ihr unbedachtes Verhalten und auch durch ihre für dortige Verhältnisse aufreizende Kleidung das Filmteam bereits mehrfach in Schwierigkeiten gebracht. Sie war eine nette, begabte Person, aber auch kein Kind von Traurigkeit. Irgendwann habe ich sie zur Seite genommen und unter vier Augen mit ihr gesprochen. Ich legte ihr nahe, keine der hautengen Hosen mehr zu tragen, die damals modern waren, den Sitten und moralischen Vorstellungen des Landes, in dem wir zu Gast waren, aber ganz und gar nicht entsprachen. Sie war einsichtig, und obwohl ich nur wenig älter war als sie, habe ich von da an eine Art Mutterrolle für sie übernommen.

Unser nächster Drehort war ein Ölcamp in einem Tal zwischen Euphrat und Tigris, nahe der syrischen Grenze. Wir fuhren mit drei Privatwagen und einem größeren Bus dorthin. Die Fahrt war hochinteressant, denn die Wüste war alles andere als eintönig. Zwar gab es nirgendwo einen Baum oder Strauch, dafür aber rote, grüne, orangefarbene, gelbe oder braune Felder, je nachdem, was angebaut wurde. Kurz vor unserem Ziel – Urfa – hielt uns eine Polizeistreife an. Urfa war militärisches Sperrgebiet, nahe der syrischen Grenze. Wir brauchten eine Genehmigung, um das Gebiet betreten zu dürfen. Die lag zwar vor, doch hatte die unser Produzent bei sich, der gerade in Ankara am Auge operiert wurde. Es gab ein großes Palaver, am Ende ließ man uns gehen, aber ein alter Mann mit einer Laterne musste uns voraus zum Hotel hinken. Das Palast-Hotel – alle Hotels schienen hier den gleichen Namen zu haben – war als solches nicht unbedingt erkennbar. Seine Zimmer glichen eher Gefängniszellen. Zwei eiserne Betten, deren Füße wegen der Wanzen in Konservenbüchsen standen, ein türenloser Schrank und ein eisernes Handwaschbecken, aus dessen Hahn kein Wasser kam. Unter dem Bett standen Schuhe mit erhöhten Sohlen, wie man sie aus Japan oder China kennt.

Das Essen in einem Restaurant gegenüber war uns schlecht bekommen, und des Nachts wurde das Klo stark frequentiert. Jetzt merkten wir, wofür die erhöhten Schuhe da waren. Es war das Ende der Trockenzeit, und es gab kein Wasser, daher konnte man auch die Toilette nicht spülen, man stand regelrecht in der Scheiße. Alle waren nach dieser Nacht krank und lagen flach. Aber wir mussten trotzdem das Ölcamp suchen. Ernst und Peter wollten sich auf die Suche machen. Fanny, unser Script-girl, und ich bestanden darauf, mit ihnen zu kommen. Mit zwei Autos fuhren wir los. Auf einer Art Piste ging es ein Stück in die Wüste hinein, Richtung syrische Grenze, wo wir das Ölcamp dann schließlich auch fanden. Dort standen für die gesamte Crew, völlig unerwartet, komfortable, glitzernde Wohnwagen aus Aluminium bereit. Es gab eine Dusche, eine Küche, einen Aufenthaltsraum, alles blitzte nur so vor Sauberkeit. Wir konnten es nicht fassen: Der reinste Luxus! Allerdings auch der einzige für längere Zeit.

Der »Filmschatz« war laut Drehbuch in Olympos vergraben, einer antiken Ruinenstadt an der Küste, die damals völlig unzugänglich war. Wir konnten nur von Antalya aus mit dem Schiff übers Meer dorthin gelangen. Zunächst wurde ein Teil der Crew, darunter auch Peter, auf Motivsuche geschickt. Er wollte partout nicht, dass ich mitkam. »Was esst ihr dann eigentlich während dieser Zeit, und wer kocht für euch?«, fiel mir ein. Darüber hatten die Männer bislang nicht nachgedacht. So wurde ich zur Marketenderin auserkoren und kaufte Vorräte ein.

Ernst, der Kameramann, dessen Assistent, mein Mann und ich fuhren also mit einem Fischerboot, das ein Segel und einen Hilfsmotor hatte, los. Ibo, ein Fischer, steuerte das kleine Boot, in dem wir eng aneinander gedrängt saßen. Als ich so gen Westen schaute, bemerkte ich, dass die Sonne Wasser zog. Das sah nicht gut aus, und bald darauf gerieten wir tatsächlich in ein Gewitter. Die Wellen wurden höher und höher, Blitze zuckten am Himmel, und es fing wie verrückt zu regnen an. Unser Boot lief zunehmend voll – und wir sanken vor uns hin. Gott sei Dank hatte ich Konservendosen dabei. Wir öffneten sie, kippten ihren Inhalt über Bord und schöpften das Wasser mit ihnen aus dem Boot. Was hätten wir nur gemacht, wenn ich keine Dosen eingekauft hätte!

Inzwischen wurde es Nacht und wir näherten uns der Küste. Dort steuerten wir vorsichtig in eine Höhle hinein, in der es schlagartig windstill wurde. Es war eine Kreidehöhle, schlohweiß. Wir legten an einem Felsvorsprung an. Ich holte meinen Spirituskocher und meine Pfanne heraus und machte uns Pfannkuchen, nachdem es ja keine Dosen mehr gab. Auch Ibo bot ich selbstverständlich etwas zu essen an. Er war sprachlos, damit hatte er nicht gerechnet. Von da an war er mir geradezu ergeben.

Während wir noch aßen, löste sich plötzlich ein riesiges Felsstück von der Decke und fiel dicht neben dem

Boot ins Wasser. Wir blickten nach oben und sahen, dass wir nicht in der Höhle bleiben konnten. Also hieß es wieder raus ins Unwetter, wo wir zum Glück an der Küste bald einen einigermaßen geeigneten Platz fanden, an dem wir unser Zelt aufbauen konnten. In der Nacht baute sich ein unglaublicher Sturm auf, und mehrere Gewitter gingen auf uns nieder. Statt zu schlafen, mussten wir alle mit vereinten Kräften das mühevoll aufgebaute Zelt stützen und festhalten.

Der nächste Tag war ein strahlend heißer Sonnentag. Unsere nassen Klamotten dampften in der Hitze. Wir fanden unseren Drehort: eine alte Nekropole an der Ostküste. Peter bestimmte einen sehr schönen Platz für unsere Crew zum Zelten, nahe am Meer und windgeschützt von einer Felswand. Hier haben wir zirka drei Wochen lang gelebt und gelitten. Die Nächte waren eiskalt, und wir hatten keine Decken. Ilham Filmer, der einäugig wieder zu uns stieß, war offenkundig unfähig gewesen, die notwendigsten Dinge für die Dreharbeiten zu organisieren. Wir bekamen morgens, mittags und abends das gleiche Essen: »Kuru Fasulye«. Anfangs waren wir ganz begeistert, denn es schmeckte ausnehmend gut, aber nach drei Wochen empfanden wir es als trostlos. Trotzdem habe ich die Zeit genossen. Ich erforschte das gesamte Gelände. Ein kleiner Fluss mündete hier ins Meer. In ihm wimmelte es von Schlangen und Schildkröten. Trotzdem habe ich jeden Morgen darin gebadet. Die Kollegen gingen ins Meer, doch mir war das Salzwasser zu klebrig, wenn ich es nicht mit Süßwasser abwaschen konnte. Die Zeit hier erfüllte alle meine Jugendträume, nachdem ich früher einmal liebend gerne Archäologin geworden wäre. Hier konnte ich dieser Leidenschaft frönen. An der einen Seite des Flusses ragte eine steile Felswand in die Höhe, die von Hunderten von Gräbern durchlöchert war. Auf der anderen Seite dehnte sich der Urwald bis zum Meer aus, der die antike Stadt Olympos verbarg. Ich entdeckte sie per Zufall, als ich mich einmal neugierig auf ein paar behauenen Steinen in die grüne Wand durchschlug. Zu dieser Zeit hatte noch kein Archäologe die teils versunkene Stadt berührt. Herrliche unversehrte Mosaikböden lagen im Erdreich, kunstvoll gestaltete Torbögen ragten in die Höhe. Es war atemberaubend. Fast sechzig Jahre sind seither vergangen und durch die Grabungen von 2000 bis 2006 wohl alle bestehenden Reste der alten Stadt entdeckt und entzaubert worden.

Der Film endete mit einem Schiffsuntergang. Hellmut Lange, Ekrem, ein bekannter türkischer Schauspieler, und ich sollten als letzte überlebende Schatzsucher in einem Boot das Weite suchen. Die beiden Männer sollten sich wegen des Schatzes zu streiten beginnen, das Boot schließlich kentern und die Schatzkiste untergehen. Das Boot kenterte, und wir fielen auch wie verabredet ins Wasser. Aber die Schatzkiste ging nicht unter, sondern trieb lustig an der Wasseroberfläche. Wir füllten sie mit Steinen und mit Sand, es half nichts, die Kiste wollte einfach nicht untergehen. Dafür wurde unser gekentertes Boot auf die Felsen getrieben. Die Szene war eine einzige Katastrophe. Ich habe keine Ahnung, was endgültig daraus geworden ist, denn ich habe mir den Film nie angesehen.

Der nächste Film mit der Inshallah-Produktion hieß »Der Satan mit den roten Haaren« und wurde 1964 in Brasilien gedreht. Mit dabei war Helmut Schmid, der Mann von Lilo Pulver. Mein Mann war diesmal als Regieassistent schon vor Ort, und ich sollte nachkommen. Ich hatte zuvor noch eine andere Verpflichtung und bekam den Auftrag, für die Produktion acht Whiskyflaschen und sechs Filmrollen aus Deutschland mitzubringen. Es war eine unglaubliche Schlepperei. Ich stieg in Paris müde und überarbeitet ins Flugzeug mit Zwischenstopp in Lissabon und schlief, kaum, dass ich im Flugzeug saß, sofort ein. In Lissabon wachte ich, hochgeschreckt von einem Geräusch, wieder auf! Ich dachte, wir stürzen ab. Es waren aber nur die Reinigungsfrauen, die das leere Flugzeug putzten und den Staubsauger laufen ließen. Alle anderen Passagiere waren schon ausgestiegen, ich hatte die Landung verschlafen.

In São Paulo erwarteten mich Peter und Ernst von Theumer hinter einem Absperrgitter. Als ich durch den Zoll musste, drückte Ernst dem Zollbeamten einen Geldschein in die Hand. So konnte ich mit meinen Whiskyflaschen unbehelligt passieren. Die beiden Männer wollten mir etwas Gutes tun und, anstatt zu fahren, mit mir an die Küste fliegen. Doch ich war nun schon so lange geflogen, dass ich mich über diese gutgemeinte Überraschung überhaupt nicht freute. Aber es war bereits alles organisiert.

Wir flogen also über den Urwald Richtung Küste, wo sich unser Hotel befand. Doch wir konnten nicht landen: Ein Regenguss war kurz zuvor niedergegangen und hatte die Landepiste aufgeweicht. Das Benzin im Tank ging allmählich zur Neige. Zu guter Letzt musste der Pilot eine Bruchlandung im Buschwerk hinlegen, und die Maschine überschlug sich. Peter hatte eine Wunde am Bein. Ernsts Gesicht war zerschnitten, der Pilot war halb tot, nur ich und der Whisky waren heil geblieben. Im Nu waren wir von Militär umringt, das sich zum Glück mit Hilfe des Whiskys beschwichtigen ließ. Als die Soldaten allerdings anfingen, die Filmrollen mit dem Negativmaterial zu öffnen, habe ich einen Schreikrampf bekommen, der sie schließlich davon abhielt, weiterzumachen.

Unser Hotel lag südlich von Santos am Meer. Es gehörte Weißrussen, die auch einen alten Kahn für unsere Dreharbeiten organisierten, auf dem wir nun übernachten sollten. In der Nacht war es lausig kalt, und wir wurden von Wanzen und Flöhen gepiesackt. Als wir am nächsten Morgen erwachten, sahen wir außerdem, dass unser Hotel praktisch direkt vor uns an der Küste lag. Die zweite Nacht haben wir uns daher alle geweigert, noch einmal auf diesem Seelenverkäufer zu übernachten. Also wurde ein Rettungsboot zu Wasser gelassen, mit dem wir zum Strand übersetzen wollten. Das Boot war rappelvoll. Irgendwann nahmen wir einen merkwürdigen Geruch wahr, und es begann zu zischen. Panik breitete sich aus, denn alle dachten, wir würden sinken. Vor allem die Männer wurden völlig hysterisch. Schwimmen war keine gute Idee, denn im Meer wimmelte es nur so von Haien. Schließlich stellte sich heraus, dass sich jemand auf meinen Rucksack gesetzt hatte und der Gestank und das Zischen von meinem Insektenspray herrührten.

Den letzten Inshallah-Film »Rocco – der Einzelgänger von Alamo« drehten wir 1967 im damaligen Jugoslawien. Ich flog also nach Dubrovnik. Am Münchner Flughafen drückte mir Peter, der später nachkommen würde, hundert Mark Reisegeld in die Hand mit dem Hinweis, dass ich beim Dreh ja gleich Diäten ausgezahlt bekommen würde und dann ausreichend Geld zur Verfügung hätte. In Dubrovnik sollte ich abgeholt werden, doch als ich dort landete, kam niemand, und so stand ich ratlos da. Leider hatte ich für die hundert Mark bereits wieder einmal Zigaretten und Whisky für die Crew gekauft und war daher »pleite«. Ich nahm also den Bus in die Stadt, in der Hoffnung, dass sich die Situation dort schon irgendwie auflösen würde. Im Bus war zum Glück ein

Mann, der Deutsch sprach. Er half mir, indem er mich zu einem winzigen Hotel im Industriehafen von Dubrovnik brachte. Das Hotel war eher eine Absteige. Das Gebäude, zwischen zwei andere Häuser gequetscht, war etwa drei Meter breit und drei Stockwerke hoch. Am Tresen saß eine blondgefärbte dicke Jugoslawin. Sie sagte fröhlich, dass das ganze Haus momentan leerstehe und ich mir ein Bett aussuchen könne. Auf jeder Etage befand sich jeweils ein Zimmer, in dem mehrere Stockbetten standen. Auf meine Nachfrage hin erfuhr ich, dass im Hotel immer nur Matrosen unterkämen und auch schon bald eine neue Ladung von ihnen eintreffen würde. Nach dieser Information habe ich mich im Zimmer des obersten Stockwerks ins hinterste Bett verzogen und dort acht Tage lang davor gezittert, dass ein Schiff anlegte. Glücklicherweise ist keines gekommen. In dieser Zeit habe ich täglich nur von einer Semmel und einer Tasse Kaffee gelebt, das war als Frühstück im Preis für das Hotel inbegriffen. Ich wartete und lief Tag für Tag durch die Stadt, ich musste die Zeit ja irgendwie totschlagen. Inzwischen kannte ich schon jede Gasse. Da ich kein Geld hatte, aber Hunger, lernte ich, geschickt zu klauen. Mit meinem Ellenbogen habe ich von den Obstständen Äpfel heruntergestoßen – es war wohl eher Mundraub. Ich begriff einfach nicht, warum man mich nicht abholte. Peter hatte zwar Ernst von Theumer kontaktiert und ihm Dampf gemacht, dass ich aus meiner primitiven Bleibe erlöst würde, doch hinsichtlich des Zeitraumes nur eine vage Antwort erhalten. Mir blieb daher nichts anderes übrig, als zu warten. Weitere Telefonate ersparte ich mir, denn das Telefonieren ins Ausland war zu jener Zeit mühsam und auch teuer. Geld hatte ich kaum noch, und meine Wirtin war auch nicht bereit, mir Vorkasse zu gewähren, denn sie wurde zunehmend misstrauisch.

Schließlich tauchten eines Morgens endlich zwei Männer auf, die mich abholen sollten. Als wir am Drehort ankamen, hatte der Produzent kein Zimmer für mich. Da bin ich schier zusammengebrochen, denn ich hatte bereits acht Tage lang kaum geschlafen. Schließlich bot er mir sein Zimmer an. Dort schlüpfte ich in seinem Bett unter die noch warme Decke. Als ich nach oben schaute, sah ich über mir an der Zimmerdecke geradezu eine Wolke von Spinnen. Aber selbst das war mir in diesem Moment egal, obwohl ich eine Spinnenphobie habe.

Die Maskenbildnerin fiel fast in Ohnmacht, als sie mich das erste Mal sah, und lehnte es ab, mich zu schminken. Ich hatte eine unfreiwillige Fastenkur gemacht und war durch meine Stadtspaziergänge braungebrannt. Daher sah ich sehr jung aus und auf keinen Fall wie die Mutter einer erwachsenen Tochter, so wie es meiner Filmrolle entsprach. Zehn Minuten später kam ein gutaussehender Mann in die Maske, der, als er mich erblickte, zu toben anfing. Seine Reaktion auf mich fand ich nicht gerade erfrischend, beinahe wäre ich sogar in Tränen ausgebrochen. Irgendwann erklärte mir jemand, dass der gutaussehende Mann der Hauptdarsteller und Regisseur sei. Er hatte zuerst geglaubt, ich wäre seine Partnerin. Als er dann aber erfuhr, dass ich für die Rolle der Mutter seiner Partnerin vorgesehen war, versetzte ihn das in Rage. Weil ich so gar nicht seiner Vorstellung einer Mutter entsprach, empfand er mich als Fehlbesetzung.

Schließlich war ich abgedreht und saß wieder tagelang in Dubrovnik fest, diesmal auf dem Flughafen, denn in Zagreb streikten die Fluglotsen. Ich stand unter Druck, ich musste so schnell wie möglich nach Hause. Mein

Mann und ich hatten wegen der Kinder eigentlich fliegenden Wechsel geplant, doch Peter war bereits am Set eingetroffen. Am dritten Tag saß ich, inzwischen zusammen mit meiner Filmtochter Monika Teuber, die ebenfalls abgedreht war, immer noch wartend auf dem Flughafen, als ein sehr netter Mann zu uns kam, um uns auf einen Drink einzuladen. Ich lehnte ab, aber Monika stimmte zu. Irgendwann schaute der Mann auf seine Uhr und meinte zuversichtlich, dass wir heute bestimmt fliegen würden, so um drei Uhr herum. Dann trank er fröhlich mit Monika weiter Slibowitz. Tatsächlich ging es am Nachmittag los. Als wir übers Rollfeld auf die Maschine zugingen, trennten sich unsere Wege, und es stellte sich heraus, dass der freundliche, inzwischen betrunkene Mann unser Flugkapitän war. Als wir in der Luft waren, wurde ich zu ihm ins Cockpit gebeten. Er fragte mich, ob ich die Brücke von Mostar kennen würde, und als ich dies verneinte, flog er kurzentschlossen steil nach unten, um sie mir zu zeigen. Danach zog er die Maschine ebenso steil wieder nach oben und wiederholte dieses Manöver noch zweimal. Später flogen wir über einen Wald, in dem es angeblich noch Bären gab. »Mal schauen«, sagte der Kapitän, »ob wir einen sehen.« Wieder ging es steil hinunter und wieder hinauf. Der Flug gestaltete sich zum reinsten Horrortrip. Als wir schließlich in Zagreb ankamen, stiegen lauter Leute mit Spucktüten in den Händen aus dem Flieger und Monika fragte mich ganz entgeistert: »Ellen, hast du die Maschine geflogen?«

Peter hat später noch mal einen Film mit Ernst von Theumer gemacht: »Scharfe Schüsse auf Jamaika«. Allerdings war ich bei dieser Produktion nicht dabei und deswegen auch beleidigt. Denn ich wäre gerne mit nach Jamaika geflogen.

Peter und ich haben uns immer viele Briefe geschrieben, wenn wir getrennt waren. Aber bei dieser Produktion hatte er als Regisseur des Films keine Zeit. Daher schrieb mir sein Kollege Wolfgang Kieling im Namen meines Mannes entzückende Liebesbriefe, die Peter dann mit »Gelesen und für gut befunden« unterschrieb.

»Black Seven«

Ich habe in meinen Leben viel gearbeitet, denn ich hatte eine Familie zu ernähren. Daher spielte ich auch Rollen, die ich sonst nicht unbedingt angenommen hätte.

So bekam ich eines Tages ein Filmprojekt von einer gewissen Mrs. Dillow angeboten, das ihr Mann, ein Amerikaner, finanzierte. Mrs. Dillow und ihr zwölfjähriger Sohn sollten darin die Hauptrollen spielen. Das Filmprojekt hieß »Black Seven«. Wie sich im Laufe des Drehs herausstellte, war dieser Titel Programm für die desaströsen Dreharbeiten.

Inhaltlich ging es um ein totalitäres Staatssystem, das von einer Truppe, der Black Seven, kontrolliert wird. Ich sollte ein Mitglied der Black Seven spielen, Mrs. Dillow eine Rebellin, die zusammen mit ihrem Kind von mir gefangen gehalten wird. Ich wende mich im Laufe der Geschichte dann gegen das System und fliehe mit Mrs. Dillow und Sohn über die Berge.

Gedreht wurde in Garmisch. Mrs. Dillow fragte mich als Erstes, ob ich Ski fahren könnte.

Wenn man bei einem Casting gefragt wird, ob man reiten, schwimmen, klettern, Auto fahren oder Englisch könne, antwortet man immer mit Ja, um den Zuschlag für die Rolle nicht am Mangel einer dieser Fähigkeiten scheitern zu lassen. Man konnte deshalb natürlich auch Französisch, Russisch, Spanisch, Italienisch oder Chinesisch, immer in der Hoffnung, dass letztlich alles erlernbar wäre, wenn man die Rolle tatsächlich bekäme. Ich war keine tolle Skiläuferin, hatte das Skifahren auch gerade erst gelernt, aber ich glaubte, es schon hinzukriegen.

Die Dreharbeiten begannen, und es hatte sich bereits ein Unfall ereignet. Auf der Suche nach geeigneten Motiven in den Bergen verstauchte sich der Kameramann so unglücklich das Bein, dass er bis zur Hüfte eingegipst werden musste. Die Gebirgsaufnahmen wurden erst einmal verschoben. Wir begannen stattdessen mit einer Szene im Tal, in der ich mit Mrs. Dillow auf dem Rücksitz eines Autos sitze und wir uns über unsere Flucht verständigen. Dabei werden wir vom Chauffeur im Rückspiegel beobachtet, der natürlich merkt, dass wir miteinander konspirieren. Als wir aussteigen, will er mich erschießen. Ich aber habe schon damit gerechnet und erschieße ihn meinerseits. Dann schleife ich ihn beiseite und renne mit Mrs. Dillow davon.

Die Aufnahme dieser Szene war äußerst mühsam, und der amerikanische Regisseur brüllte die ganze Zeit. In Garmisch lag Schnee, und unser Wagen hielt nie an der richtigen Stelle an, weil er immer noch ein Stück weiter rutschte. Endlich stand das Auto punktgenau, und es kam zum Schusswechsel. Der Regisseur war dennoch unzufrieden, denn er wollte, dass aus den Pistolen ein richtiger, sichtbarer Feuerstrahl kam. Unser Pyrotechniker, der berühmte Karl Baumgartner, Charly Bum-Bum genannt, zog also los, um die entsprechende Munition zu besorgen. Auf solche Wünsche, was Wunder, war man in Garmisch nicht eingestellt.

Wir warteten. Filmen heißt auch immer Warten, und zwar in erster Linie für die Schauspieler. Kein Mensch macht sich eine Vorstellung davon, wie oft beim Film gewartet wird und scheinbar nichts passiert. Die Technik hat eben einen hohen Stellenwert, und die Schauspieler können immer erst dann auftreten, wenn technisch alles vorbereitet ist. Wir warteten und warteten, und es war kalt. Zunächst schien die Sonne noch, aber bald würde sie hinter den Bergen untergehen. Allmählich kehrten die ersten Skiläufer zurück ins Tal und versammelten sich neugierig bei uns am Filmset, um uns beim Drehen zuzuschauen. Endlich kam Charly Bum-Bum zurück, und die Szene wurde erneut gedreht. Wundersamer Weise hielt das Auto gleich an der richtigen Stelle. Es kam zu dem erwarteten Schusswechsel, bei dem ich plötzlich einen harten Schlag am Oberschenkel spürte. Froh, dass die Szene so weit schon im Kasten war, wollte ich weiterspielen. Doch nichts ging mehr, ich konnte keinen Schritt mehr machen. Ich fasste an meinen Oberschenkel: Warm! Klebrig! Blut! Erst als ich zu schreien anfing, brüllte der Regisseur: »Cut!«

Das Publikum, das sich versammelt hatte, applaudierte, es hielt das Ganze noch für einen Teil der Szene. Doch dann bemerkten alle, was passiert war: Mir war ins Bein geschossen worden.

Es stellte sich heraus, dass Charly Bum-Bum eine Böllerschussmunition aufgetrieben hatte, die einen Sicherheitsabstand von acht Metern benötigte. In der Szene hatten der Fahrer und ich uns aber im Abstand von nur einem halben Meter gegenübergestanden.

Man trug mich in ein Haus und wollte mir die Hose aufschneiden. Das wollte ich partout nicht, denn ich trug eine Stretch-Hose, die damals ganz modern war. Kleidung, die von der Produktion angeschafft wurde, konnte man nämlich nach dem Dreh für kleines Geld kaufen, und in diesem Fall hatte ich mir das in den Kopf gesetzt.

Eine Operation aber war nicht zu umgehen, denn die Hülse steckte noch in meinem Bein und musste herausgeschnitten werden. Das war Unfall Nummer zwei bei »Black Seven«.

Bei Unfall Nummer drei brach sich ein Beleuchter den Arm. Mit riesigen Lampen, die einen Durchmesser von eineinhalb Metern hatten, wurde die Szene erhellt und Tageslicht suggeriert, wozu die mit Kohlestiften betriebenen Lampen in einer Höhe von vier Metern befestigt waren. Bei dem Versuch, einen Kohlestift auszutauschen, war der Beleuchter heruntergefallen.

Bei Unfall Nummer vier hatte der Fahrer des Busses, der die Technik transportierte, ein Kind übersehen und angefahren. Zum Glück war nichts Schlimmeres passiert.

Dann ereignete sich Unfall Nummer fünf. Beim Drehen pflegte unser Regisseur auf einem Drehstuhl zu sitzen und die meiste Zeit über zu brüllen. Wenn jemand immerzu brüllt, hört irgendwann keiner mehr hin. Um das zu verhindern, unterstützte der Regisseur sein Gebrüll auf optische Weise, indem er sich auf seinem Drehstuhl ständig rauf- und runterschraubte. Der machte das aber auf Dauer nicht mit. Der Sitz zerbrach in zwei Teile, und das eiserne Drehgewinde bohrte sich ins Fleisch des Regisseurs, an einer sehr unangenehmen Stelle. Damit war er erledigt und fiel aus.

Daraufhin fragte unser Herstellungsleiter, Lutz Hengst, meinen Mann, ob er die Regie übernehmen könne, aber Peter winkte ab. Er riet uns nach all diesen Unfällen allerdings, eine zusätzliche Versicherung abzuschließen. Lutz Hengst hielt das für eine gute Idee und machte sich nach München auf, um dies zu tun.

Wieder ruhten die Dreharbeiten. Mir ging es inzwischen besser, und Peter schlug vor, Skilaufen zu gehen.

Wir luden unseren amerikanischen Hauptdarsteller ein, mit uns zu kommen. Er hatte noch nie zuvor auf Skiern gestanden. Mein Mann, der ein hervorragender Skiläufer war, bot an, ihm Unterricht zu geben. Bald schaffte William Andrews es, im Stemmbogen den Berg herunterzukommen und fuhr mit dem Sessellift wieder nach oben. Peter und ich saßen hinter einer Hütte in der Sonne. Bill stieg aus und drehte sich um, um uns zuzuwinken. In diesem Moment wendete die Gondel und schlug an Bills Schädel. Er ging zu Boden. Ein Schädelbruch wurde diagnostiziert und konstatiert, dass Bill für mindestens vier Wochen ausfallen würde. Na, Gott sei Dank sind wir jetzt ja versichert, beruhigten sich alle vom Team, denn Lutz Hengst war ja morgens nach München aufgebrochen. Nur hatte er auf der Fahrt dorthin den siebten Unfall. Er war bei Glatteis von der Straße abgekommen ...

Der Film wurde daraufhin endgültig abgebrochen, und ich habe nie auch nur einen Pfennig Gage gesehen. Dafür ziert seitdem eine dramatische, schicke Narbe meinen linken Oberschenkel.

Sommerfestspiele
und Salzburg

1967 spielte ich zum ersten Mal bei den Burgfestspielen Jagsthausen die »Adelheid« in Goethes »Götz von Berlichingen«. Dass daraus eine langjährige Berufsbeziehung werden würde, ahnte ich nicht. Der damalige Intendant Gert Westphal hatte mich engagiert. Ich kannte ihn aus meiner Zeit am Züricher Schauspielhaus, wo wir gemeinsam in Dürrenmatts Uraufführung »Der Meteor« gespielt hatten.

Auch vor Jagsthausen hatte ich schon Freilichttheater gespielt, zum Beispiel in Wunsiedel die Katharina in »Der Widerspenstigen Zähmung« mit Helmut Schmid als Partner, dem Ehemann von Lilo Pulver. Künstlerischer Leiter der Luisenburg-Festspiele war damals Dr. Christian Mettin, der auch die Regie führte. Mettin kam aus dem Rheinland und war Intendant der Städtischen Bühnen Oberhausen. Als Textvorlage hatte er die Shakespeare-Übersetzung von Hans Rothe gewählt, die mir überhaupt nicht gefiel. Sie war für die Männerfiguren ganz gut geeignet, aber für die Frauenfiguren plump und ordinär. Ich fing also an, mir meine Rolle selber zu übersetzen und bekam daraufhin großen Ärger mit Mettin, denn er fürchtete, dass Hans Rothe bei den Festspielen vorbeikäme, um seine Fassung auf der Bühne zu sehen. Mettin war ein guter Intendant, aber als Regisseur wurde er von den

Schauspielern nicht ernst genommen. Helmut Schmid und mir blieb nichts anderes übrig, als unsere Szenen alleine zu erarbeiten. Auf einer Probe wurde Helmut von Mettin unnötigerweise unterbrochen, ein kläglicher Versuch, Autorität zu demonstrieren, die er nicht hatte. Da sagte Helmut mit verhaltener Wut: »Wenn das Arschloch da unten noch mal unterbricht, gehe ich ab.« Ich zuckte zusammen, denn Mettin musste den Satz gehört haben. Er ließ sich aber nichts anmerken.

Die Inszenierung wurde ein Erfolg, auch wenn man dazu sagen muss, dass es schwer ist, das Stück kaputtzuinszenieren, es ist einfach zu gut. Wenn das Paar Katharina-Petruchio stimmt, ist der Erfolg vorprogrammiert.

Bei der letzten Vorstellung in Wunsiedel stand Dr. Mettin am Ausgang zu den Garderoben und gab jedem die Hand, bedankte sich und sagte auf Wiedersehen. Als ich dran war, gab ich ihm nicht die Hand, ich wollte ihn nicht wiedersehen und sagte das auch laut und deutlich.

Wieder zu Hause bekam ich einen Brief von ihm, in dem er sich noch mal für die Arbeit und den Erfolg bedankte. Ich nahm diesen Brief mit spitzen Fingern und warf ihn ins Feuer. Nicht einmal Feinde konnte der Mann ertragen!

Eines Tages klingelte das Telefon: »Hier ist das Arschloch Mettin, bitte legen Sie nicht auf ...« Er sei jetzt Intendant der Festspiele in Gandersheim und wolle dort »Der Widerspenstigen Zähmung« aufführen. Er wünsche sich mich als Katharina. Dieser Anruf machte mich sprachlos. Alle Achtung, wenn jemand so über seinen Schatten springen kann! Ich habe das Angebot angenommen und lernte Mettin in Bad Gandersheim als einen hervorragenden Intendanten schätzen. Wir haben uns dann gut verstanden und zusammen auch einige prekäre Situationen bewältigt.

Freilichttheater fordert die Schauspieler auf besondere Weise. Es reicht nicht, nur ein guter Schauspieler zu sein, es braucht auch das nötige Stimmvolumen. Das Reizvolle am Freilichttheater ist die Verbindung von Kunst und Natur. Alles spielt mit, die Wolken, die Sonne, das Wetter, das Rauschen der Bäume, das Zwitschern der Vögel.

Zu meiner Zeit hatte der Zuschauerraum in Wunsiedel noch kein Dach. Wenn es regnete, sind wir alle gemeinsam nass geworden, das Publikum und wir. Inzwischen ist der Zuschauerraum überdacht, was schade ist. Die Zuschauer können nicht mehr in den Himmel sehen, sie sehen nur noch einen Ausschnitt der Bühne. Wenn es regnet, werden nur noch die Schauspieler nass. Dafür trommelt der Regen so auf das Dach, dass das Publikum kein Wort mehr versteht.

Die Wetterverhältnisse sind beim Freilichttheater nicht einzuplanen. Ebenso kommen hier viele technische Hilfsmittel nicht zum Einsatz, die bei einem herkömmlichen Theater selbstverständlich sind. All das muss durch den Einfallsreichtum und die Phantasie der ganzen Theatermannschaft ersetzt werden.

Sehr viele Schauspieler haben ihre Sommer in Festspielorten verbracht. Auch ich habe ab den sechziger Jahren immer irgendwo gespielt: in Wunsiedel, Salzburg, Bad Gandersheim, Jagsthausen. Während der Schulferien kam meine Familie nach und verbrachte den Sommer mit mir an den Festspielorten.

Als mein Mann 1970 als Nachfolger von Gert Westphal Intendant in Jagsthausen wurde, brachte das auch für mich eine Neuerung: Neben meiner Arbeit als Schauspielerin stand ich ihm bei seiner Regie- und Intendantenarbeit zur Seite. Peter besaß eine große Autorität und – ich erwähnte es schon – ein gutes Gefühl für falsche Töne.

Wir führten ein zweites Theaterstück für die Spielzeit ein, und die »Götzfestspiele« hießen von nun an »Burgfestspiele«. Die Zeit der Sommerfestspiele war eine gute und äußerst lehrreiche Zeit für mich, die ich nicht missen möchte, bereitete sie mich doch gut auf meine späteren Tourneen vor.

Ich bekam eine Anfrage von den Salzburger Festspielen. Der Regisseur Gottfried Reinhardt wollte mich mit der Rolle der Buhlschaft im »Jedermann« besetzen. Da ich das Stück bislang nicht kannte, fuhr ich nach Salzburg und sah mir die Inszenierung in der grandiosen Besetzung mit Will Quadflieg und Martha Wallner an. Allerdings war ich vom Stück selbst und von der Rolle der Buhlschaft enttäuscht. Ich konnte damit nichts anfangen und wappnete mich für eine Absage.

Als Gottfried Reinhardt und ich uns wenig später in einem Münchner Feinkostrestaurant in der Theatinerstraße trafen, platzte es daher, noch bevor er überhaupt etwas sagen konnte, aus mir heraus, dass ich die Rolle nicht spielen wolle, weil ich sie wie die gesamte Moral des Stückes fragwürdig fände. »Wunderbar«, erwiderte er, »das ist eine glänzende Grundlage für unsere Arbeit. Meine Frau findet das nämlich auch. Da müssen wir was draus machen.« Damit war mir der Wind aus den Segeln genommen.

Gottfried Reinhardt blieb hartnäckig. Das gefiel mir, und ich begann mich auf die Arbeit mit ihm zu freuen, aber da gab es noch ein Handicap: Ich hatte für den Zeitraum der Festspiele bereits einen Vertrag bei einer Produktionsfirma unterschrieben. Zwar war der Film, für den ich engagiert worden war, nicht zustande gekommen. Doch die Produktion hatte sich vertraglich dazu verpflichtet, mir optional innerhalb eines gewissen Zeitfensters eine neue Rolle anzubieten. Ich musste nun also erst noch abwarten, ob die Firma die Option wahrnehmen würde, ehe ich für Salzburg fest zusagen konnte.

Wenig später schickte mir die Filmfirma tatsächlich ein Drehbuch. Ich hatte zwar den Salzburger Vertrag noch nicht unterschrieben, doch ich freute mich inzwischen auf die Arbeit mit Reinhardt, der viel über seinen Vater Max erzählen konnte, den großen Theatererneuerer und außerdem auch Gründer der Salzburger Festspiele. Reinhardt besaß das alte Regiebuch seines Vaters und war überzeugt, dass sich viele Regieanweisungen inzwischen verselbständigt hatten, zum Beispiel die schwierigen Jedermann-Rufe, wenn der Jedermann den Tod zum ersten Mal spürt. Gottfried Reinhardt hatte für seine Inszenierung neue Ideen und rechtfertigte diese damit, dass sein Vater schließlich auch nicht in der Zeit stehen geblieben wäre. Die Arbeit mit ihm versprach spannend zu werden. Doch ich musste Salzburg absagen, die Filmfirma hatte die Option ausgeübt. Reinhardt konnte ich nicht erreichen. Er war inzwischen in Amerika, um mit dem Komponisten Ernst Krenek die Musik für seine »Jedermann«-Inszenierung zu besprechen. Im Büro der Festspiele war man nicht gerade entzückt über meine Absage.

Ich las inzwischen das Drehbuch und wurde wütend. Ich sollte eine über Vierzigjährige spielen, eine grässliche Rolle. Ganz klar, dass man sie mir nur angeboten hatte, um mich nicht finanziell abfinden zu müssen. Nein, diesen Mist wollte ich nicht spielen. Also rief ich unseren Anwalt an, es ging ein paar Tage zwischen den Parteien hin und her, aber schließlich war ich raus aus der Verpflichtung. Ich rief in Salzburg an, ob die Buhlschaft inzwischen schon anderweitig besetzt worden wäre.

Nein, war sie nicht, und so unterschrieb ich glücklich den Vertrag.

Als es dann so weit war und die Proben anfingen, wurde geplant und gepackt. Das Festspielbüro war mir bei der Wohnungssuche behilflich, denn ich brauchte eine größere Bleibe, wollte ich doch meine kleine Tochter und das Kindermädchen mitnehmen. Auch mein vierzehnjähriger Bruder Holger zeigte Interesse, mit mir nach Salzburg zu gehen. Mein Mann wiederum würde spätestens zur Premiere nachkommen. Mir wurde eine Wohnung in einer Villa über der Salzach am Hang angeboten. Ideal für unsere Bedürfnisse, aber zu weit vom Domplatz entfernt, um zu Fuß dorthin zu gehen. Schließlich entschied ich mich, die Wohnung dennoch zu nehmen und eben mit dem Auto zur Arbeit zu fahren. Und genau damit begann die Tragödie. Das Auto, das mein Mann gutmütigerweise einem pleite gegangenen Produzenten abgekauft hatte, weil dieser dringend Geld brauchte, war ein Ford Fairlane, ein amerikanisches weißes Ungetüm mit goldmetallic-farbenen Sitzpolstern. In Amerika galt so ein Wagen vielleicht als Durchschnittsauto, bei uns jedoch als ein Angeber-Auto der Oberklasse. Es passte zwar tatsächlich der halbe Hausrat hinein, aber für die engen Salzburger Gassen war das Auto geradezu provozierend protzig. Das dachten sicher auch meine Kollegen, alles Österreicher. Als ich sie nach der ersten Probe auf dem Domplatz fragte, wohin sie denn nach der Probe gehen würden – was gang und gäbe war, um sich näher kennenzulernen und über die Probe und das Stück zu debattieren –, bekam ich zur Antwort, man sei bereits verabredet. Niemand wollte etwas mit mir zu tun haben. Das war mir spätestens nach der dritten Absage klar. Mein sowieso nur schwaches Selbstvertrauen bröckelte, zudem war auch Gottfried Reinhardt nicht mehr annähernd so nett zu mir wie in München. Als der Direktor der Festspiele, Ernst Haeussermann, eine Probe besuchte, führte Reinhardt mich regelrecht vor, indem er mich mindestens fünf Mal meinen Abgang machen ließ. In besagter Probeszene versucht der Jedermann, mich als Begleitung in den Tod zu gewinnen, ich aber renne mit dem berühmten Schrei der Buhlschaft davon. Ich konnte sehr gut, sehr lange und sehr laut schreien und wurde auch nicht heiser, dank meines wunderbaren Lehrers in Göttingen. Aber ich fühlte mich auch schikaniert, weil mich Reinhardt diese Szene so oft wiederholen ließ. Überhaupt waren die Proben zwischenmenschlich schwierig für mich, geradezu ein Spießrutenlauf. Ich wurde von den Kollegen, soweit es ging, ignoriert. Eines Tages nahm mich Alma Seidel, die die Mutter des Jedermann spielte, zur Seite und sagte: »Kindchen, sie sind die beste Buhlschaft, die ich je erlebt habe.« Ich starrte sie an. War da jemand nett zu mir, machte mir gar ein Kompliment? Ich glaubte ihr nicht, denn das Verhalten der Kollegen mir gegenüber war nach wie vor ekelhaft. Ich lief zum Telefon und rief meinen Mann an: »Stell dir vor Peter, ich muss sehr schlecht sein, jetzt nimmt mich sogar schon die alte Alma Seidel auf den Arm.« Mein Mann versuchte mich mit den Worten zu beruhigen, dass ich ihr einfach nicht glauben und die Schikanen der Kollegen nicht so ernst nehmen sollte, das hätte vielleicht nur etwas mit der grundsätzlichen Haltung der Österreicher gegenüber den Deutschen zu tun.

Schließlich hat mir Paula Wessely, die den Glauben spielte, geholfen, indem sie mich zum Essen in ein großes Lokal auf der anderen Seite der Salzach einlud. Es war das »In-Lokal« von Salzburg, das man besuchte, um zu sehen und gesehen zu werden. Sie steuerte einen Tisch in der Mitte des Lokals an, damit uns nur ja keiner der Anwesenden übersah. Ich war ihr unendlich dankbar für diese öffentliche Demonstration, denn danach war ich akzeptiert.

Irgendwann erfuhr ich, dass der Grund für die Ablehnung nicht nur das protzige Auto gewesen war, sondern mehr noch die Annahme, dass ich eine »Film-Zicke«, also eine Quereinsteigerin und keine Theater-Schauspielerin wäre. Außerdem macht in Österreich ein bisserl Intrige eben immer Spaß.

Die Premiere war kein Erfolg, dabei fand ich die Regie großartig. Gottfried Reinhardt wagte eine moderne Neuinterpretation des Stückes, das seit der Ursprungsinszenierung seines Vaters vor vier Jahrzehnten kaum verändert worden war. Die Bühnenmusik von Ernst Krenek war sowohl von atonaler, neoromantischer als auch von elektronischer Musik geprägt. Und für die außergewöhnlichen und bunten Kostüme in einem an Hieronymus Bosch erinnernden Stil hatte Reinhardt Hollywoods preisgekrönten Kostümdesigner Tony Duquette verpflichtet. So liefen der Tod und der Glaube zum Beispiel auf Kothurnen umher, die »Tischgesellschaft« war grotesk gekleidet, Paula Wessely trug eine riesige Nonnenhaube auf dem Kopf, die ihr allerdings Probleme machte, sowie auf dem Domplatz ein leichter Wind ging.

Die Inszenierung war hervorragend und ihrer Zeit weit voraus. Doch das vierzig Jahre lang an die traditionell gespielten Aufführungen gewöhnte Publikum zog nicht mit der atonalen Musik und den neuen überhöhten Kostümen mit. Es hielt an seiner verstaubten Inszenierung fest, da halfen auch die positiven Kritiken nichts. Heute wäre Reinhardts Inszenierung wahrscheinlich eine Sensation.

Zwei Jahre lang habe ich die Buhlschaft bei den Salzburger Festspielen gespielt. Dann legte Gottfried Reinhardt seine Regiearbeit nieder, seine Stiefmutter Helene Thimig übernahm die Regie nach altem Muster. Sie wollte mich erneut als Buhlschaft besetzen, doch ich musste absagen, denn ich erwartete ein Kind.

Am 18. August 1963 wurde mein Sohn Daniel geboren.

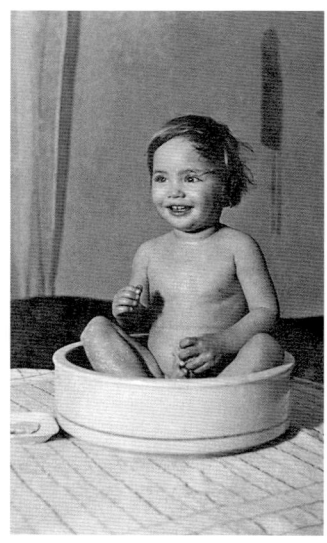

links: im Badezuber;
rechts: mit Schultüte, 1936;
unten: die Familie in Marburg

II

Lutz Schwiers auf der Schauspielschule in Berlin, 1929

Als Leonore in
»Fiesco«, 1952 an
der Koblenzer
Bühne

III

oben: mit Heinz Hilpert in »Zum goldenen Anker«, Göttingen 1954;
unten: mit Günter Pfitzmann 1961 in einer der ersten deutschen
Fernsehserien, »Gestatten, mein Name ist Cox«

oben: mit Lilli Palmer in »Anastasia«, 1956;
unten: mit Lilo Pulver in »Helden«, 1958

Bei Dreharbeiten

VI

oben: in »Zeugin der Anklage«,
1967 an der Komödie Düsseldorf;
unten links: als Adelheid in
»Götz von Berlichingen«, 1970
in Jagsthausen
unten rechts: mit dem Regisseur Gottfried Reinhardt

oben: mit Ida
Ehre in »Der
rote Schal«, 1973;
unten: in Jean
Anouilhs
»Medea«

VIII

oben: mit
Tochter Katerina
Jacob in »Romeo
und Julia« als
Julia und Amme;
unten: mit
Bruder Holger
in »Mutter
Courage«

oben: Filmpremiere von »Zwischen Zeit und Ewigkeit«
mit Willy Birgel (2. v. r.); unten: mit O. W. Fischer in Cannes, 1958

oben: mit
Wolfgang
Staudte in
Cannes, 1958;
unten: mit
Ehemann Peter
Jacob, um 1965

oben: mit den Kindern Daniel und Katerina;
unten: mit Fred Haltiner (Mitte)

oben: mit Max Frisch in Zürich – Proben zu »Biografie: Ein Spiel«;
unten: fünfzigjähriges Bühnenjubiläum, mit Roman Herzog,
Götz Baron und Alexandra Baronin von Berlichingen

XIII

oben:
mit Lothar
Späth und
Götz Baron von
Berlichingen
zur Verleihung
des Bundesver-
dienstkreuzes;
unten:
Daniel Jacob
(1963–1985)

oben: Enkelin Josephine Jacob mit ihrem Partner, dem kanadischen Schauspieler Roger R. Cross und die Urenkel Kaniel und Gabriel; unten: mit Ehemann Peter Jacob zur Verleihung des Bundes- verdienstkreuzes in Jagsthausen, 1989

XVI

Griechische Tragödie

I

Die große Liebe ist etwas Ungeheuerliches, etwas Vollkommenes. Ich danke der Schöpfung für ihre Offenbarung, denn ich habe vorher nicht gewusst, was Liebe bedeutet. Dass man sich so bedingungslos verlieben kann, hätte ich nie für möglich gehalten.

Als ich Fred vorgestellt wurde, war ich zunächst enttäuscht. Ich hatte mir meinen Partner aufgrund der Rollenschilderung im Drehbuch exotischer vorgestellt. Er wirkte auf den ersten Blick eher durchschnittlich, ich habe ihn zuerst gar nicht richtig wahrgenommen, eher abgetan. Vielleicht weil er mich damals schon verstört hat.

Fred Haltiner, ein Schweizer Schauspieler, war mein Partner in einem dreiteiligen Fernsehkrimi, den ich 1972 im britischen Norwich drehte. »Der rote Schal« war das, was früher als »Straßenfeger« bezeichnet wurde, weil die Zuschauer bei seiner Ausstrahlung am Sonntagabend vor dem Fernseher saßen und die Straßen menschenleer, eben wie »leergefegt«, waren.

Fred, ein Bauernsohn aus dem Schweizerischen Rhäzüns, hatte eine turbulente Jugendzeit hinter sich und seine Schauspielerlaufbahn bei der Schauspieltruppe von Maria Becker begonnen. Er stand am Beginn einer großen Karriere. Der Film hatte ihn entdeckt, und er wurde nach dem Spielfilm »Le Mans« an der Seite von Steve McQueen als der neue Charles Bronson gehandelt.

Eine weitere Kollegin, mit der ich bei den Dreharbeiten eine anhaltende Freundschaft schloss, war Ida Ehre. Das war ungewöhnlich, ich sagte es schon, die meisten freundschaftlichen Beziehungen zu Kollegen enden bei Drehschluss.

Ich reiste damals mit meiner fünfzehnjährigen Tochter Katerina, die Ferien hatte, nach Norwich. Sie hatte eine kleine Rolle in »Der rote Schal« übernommen und sollte außerdem ihre Englischkenntnisse verbessern. Doch wie sich im Laufe der Zeit herausstellte, war Katerina glücklich mit der deutschen Crew, mit der sie viel Spaß hatte, und sprach nur dann Englisch, wenn es sich nicht umgehen ließ. Dafür lernte sie Kölner Dialekt, denn die Crew waren alles Kölner Jungs.

Als wir in Norwich ankamen, fühlte ich mich erschöpft und unendlich alt. Die letzten Monate waren anstrengend für mich gewesen. Man hatte mir die Gebärmutter entfernt, gleich nach der Operation war ich für eine erkrankte Kollegin eingesprungen und hatte eine lange Tournee quer durch Deutschland hinter mir. Schließlich hatte ich in Jagsthausen dann noch Regie von Shakespeares »Was ihr wollt« nach meiner eigenen Übersetzung und Bearbeitung geführt. Zum ersten Mal bemerkte ich viele weiße Haare auf meinem Kopf. Ich war zweiundvierzig Jahre alt, während Lydia Gwilt – die Rolle, die ich spielen sollte – Anfang dreißig war. Würde man mir das abnehmen? Ich hatte so meine Zweifel.

Ich las gerade das Buch »Griechische Passion« von Nikos Kazantzakis und war unglaublich fasziniert von der Lektüre. Bisher hatte ich noch niemanden gefunden, der dieses Buch gelesen hatte und mit dem ich mich darüber austauschen konnte, bis ich Fred traf. Fred kannte das Buch ganz genau, denn er hatte daraus ein Hörspiel gemacht. So kamen wir ins Gespräch, wobei er mir oberflächlich und leichtsinnig erschien. Doch schnell merkte ich, dass er hochintelligent und ein ungewöhnlich interessanter Mensch war. Er sprach sieben Sprachen, die er sich selbst beigebracht hatte, und war unglaublich belesen. Weder renommierte er mit seinem Wissen, noch drängte er es seinen Mitmenschen auf. Es war für ihn etwas Selbstverständliches. Ich sah ihn plötzlich mit ganz anderen Augen und suchte immer öfter das Gespräch mit ihm.

Nach ein paar Wochen waren wir vollkommen vertraut miteinander, empfanden eine tiefe Seelenverwandtschaft. Fred war ein hochsensibler außergewöhnlicher Mensch, der sehr viel zu sagen hatte. Drei Monate lang haben wir uns nur unterhalten. Fred war zwar ungebunden, aber er respektierte, dass ich verheiratet war und zwei Kinder hatte. Außerdem war ich sechs Jahre älter als er.

Die Dreharbeiten schritten voran. Eines Tages saß ich in der Maske und sollte geschminkt werden. Mein Kostüm war ein aufreizendes Kleid mit einem tiefen Dekolleté. Ich betrachtete mich prüfend im Spiegel, wie man es in der Maske eben so tut. Da trat Fred plötzlich hinter mich und sah mich mit seinen grauen Augen an. Unsere Blicke trafen sich im Spiegel, und mir blieb die Luft weg, so stark war die Anziehung zwischen uns.

Ich habe schwer gegen meine Gefühle für Fred angekämpft, ich wollte mich nicht verlieben. Es kam für mich gar nicht in Frage, schließlich hatte ich Mann und Kinder und, ja, einen untadeligen Ruf. Außerdem war meine Vorstellung von der Ehe eine viel zu gefestigte und unantastbare, als dass ich sie über Bord geworfen hätte. Ich versuchte daher, wieder zur Besinnung zu kommen.

Fred hatte bislang kein leichtes Leben gehabt und ertränkte seine Melancholie oft in Alkohol. Er hatte mehrere Klinikaufenthalte hinter sich und war immer noch in Behandlung, auch weil er unter massiven Angststörungen litt. Als ich ihn einmal auf die Narben an seinen Handgelenken ansprach, erzählte er mir von seinen gescheiterten Selbstmordversuchen. Ich habe daraufhin meinen Mann angerufen und ihn gebeten, sich Freds anzunehmen und mit ihm zu reden, denn Peter war ein sehr gefestigter Mensch. Ich hoffte wohl auch, dadurch der Gefahr zu entkommen, mich noch tiefer in Fred zu verlieben. Peter lehnte meinen Vorschlag vehement ab, wahrscheinlich irritierte ihn mein Engagement für diesen Mann. Dann wurde mir allerdings plötzlich klar, dass ich meinen Mann im Grunde schon längst betrog, denn emotional hatte ich mich bereits weit von ihm entfernt, war völlig auf Fred fixiert und voller Sehnsucht nach ihm. Ich empfand die Situation als verlogen.

Meine Tochter Katerina musste zurück nach Hause und wieder in die Schule. Ich brachte sie zum Flughafen. Auch die Dreharbeiten neigten sich dem Ende zu.

Fred und ich fürchteten uns inzwischen davor, einander noch näherzukommen. Wir hatten zu lange gewartet. Die Spontaneität war uns verloren gegangen. Was würde sein, wenn wir den Körper des anderen nicht riechen mochten, uns fremd blieben? Doch als es dann so weit war, gingen wir vollständig ineinander auf, voller Liebe und Hingabe. Bevor man die große Liebe nicht erlebt hat, weiß man nicht, kann man sich nicht vorstellen, wie sie ist und was sie bedeutet. Ich war einfach nur glücklich.

Peter wusste Bescheid. Er hat es gespürt, war verletzt und tobte natürlich. Es war eine furchtbare Situation für uns alle, aber gleichzeitig war mir glasklar und die logische Konsequenz daraus, dass ich mich von Peter trennen musste. Für mich gab es keinen anderen Weg, wollte ich meinen Mann nicht unwürdig behandeln und betrügen. Ida Ehre redete mir ins Gewissen und riet mir, bei Peter zu bleiben, aber es half nichts. Ich wollte mich scheiden lassen.

Peter kämpfte um mich und versuchte immer wieder, mit mir zu reden. Es war ein Desaster, für mich gab es nichts mehr zu besprechen. Es muss entsetzlich für ihn gewesen sein, zu spüren, dass alles, was er sagte und tat, vergeblich war. Und trotz aller Klarheit war es auch für mich eine furchtbare und traurige Zeit. Ich würde meine Familie verlassen, meine Kinder, meinen Mann, mein Haus und achtzehn Jahre Ruhe und Ausgeglichenheit für einen Menschen aufgeben, der einerseits mein Seelenverwandter war – verständnisvoll, wunderbar, zärtlich, menschlich und sensibel –, der andererseits aber immer dann, wenn er betrunken war, zu einem lauten, ungerechten, streitsüchtigen und verletzenden Menschen mutierte.

Peter konnte und wollte die Trennung nicht akzeptieren. Ich versuchte ihm erneut zu verdeutlichen, dass die äußeren Umstände für ihn alle beim Alten blieben. Die Kinder, das Haus, seine Umgebung, seine allgemeinen Verhältnisse, all das würde sich nicht ändern. So sah ich es jedenfalls. Schließlich willigte er deprimiert ein. Der Scheidungstermin stand fest.

Während ich mit »Medea« von Anouilh auf Tournee war, besuchte mich Fred. Ich habe oft erlebt, dass es gar keine gute Konstellation ist, wenn einer arbeitet und deshalb angespannt und erschöpft ist, während der andere nichts zu tun hat, die ganze Zeit über im Hotelzimmer sitzt und auf ihn wartet. So kam es auch bei uns. Wir waren beide frustriert, und Fred reiste wieder ab.

Die Tournee machte in Köln Station. Da ich schon eine Weile kränkelte, ging ich dort zu einem Arzt, der eine Generaluntersuchung durchführte. Dabei tastete er auch meine Brust ab und stellte einen Knoten fest. In mir brach eine Welt zusammen. Ich war mir sicher, Krebs zu haben, und bat den Arzt, mir sofort Gewissheit zu verschaffen. Das war an ein und demselben Tag jedoch nicht möglich, so dass er mich in Ungewissheit entließ.

Ich rief Fred an und berichtete ihm von der Untersuchung und meinem schrecklichen Verdacht. Ich war der Meinung, dass wir unsere Hochzeitspläne noch einmal überdenken müssten, zumindest so lange, bis ich einen Befund erhalten würde, denn als möglicherweise kranke Frau wollte ich keine Belastung für ihn sein. Doch davon wollte er nichts wissen und schrie ins Telefon: »So krank kannst du gar nicht sein, dass ich dich nicht heiraten würde.« Diesen Ausspruch, auch wenn er vielleicht anders gemeint war, nahm ich Fred übel, fand ihn egoistisch und er deprimierte mich, denn die Hochzeit war für mich in dieser Situation zweitrangig. Ich war auch erschöpft von der Tournee, vom seelischen Druck, der bevorstehenden Scheidung. Peter, die Kinder, die moralischen Vorwürfe und jetzt auch noch die gesundheitlichen Probleme, das alles war zu viel für mich, ich konnte einfach nicht mehr.

Bevor ich nach der Vorstellung ins Bett ging, wollte ich noch einmal mit Fred reden. Die halbe Nacht lang versuchte ich, ihn telefonisch zu erreichen, aber ohne Erfolg. Da bin ich entsetzlich traurig geworden, ich wusste, er konnte nur in einer Bar sein, und das bedeutete, dass er trank.

Um halb drei klingelte das Telefon. Fred war alkoholisiert. Damit veränderte sich auch sein Charakter. Das nächtliche Telefongespräch lief von Anfang an in die falsche Richtung. Irgendwann sagte ich voller Enttäuschung zu ihm: »Du hast mir doch versprochen, wenn du die Frau findest, für die es sich lohnt mit dem Trinken aufzuhören, dann würdest du es auch tun. Da ich offenbar nicht die richtige Frau für dich bin, sollten wir es lieber miteinander lassen, dann gehe ich.« Fred erwiderte, wenn ich das täte, würde er sich erhängen. Müde und erschöpft antwortete ich, dass ich mich nicht von ihm erpressen ließe. Was man unüberlegt und emotionalisiert in einer solchen Situation eben sagt ... Fred legte daraufhin den Hörer auf. Dann ging er in den Park und hängte sich auf.

Ich erinnere mich noch an den Anruf, bei dem eine weibliche Stimme mir sagte, dass Fred tot sei. Ich bin zusammengebrochen und habe nur noch geschrien.

Die ersten Tage nach Freds Tod habe ich immer wieder seine Nummer gewählt, in der irrsinnigen Hoffnung, er würde den Hörer abnehmen und antworten. Ich glaubte, dass alles sei nicht wahr, sondern ein Traum, aus dem ich nur erwachen müsste, um das Entsetzen abschütteln zu können.

Ich spielte weiterhin die »Medea«. Bei einer Vorstellung fing mein Partner, der den Kreon spielte und der an mei-

ner Situation sehr viel Anteil nahm, auf der Bühne bitterlich an zu weinen, als er zu mir sagen musste: »... nein,
du gehst allein«. Er hatte, wie alle Kollegen der Tournee,
großes Mitleid mit mir. Das Ausmaß meiner Tragödie, die
ganze Tragweite des Zurückgelassenwerdens, die uner-
füllte Sehnsucht, die Hoffnungslosigkeit, mit der ich nun
leben musste, standen mir mit diesem Satz auf einmal vor
Augen und verbanden sich mit der Realität.

Ich war in einem entsetzlichen Zustand. Zur Trauer
kamen Schuldgefühle hinzu. Nicht mehr um Verzeihung
bitten zu können, sich nicht aussprechen zu können,
sich nicht versöhnen zu können war qualvoll. In mir war
nur noch nackte Einsamkeit, am liebsten wäre auch ich
gestorben.

Peter kam gleich nach Freds Tod zu mir, um mir beizu-
stehen. Das war großherzig und rührend von ihm.

Von Freds Angehörigen, die seine Wohnung inzwischen aufgelöst hatten, wurde Anklage wegen Beihilfe
zum Selbstmord gegen mich erhoben. Fred hatte einen
Abschiedsbrief hinterlassen, in dem er von unserem
letzten Streit berichtete. Im Zuge der Ermittlungen war
jedoch auch Freds Anrufbeantworter ausgewertet worden, auf dem das Gespräch aufgezeichnet war, und so
konnte meine Unschuld bewiesen werden. Die Anklage
wurde zurückgezogen. Mir war es vollkommen egal. Ich
wäre damals auch ins Gefängnis gegangen.

Um Erklärungen für Freds Tat zu finden, die so radi-
kal, so unwiderruflich, so endgültig war, suchte ich Freds
Psychiater auf. Der versuchte mir zu helfen und erklärte
mir, dass jemand, der so todessüchtig ist, wie Fred es war,
sich früher oder später fast immer das Leben nimmt und
auch ich in Freds Fall daran nichts hätte ändern können.
Der Psychiater machte sich allerdings Sorgen um mich,

ich musste ihm versprechen, mich in psychologische Behandlung zu begeben.

Auch viele Kollegen machten sich Sorgen um mich und versuchten, mich aufzubauen. Ich bekam zwei Rollenangebote, aus Essen und aus Zürich. Ich sagte dem Schauspiel Essen für eine Uraufführung als »Lysistrate« in Rolf Hochhuths gleichnamigen Stück zu.

In Essen wohnte ich im Theater in einem trostlosen, unwohnlichen Zimmer. Das verstärkte meinen desolaten Zustand noch mehr, denn ich fühlte mich entsetzlich einsam und verlassen. In einer Nacht setzte ich mich hin, um Abschiedsbriefe an meine Kinder und meinen Mann zu schreiben. Es fiel mir sehr schwer, meine Empfindungen in Worte zu fassen, ich gab schließlich nur eine dürftige, armselige Erklärung ab und bat sie um Verzeihung.

Dann ging ich in eine Telefonzelle und rief meine Eltern an. Ich wollte mich bei ihnen bedanken und ihnen sagen, dass ich sie lieb habe. Doch ich kam nicht sehr weit, weil ich nur eine Mark bei mir und in den Apparat eingeworfen hatte. Und so machte es schon bald »Klack« und das Telefonat war beendet.

Meine Eltern ahnten jedoch, was für eine Art von Telefonat das war, und rotierten. Meinem Bruder Holger fiel ein, dass er einen Kollegen kannte, der gerade in Essen engagiert war und den er auf der Stelle mobilisierte.

Zurück in meinem trostlosen Zimmer band ich mein Halstuch um das Fensterkreuz eines weit oben liegenden Fensters und dann um meinen Hals. Danach ließ ich mich fallen. Es war eine klägliche Mission. Immer wenn meine Füße auf den Boden kamen, hatte ich versagt. Mein Lebenstrieb war offenbar größer.

Während ich weiter an meinem »Strick« herumbastelte, um meinen Plan endlich zu vollenden, klopfte es an die

Tür. Ich öffnete sie einen Spalt, da wurde sie auch schon aufgestoßen. Ein Mann drängte sich in mein Zimmer und versetzte mir einen so heftigen Stoß, dass ich aufs Bett flog. Es war der Kollege meines Bruders, wie ich später erfuhr. Er herrschte mich an: »Das lassen Sie mal schön bleiben. Sie halten jetzt den Mund und hören mir zu, während ich Ihnen meine Lebensgeschichte erzähle, denn ich war mal genauso weit wie Sie.« Er erzählte mir, dass er nach einer unglücklichen Liebe in der Absicht, sich umzubringen, sein Auto gegen einen Baum gelenkt hätte. Das Auto war ein Totalschaden, doch er überlebte – zum Glück – wie er im Nachhinein befand, denn er konnte die Gründe für diese Kurzschlusshandlung danach überhaupt nicht mehr begreifen. Darüber sprachen wir die ganze Nacht bis zum Morgengrauen. Er bot mir an, einkaufen zu gehen, damit wir gemeinsam frühstücken konnten. Bevor er loszog, nahm er sicherheitshalber alle Messer aus der Küchenzeile an sich. Das war inzwischen aber nicht mehr nötig.

Auf der Probe am Morgen starrten mich die Kollegen sprachlos an. Schließlich nahm mich eine Kollegin zur Seite und führte mich vor die große Spiegelwand im Ballettsaal. Dort sah ich, dass ich am ganzen Hals lila-schwarze Flecken hatte. Von nun an probte ich mit Rollkragenpullover.

Als ich zur ersten Lohnabrechnung kam, sprach mich das Fräulein aus der Buchhaltung zaghaft an. Sie sagte: »Frau Schwiers, wir wissen alle, was passiert ist, und ich entnehme Ihrer Lohnsteuerkarte, dass Sie verheiratet sind und Kinder haben. Ich will Ihnen meine Geschichte erzählen. Meine Mutter ist aus dem Fenster gesprungen, als ich noch ein Kind war. Ich wusste, dass sie sich umgebracht hat, obwohl alle versucht haben, mir einzureden, dass es ein Unfall war. Und jetzt schauen Sie mich an. Ich bin eine kleine graue Maus von fünfzig Jahren. Ich hatte noch nie eine ernsthafte Beziehung, weil ich immer glaubte und noch immer glaube, dass mich niemand wirklich lieben kann, da mich schon meine eigene Mutter nicht genug geliebt hat, um für mich am Leben zu bleiben.«

Die Worte dieses Fräuleins saßen und haben mir die Augen geöffnet. Ich war die ganze Zeit so sehr in meinem Schmerz und meiner Trauer gefangen gewesen, dass ich gar nicht mehr gemerkt hatte, was ich meiner Familie und den Menschen, die mich liebten, antat. Zum ersten Mal dachte ich darüber nach, wie es meinen Kindern wohl ergangen wäre, wenn ich mir das Leben genommen hätte – und schämte mich.

Weil ich nachts nicht schlafen konnte, stürzte ich mich in die Arbeit. Ich arbeitete das Theaterstück von Hochhuth intensiv durch und war bestens auf die Proben vorbereitet. Doch immer wieder kam es dort zu Auseinandersetzungen zwischen Dr. Erich Schumacher, dem Generalintendanten, der Regie führte, und Rolf Hochhuth, der ebenso wie ich so seine Probleme mit vielen Regieanweisungen Schumachers hatte. So gab mir Schumacher in der Szene, in der Lysistrate den Ministerpräsidenten erwartet, die Anweisung, ich solle den Hof kehren. Ich fand das verkehrt, denn mein Verständnis von der Figur war, dass Lysistrate kehren lässt und es nicht selber übernimmt. Schumacher meinte daraufhin sehr autoritär, dass ich das zu tun habe, was er sage. Als ich konterte, dass dies Nazi-Methoden seien, ging er wie das HB-Männchen in die Luft, verließ den Saal und schlug krachend die Tür hinter sich zu. Später erfuhr ich, dass ich seinen wunden Punkt getroffen hatte, denn Erich Schumacher war ein alter Nazi und hatte 1938, als jüngster Intendant Deutschlands, das Theater in Kaiserslautern übernommen.

In einer anderen Szene verlangte er von den Mädchen, die sich um Lysistrate scharten, mit bloßen Füßen in einem Bottich Weintrauben zu stampfen. Das war eine typische völkische Szene aus den Propagandafilmen des Dritten Reiches. Rolf Hochhuth schrie auf und legte sein Veto ein. Er und Schumacher fetzten sich daraufhin auf der Generalprobe so heftig, dass ich es irgendwann nicht mehr aushielt und verzweifelt »Schluss« geschrien habe. Dann bin ich an die Rampe getreten und habe ganz leise weitergesprochen: »Meine Herren, soviel ich weiß, ist morgen Premiere. Aber wenn Sie so weitermachen, findet die Premiere nicht statt. Denn ich kann einfach nicht mehr. Wir wollen doch in Konzentration weiterarbeiten.«

Die ganze Produktion stand enorm unter Druck, zumal das Stück schon im Vorfeld viel Aufmerksamkeit auf sich gezogen hatte. Gut beschrieb das die *WAZ* vom 21. Februar 1975: »Selten hat ein Theaterstück schon vor der Urauf-führung so hohe Wellen geschlagen wie Rolf Hochhuths ›Lysistrata‹ im Essener Opernhaus. Der Autor, Publizist und Theatermacher gilt als scharfzüngiger Kritiker der gesellschaftlichen Verhältnisse und Repräsentant des politischen Theaters.«

Die im Opernhaus herrschende Hektik, hieß es weiterhin im Lokalteil, ließe sich schon anhand des Kommens und Gehens der in- und ausländischen Journalisten ablesen. Allein acht Fernsehkameras wären auf Stargast Ellen Schwiers gerichtet. Tatsächlich waren Journalisten von *Hier und Heute, Titel, Thesen, Temperamente,* der *Tagesschau* und noch vieler anderer Sendungen vor Ort. Der *Stern* hatte seine Star-Reporterin Wibke Bruhns nach

Essen geschickt. Und auch die Briten waren vom in Essen grassierenden Hochhuth-Fieber angesteckt worden: Aus London reiste eigens ein Team der *BBC* an.

Doch die Inszenierung fiel beim Publikum und den Kritikern mit Pauken und Trompeten durch. Für meine schauspielerische Leistung als Lysistrate bekam ich hingegen durchweg positive Kritiken. Hellmuth Karasek schrieb im *Spiegel*: »Und vielleicht ist es wirklich so etwas wie ein Theatererlebnis, eine so taktvolle Schauspielerin wie Ellen Schwiers schön, verlegen und mutig in dem Wust ungereimter Taktlosigkeiten sich bewegen zu sehen.«

In der *WAZ* vom 25. Februar 1974 stand: »Sympathisch bescheiden fügt sie sich in das große, gut geführte Ensemble, das freilich manch arge Charge mitschleppen muss. Attraktiv und intelligent setzt sie weniger auf weibliche List als auf Überzeugungskraft, ganz im Sinne des Autors.«

Peter war zur Premiere gekommen, ohne es mich zuvor wissen zu lassen und ohne mich danach aufzusuchen. Wir trafen uns erst am nächsten Tag. »Komm wieder nach Hause«, bat er mich. Er ging in dieser schweren Zeit zartfühlend und rücksichtsvoll mit mir um. In der Phase der Trennung hatten wir uns alles Mögliche an den Kopf geworfen und gegenseitig bittere Vorwürfe gemacht. Wir hatten einander nichts geschenkt. Unsere Beziehung war dadurch auf den Prüfstand gestellt und alles beredet worden.

Ich hatte immer gedacht, dass Peter und ich eine gute Ehe führten, bis ich Fred kennenlernte. Durch ihn erkannte ich, dass Peter und ich uns in unserer Ehe gegenseitig Rollen vorgespielt, aber nie miteinander über unsere persönlichen Sorgen, Nöte und Wünsche gesprochen hatten.

Jetzt, nachdem wir reinen Tisch gemacht hatten und es nichts mehr zu bewältigen gab, konnten wir auf einmal miteinander reden und einander zuhören. Wir haben sogar über seine Liebschaften gesprochen, und es hat nicht mehr wehgetan. Es spielte keine Rolle mehr und war nie mehr ein Thema zwischen uns.

Der »Fehler«, den ich gemacht habe, war, dass ich mir eingebildet habe, Peter zu lieben, doch erst durch Fred habe ich überhaupt erfahren, was Liebe ist und wie sehr ich lieben konnte. Peter hatte mir nie gesagt, dass ich schön, liebenswert oder dergleichen sei. All dies hatte Fred getan. Erst durch ihn habe ich gemerkt, was mir bislang fehlte. Die Beziehung mit Fred war durch Peters Verhalten mir gegenüber erst möglich geworden. Peter hat diese Art von Defizit sicherlich auch gespürt. Vielleicht hat ihn das letztendlich ja sogar dazu bewogen, sich mit anderen Frauen einzulassen, um mich damit zu treffen. Man muss es auch einmal von dieser Warte aus sehen.

Peter und ich haben danach jedenfalls wieder zueinander gefunden. Unsere Beziehung bekam ein neues Fundament und eine andere Tiefe. Wir gehörten zusammen, Peter war nicht nur mein Mann, er war auch mein bester Freund und Ratgeber. Wir haben danach auch wieder zusammen gearbeitet und 1982 gemeinsam mit unserer Tochter Katerina unsere eigene Firma, das Tourneetheater »Das Ensemble«, gegründet.

Wenn man ein Leben lang zusammenbleibt, ist das eine große Qualität. Bis zu Peters Tod haben wir in gegenseitiger Achtung vertrauensvoll zusammengelebt.

»1900«

Der Film »1900« ist ein von Bernardo Bertolucci großartig inszenierter, fast sechsstündiger Monumentalfilm. Bertolucci wehrte sich erfolgreich gegen die amerikanischen Verleiher, den Film auf dreieinhalb Stunden zusammenzuschneiden. Schließlich wurde er vom europäischen Verleiher in zwei Teilen und voller Länge in die Kinos gebracht. Als Bauern- und Klassenkampf-Epos konzipiert, erzählt er rund fünfzig Jahre italienischer Geschichte aus der Perspektive zweier Freunde, die über die Jahre hinweg zu erbitterten Feinden werden. In einem Artikel schrieb Bertolucci damals, dass er mit »1900« seine Zeitgenossen auch daran erinnern wolle, dass sie einer Jahrtausende alten bäuerlichen Kultur entstammen, die in einem knappen Jahrhundert zerstört wurde. »Die Menschen haben heute ihr Geschichtsbewusstsein verloren, sie leben in einem anonymen Universum.« (*Der Spiegel* 26/1976)

Es war hochinteressant, mit Bertolucci zu arbeiten und ihn im Umgang mit den Schauspielern zu erleben. Als Regisseur war er sehr präzise und hörte genau hin. Ich sprach kein Italienisch, konnte seine Anweisungen aber mit Ach und Krach verstehen. Auch von seinen Schauspielern verlangte er absolute Präzision. So hatte Robert de Niro einmal eine Szene, in der er zu spät zur Beerdigung seines Vaters kommt und erklären muss, warum er sich verspätet hat. Bertolucci gefiel es nicht, wie de Niro die Szene spielte. Er schickte daraufhin alle am Set in die Pause und arbeitete zwei Stunden mit de Niro. Es beeindruckte mich sehr, dass er das auf diese Art handhabte und für den Schauspieler eine intime Situation herstellte, damit er die Ruhe und Zeit hatte, die Szene neu zu erarbeiten.

Bis in die kleinste Rolle hinein waren alle Darsteller hochkarätig besetzt. Es waren internationale Kollegen: Franzosen, Italiener, Amerikaner. Ich spielte damals die Schwägerin von Burt Lancasters Sohn. In einer Ernteszene hatten meine Filmtochter und ich einen Dialog im Kornfeld. Die Kamera stand so weit weg, dass ich nicht einmal wusste, wo. Plötzlich wurde der Dreh abgebrochen, und drei Tage lang passierte nichts. Wir Schauspieler warteten. Der Grund dafür war, dass Bertolucci durch die Kamera geschaut und festgestellt hatte, dass das Feld eine reine Monokultur war und tot und steril wirkte. Er aber wollte Feldblumen wie zum Beispiel Mohn darauf sehen. Drei Tage lang wurde also an dem Feld herumgebastelt, obwohl es nur den Hintergrund stellte.

Schließlich spielte ich in einer größeren Szene mit, bei der es um eine Intrige ging. Der Drehort war einen ganzen Tag lang eingerichtet worden. Bertolucci hatte drei Kameras installieren lassen und wollte die Szene durchdrehen. Wir Schauspieler mussten deshalb ganz päzis sein. Dafür hatte ich meine Schritte, wie bei einer Choreografie, exakt abgezählt und mich auch sonst genauestens vorbereitet. Burt Lancaster lag in dieser Szene die ganze Zeit als Leiche im Bett und konnte alles beobachten. Meine Szene lief unbeanstandet ab, und ich war plötzlich für alle am Set in einer anderen Liga. Von nun an gehörte ich »dazu«. Zuvor war ich nur eine kleine

Schauspielerin aus Deutschland gewesen, der man in der Maske einen Hocker zuwies, während die Stars alle auf bequemen Stühlen saßen. Zum Essen musste ich mich zusammen mit der Crew anstellen, während die Stars ihr Essen serviert bekamen. Burt Lancaster hatte sogar einen Diener mit weißen Handschuhen, der ihm sein Essen in seinen Wohnwagen brachte. Bertolucci begrüßte seine Schauspielstars jeden Morgen mit Küsschen. Ich wurde von ihm nicht weiter beachtet und auch nicht begrüßt. Nach einiger Zeit fühlte ich mich so einsam, dass ich meinen Mann anrief und ihn bat, mit den Kindern zu kommen.

Wieder einmal saß ich in einer Mittagspause mit meinem Essen auf einem Baumstumpf, als plötzlich der weiß behandschuhte Diener von Burt Lancaster vor mir stand und mich einlud, mit diesem das Mittagessen einzunehmen. Ich fand es herablassend, dass Burt Lancaster mir die Einladung durch seinen Diener übermittelte, und antwortete, dass Herr Lancaster, wenn er mich einladen wolle, das persönlich tun müsse. Kurze Zeit darauf stand Burt Lancaster vor mir. Nach der Szene, in der er mich als Leiche vom Bett aus beobachtet hatte, war er neugierig auf mich geworden. Wir kamen ins Gespräch und waren von da an befreundet. Das führte dazu, dass das Eis am Set brach.

Dann kam endlich meine Familie an. Wir schlenderten gerade durch den Ort, als uns Bertolucci begegnete, mich umarmte und küsste und auch meinen Mann und meine Kinder freundlich begrüßte. Nachdem er weitergegangen war, schaute mich mein Mann fassungslos an und fragte mich, was für eine Art der Begrüßung ich eigentlich erwarten würde, wenn ich mit dieser unzufrieden sei. Ich hatte ihm bislang ja stets vorgejammert, dass mich hier keiner beachten würde, und er war noch nicht auf dem neuesten Stand der Dinge.

Wir waren inzwischen eine einzige große Filmfamilie. Besonders mit Burt Lancaster, seiner Frau und Donald Sutherland war es ganz wunderbar. Auch der junge Gérard Depardieu war reizend, eine starke Persönlichkeit.

Bertolucci plante bereits sein nächstes Filmprojekt und bot mir eine Rolle darin an. Aber dafür hätte ich bereit sein müssen, nackt zu spielen. Das konnte ich aber nicht, dazu war mein Schamgefühl zu groß, womit sich leider auch die Frage, ob ich weiter mit ihm arbeiten würde, erledigt hatte.

Es war nicht zu verhindern

Eines Tages kam unsere damals sechzehnjährige Tochter Katerina aufgeregt aus der Schule und verlangte, ich solle sie sofort nach Allmannshausen fahren. Warum und zu wem, wollte sie nicht sagen. Schließlich rückte sie damit heraus, dass sie dort mit Rudolf Noelte verabredet wäre, der mit ihr szenisch arbeiten wolle, um zu sehen, ob sie begabt sei.

Es gab einen Riesenkrach. Peter und ich wollten auf keinen Fall, dass Katerina Schauspielerin würde. Wir wussten, was für eine große Portion Glück man brauchte, wie sehr man Klinken putzen musste und wie ungerecht vieles ablief. Die Karriere, die ich als Schauspielerin gemacht hatte, war eher ungewöhnlich und eben alles andere als die Regel. Dazu galt Rudolf Noelte als der »große Schwierige«, als zielstrebig und kompromisslos, ein Regisseur, der Auseinandersetzungen nicht scheute. Seine Arbeiten waren bis ins letzte Detail vorausberechnet, und ich fürchtete, dass Katerina seiner Persönlichkeit nicht gewachsen wäre.

Katerina war in der S-Bahn von Cordula Trantow angesprochen worden, der Ehefrau von Rudolf Noelte, der »Othello« in den Münchner Kammerspielen inszenieren wollte und dafür nach einer geeigneten Desdemona suchte. Da er immer punktgenau besetzte, suchte er eine sehr junge Schauspielerin für diese Rolle.

Cordula hatte ein Vorsprechen arrangiert, und Katerina war nach Allmannshausen gefahren, wo Noelte wohnte, um sich ihm vorzustellen. Das Ergebnis seiner bisherigen Arbeit mit ihr hatte ihm gefallen, und für das große Vorsprechen in den Kammerspielen musste sie nun Desdemonas Sterbeszene vorbereiten. Katerina kaufte sich also in Starnberg ein Reclam-Heft und lernte die Sterbeszene. Das ganze Theaterstück durchzulesen sparte sie sich allerdings.

Am Tag des Vorsprechens wartete Katerina gemeinsam mit den großen Stars der damaligen Zeit, bis sie an die Reihe kam. Sie war die Letzte und hatte Noelte bereits ein paar Mal brüllen hören.

Noeltes Regieassistent Wolfgang Petersen, der später selber als Regisseur eine große Hollywood-Karriere machte, stellte sich für die Sterbeszene als Othello zur Verfügung. Othello erstickte nun Desdemona, und Katerina starb. Danach war sie also, wie sie es gelesen und gelernt hatte, tot. Doch Noelte forderte: »Weiter.« Katerina antwortete: »Nee, ich bin doch tot.« Noelte erneut: »Weiter.« Da fauchte Katerina ihn an: »Nein, ich bin tot. Und ich sterbe bestimmt nicht so einen blöden Tod wie an der Oper, wo stundenlang gestorben und dabei noch gesungen wird.«

Sie bemerkte, wie Wolfgang Petersen sich langsam entfernte, und zeigte Noelte zum Beweis noch die entsprechende Stelle im Textbuch, wo geschrieben stand: »Othello erstickt Desdemona.« Noeltes Frage, ob sie das Stück denn überhaupt zu Ende gelesen hätte, musste sie wahrheitsgemäß verneinen. Daraufhin blätterte Rudolf Noelte die Seite im Textbuch um und zeigte Katerina, dass Desdemona zusätzlich erstochen wird und am Ende noch Text hat. Danach holte er tief Luft. Die Situation wurde brenzlig. Katerina warf jetzt etwas kleinlaut ein: »Wer kommt denn auf so etwas?« – »Shakespeare«, brüllte Noelte, »und jetzt keine Diskussion mehr, sondern raus. Und, Fräulein Jacob, das nächste Mal lesen Sie die Stücke ganz.«

Eine Woche später kam der Anruf. Katerina hatte die Rolle. Peter und ich fielen aus allen Wolken und fragten uns, wie sie das nach diesem Desaster nur geschafft hatte.

Die Produktion kam dann allerdings nicht zustande, denn Noelte wollte neunzig Prozent des Kammerspielensembles durch Gäste ersetzen. Das Theater weigerte sich, dies zu tun, worauf sich Noelte mit den Kammerspielen überwarf.

Einige Zeit später drehte Noeltes zweite Regieassistentin, Heidi Genée, ihren ersten Film, »Grete Minde«. Die Hauptrolle war zwar schon besetzt, aber Noelte rief sie an und überzeugte sie, Probeaufnahmen mit Katerina zu machen. Das führte dazu, dass Heidi Genée nach den Probeaufnahmen, von denen sie vollkommen begeistert war, die Rollen umbesetzte und Katerina die »Grete Minde« spielen durfte. Für diese Leistung bekam sie später den Bambi. Peter und mir war damit allerdings klar, dass wir die Schauspiellaufbahn unserer Tochter nicht mehr verhindern konnten.

Damit ist Katerina nach mir die zweite Generation, die in die Fußstapfen meines Vaters trat. Sie hat ihre eigene Karriere gemacht. Anfangs hieß es noch: »Ah, Katerina Jacob, Sie sind doch die Tochter von Ellen Schwiers.« Aber bald bekam ich zu hören: »Ah, Sie sind doch die Mutter von Katerina Jacob.«

Als Katerina mit zweiundzwanzig Jahren schwanger wurde, rief sie mich an. Ihre Schwangerschaft war das

Ergebnis einer Liebschaft mit dem Regisseur Oswald Döpke, mit dem sie eine Tournee machte. Ich wusste nicht so recht, wie ich damit umgehen sollte, schließlich war Döpke verheiratet und sechsunddreißig Jahre älter als Katerina. »Lass mich nur machen«, sagte Peter und rief sie an: »Ich habe einen Arzt und auch schon einen Termin für dich, damit du es wegmachen lassen kannst«, sagte er ihr. Als Katerina daraufhin zu schreien und zu toben anfing und ihm klarmachte, dass sie das Kind auf jeden Fall behalten wollte, lachte er befriedigt. »Danke, genau das wollte ich hören.« Es war von Anfang an klar, dass Katerina ihr Kind ohne den Vater großziehen wollte. Peter und ich freuten uns sehr auf unser erstes Enkelkind und Josephine wuchs bei uns im Familienverbund auf.

Die Welt dreht sich weiter

Ich habe viel in Frankreich gedreht, meinen ersten Film
»Auch eine französische Ehe« unter der Regie von Denys
de La Patellière mit Jean Gabin und Lilli Palmer bereits
im Jahr 1965. Damals war der Hass auf die Deutschen
nach dem Zweiten Weltkrieg noch allgegenwärtig. Was
die Franzosen von uns hielten, war geradezu physisch
spürbar und hatte eine lange Vorgeschichte, die bereits
durch den Deutsch-Französischen Krieg 1870/71 und die
darauffolgende Gründung des Deutschen Kaiserreiches
im Spiegelsaal von Versailles eingeleitet worden war.

In den siebziger Jahren wurden die Romane Heinrich
Manns über Heinrich IV. als Historiendrama »Heinrich,
der gute König« verfilmt. Ich wurde als Katharina von
Medici besetzt. Regie führte Marcel Camus, der berühmte
Regisseur von »Orfeu Negro«, der die Goldene Palme und
den Oscar gewann. Ich hatte mich eingehend mit der historischen Katharina von Medici befasst und für die Maske
sogar ein Bild von ihr mitgebracht. Katharina von Medici
war keine schöne Frau gewesen. Als ich die Maskenbildnerin bat, mich wie auf dem Bild zurechtzumachen – unge-
schminkt, schlechte Zähne et cetera –, wurde ich belehrt,
dass in Frankreich alle Frauen schön wären.

Wir drehten meist an den Originalschauplätzen. Die
Todesszene der Medici spielte im Schloss Blois an der
Loire. Ich lag also aufgebahrt als Katharina von Medici

auf dem Originalbett hinter einem Vorhang. Als solche war ich im Film inzwischen siebzig Jahre alt und hatte mich entsprechend in der Maske durchgesetzt. Meine Wangen waren nun mit Watte ausgestopft, ich hatte rot geäderte Haut und schwarz verfaulte Zähne. Ich sah zum Fürchten aus. Die Szene war noch nicht abgedreht, doch es war Zeit für die zweistündige Mittagspause. Da ich während der Dreharbeiten zugenommen hatte, wollte ich das Essen ausfallen lassen und blieb, um mich nicht von den Köstlichkeiten der französischen Küche verführen zu lassen, einfach auf meinem »Totenbett« liegen. Ich wollte die Zeit nutzen, um ein Schläfchen zu machen. Doch die zweistündige Mittagspause wurde, ohne dass ich davon wusste, von der Schlösser-Verwaltung genutzt, um ihre Touristenführungen zu machen. Auf meinem Bett, hinter dem Vorhang liegend, hörte ich auf einmal, wie eine Touristengruppe den Raum betrat. Der Führer, der gerade erklärte, dass in diesem Raum und in diesem Bett Katharina von Medici gestorben sei, zog mit diesen Worten den Vorhang zurück. Ein Entsetzensschrei ging durch die Besuchergruppe, denn da lag ich und richtete mich auf wie ein Zombie. Der Touristenführer machte vor Schreck einen großen Satz. Meinen Auftritt durfte ich wohl als großen schauspielerischen Erfolg verbuchen!

Marcel Camus drehte alle Szenen immer durch. Daher musste man seine Stellungen fließend beherrschen. Es gab eine Szene, in der ich ein langes politisches Gespräch mit meinem Sohn habe und dabei an insgesamt sechzehn Punkten stehen bleiben muss. Als ich das hinbekam und es im Kasten war, haben die Franzosen alle applaudiert.

Zehn Jahre später wurde mir noch einmal eine Fernsehserie, die in Frankreich spielte, angeboten. Doch ich sagte ab. Ich fühlte mich zu alt und zu dünnhäutig dafür und wollte mich der Antipathie der Franzosen nicht noch mal aussetzen. Doch da rief mich die Produktionsfirma an und beschwor mich, dass uns die Franzosen jetzt längst nicht mehr so unversöhnlich gegenüberständen. Eine andere Generation wäre nachgekommen und alles wäre anders. Es gelang ihnen, mich zu überreden, ich fuhr also nach Frankreich. Ich kam am Tag meines Geburtstags an und wollte zum Auftakt das Filmteam zu einem Umtrunk einladen, natürlich auch, um einen guten Eindruck zu machen. Aber das Team hatte seinerseits bereits alles für meine Geburtstagsfeier organisiert und sich so viel Mühe gegeben, dass es mir fast schon unangenehm war. Wir hatten damals eine wunderbare Zeit miteinander, und ich habe tatsächlich nur aufgeschlossene, offene Menschen ohne Ressentiments erlebt. Rückblickend habe ich mich daher gefreut, dass ich mich habe überreden lassen und eine neue, gegenteilige Erfahrung machen konnte. Auch danach habe ich immer wieder sehr gerne in Frankreich gearbeitet.

Jagsthausen

»Jagsthausen ist ein Dorf und Schloss an der Jagst ...«, lässt
Goethe das Karlchen in »Götz von Berlichingen« sagen.
Der Götz spielt um das 1525 und wurde von Goethe 1770
geschrieben. Jagsthausen ist auch heute noch ein Dorf an
der Jagst und immer noch der Sitz der Familie von Berlichingen. 1950 gründete der Heimat- und Verkehrsverein
auf Initiative des damaligen Burgherrn, Wolf Götz von
Berlichingen, die Götzfestspiele. Seither wird im Burghof der historischen Götzenburg alljährlich im Sommer
Goethes »Götz von Berlichingen« aufgeführt.

Angefangen habe ich bei den Burgfestspielen Jagsthausen als »Adelheid«, die ich von 1967 bis 1971 spielte.
Insgesamt habe ich siebzehn Sommer in Jagsthausen verbracht, neun Jahre davon als Intendantin.

Als künstlerische Leiterin der Sommerfestspiele – ich
war die erste Frau in Deutschland, die Sommerfestspiele
leitete –, trägt man viel Verantwortung. Man ist Ansprech-
partner für jedes Problem, jede Unsicherheit, jede Sorge.
Gleichzeitig muss man führen und organisieren, schließlich hatte ich eine große Familie zusammenzuhalten und
musste mich um alles kümmern. Sogar um den Luftver-
kehr der Düsenjets. Ich habe es erreicht, dass das Ver-
kehrsministerium die Flugzeuge während der Festspiele
nur eingeschränkt und in großer Höhe über uns hinweg-
fliegen ließ.

218

Die dörfliche Verträumtheit Jagsthausens im östlichen Zipfel Baden-Württembergs, im wunderschönen Hohenloher Land, birgt noch andere Tücken. Dort gab es keinen Baumarkt, der helfend zur Seite stehen konnte, keine Geschäfte, in denen nötige Dinge für Kulissen, Kostüme oder Requisiten leicht zu beschaffen waren, selbst für Kleinigkeiten mussten oft weite Wege zurückgelegt werden, was Zeit, Geld und eine Planung erforderte, die diese Erschwernisse einkalkuliert. Auch die Unterbringung der über vierzig Mitwirkenden gestaltete sich in dem 1200-Seelen-Dorf als schwierig. Jagsthausen liegt vor niemandes Haustür. Man muss extra dort hinfahren – Heilbronn, die nächste größere Stadt ist etwa fünfunddreißig Kilometer weit entfernt –, weshalb ich bei meiner jährlichen Begrüßung der Schauspieler stets allen klarzumachen versuchte, dass die Qualität der Aufführungen dem Publikum die Mühe der langen Anfahrt wert sein musste.

Mit fast dreißig Rollen ist der »Götz« ein enorm personenreiches Stück. Hinzu kommen die über hundert Jagsthäuser Laiendarsteller. Durch Schichtarbeit und weite Anfahrten zu den Arbeitsstätten wurde es so manchem Jagsthäuser sauer oder gar unmöglich mitzumachen. Denn Mitmachen heißt: bei den Proben dabei zu sein, die Wochenenden und den Urlaub zu opfern, oft einen Sechzehn-Stunden-Tag in Kauf zu nehmen und das drei Monate lang.

Auch ist der Götz selbst keine leicht zu besetzende Rolle. Der Schauspieler, der ihn spielt, muss über ein großes Charisma verfügen, um zu interessieren. Mir fiel nur ein Schauspieler ein, der alle Kriterien erfüllte: Wolfgang Reichmann. Wir hatten in Zürich zusammengespielt und waren befreundet. Ich rief ihn an. Ich wusste, wie vermessen das war, ich konnte ihm ja nicht einmal eine angemessene Gage anbieten. Ich habe auf ihn eingeredet, ihm den Ort in schillernden Farben beschrieben, die Aufgabe von allen Seiten als wichtig und interessant beleuchtet, als eine Rolle, die ein Schauspieler seiner Couleur einfach im Repertoire haben muss. Er konnte gar nicht anders, er musste zusagen. Ich habe gejubelt.

Unser Jagsthausener Bürgermeister Albert Feinauer sah das Engagement von Wolfgang Reichmann allerdings weniger enthusiastisch. Ich selbst hatte zunächst nur einen Einjahresvertrag abgeschlossen, um zu sehen, ob ich mit der Herausforderung zurechtkäme, ehe ich mich länger verpflichtete. Doch dem Bürgermeister empfahl ich, sich Reichmann als Götz zu sichern und ihm einen Dreijahresvertrag zu geben – zumal Wolfgang sogar auf die niedrige Gage eingegangen war. Doch Feinauer sagte: »Noi, noi, Ellen, da warte ma erst a mal die Premiere ab.« Die Premiere wurde ein sensationeller Erfolg. Das Publikum trampelte, klatschte und schrie Bravo, dass die Tribüne nur so bebte. Die Presse war begeistert. Ein Rezensent schrieb, im Burghof noch nie so eine in jeder Hinsicht interessante Interpretation der Geschichte vom Götz erlebt zu haben. Und zu Wolfgang Reichmann meinte er, dass die Burgfestspiele Jagsthausen, die im fünfunddreißigsten Jahr ihres Bestehens mit Ellen Schwiers nun am Beginn einer neuen Intendanz stehen würden, auch zusehen sollten, sich Wolfgang Reichmann als Darsteller um jeden Preis zu sichern.

Aber dazu war es zu spät, Reichmann wurde noch am selben Abend für Bad Hersfeld engagiert, denn die Konkurrenz saß in der Premiere. Nur Wolfgangs Fairness war es zu verdanken, dass er im Jahr darauf den Götz noch einmal spielte. Ich musste mich mit Bad Hersfeld terminlich abstimmen, und unser Götz wurde mit dem

Hubschrauber zu den jeweiligen Vorstellungen eingeflogen.

Ich selbst aber habe nach der Premiere des »Götz« Bilanz gezogen und festgestellt, dass es mir große Freude machte, mich den Herausforderungen einer künstlerischen Leitung zu stellen. Ich verlängerte meinen Vertrag um weitere zwei Jahre.

In manchen Dingen war Jagsthausen verschlafen. Als ich »Cyrano de Bergerac« von Edmond Rostand inszenieren wollte, hieß es aus dem Bürgermeisteramt: »Nein, das geht nicht, da bestellen die Leute keine Karten, den Namen kann ja keiner aussprechen.« Dann kam ich auf die Idee, den »Ritter vom Mirakel« von Lope de Vega auf den Spielplan zu setzen. Aus dem Bürgermeisteramt hörte ich dazu: »Was ist denn das, ein Mirakel? Können wir da nicht lieber Wunderritter sagen?«

In den letzten Jahren meiner ersten Intendanz war Jagsthausen mit drei aufwendigen Inszenierungen – »Götz von Berlichingen«, »Mutter Courage«, »Die drei Musketiere« – und zusätzlich für die Kinder mit der Inszenierung eines Märchens an die Grenze der Belastbarkeit aller Mitwirkenden gestoßen. Damit endete auch die große Zeit der Feste und der Fröhlichkeit, denn man kann nicht bis in die Nacht hinein feiern, wenn man morgens um elf Uhr wieder auf der Bühne stehen und das nächste Stück einstudieren muss.

Der Etat für das, was wir geboten und gestaltet haben, war lächerlich. An allen Ecken und Enden mussten wir sparen und viel Geschick und Phantasie aufbringen. Nur weil ich über viele Jahre hinweg mit vielen hervorragenden Kollegen Theater gespielt und mich mit ihnen angefreundet hatte, konnte ich sie für Jagsthausen gewinnen. Ich musste sie regelrecht nach Jagsthausen »quatschen«, denn mit der Gage konnte ich nicht punkten. Doch die meisten Schauspieler lieben ihren Beruf und arbeiten gerne. So konnte ich sie für Jagsthausen begeistern, und sie kamen für »'nen Appel und 'n Ei«. Auch meine Familienmitglieder habe ich eingesetzt: meinen Vater, meinen Bruder Holger, der hochbegabt und mittlerweile am Hamburger Schauspielhaus war, und später meine Tochter Katerina.

In meinem Beruf braucht man ein gutes Team. Nur mit den besten Leuten kann man auch die beste Arbeit abliefern, und ich hatte großartige Mitarbeiter. Als Fechtmeister Klaus Figge, als Kostüm- und Bühnenbildnerin Heidrun Schmelzer, Jan Aust, der Chefdramaturg der Hamburger Kammerspiele, wurde später mein Stellvertreter in Jagsthausen und hat mich einige Male am Hinschmeißen und spontanen Abreisen gehindert. Meine Gewandmeisterin war Edith Bender, eine wahre Perle. Für Edith war praktisch nichts unmöglich. Mit »Anatevka« hatten wir uns wegen einer viel zu kurzen Vorbereitungszeit jedoch verhoben. Ich versuchte deshalb, überall gute Laune zu verbreiten und bin bei dieser Gelegenheit auch in die Schneiderei gegangen. Da standen zwei völlig fertige Frauen an einem großen Tisch, der mit wahren Bergen aus schwarzem Filztuch bedeckt war. Als ich mich nach dem Stand der Dinge erkundigte, fingen beide an zu weinen und zeigten mir ihre abgearbeiteten Hände, rot, blutig, übersät mit dicken Blasen: »Wir müssen mehr als dreißig Talare zuschneiden und nähen. Der Stoff ist so sperrig. Diesmal, Ellen, werden wir nicht fertig werden. Es ist diesmal wirklich nicht zu schaffen. Wir ernähren uns nur noch von Pizza, weil wir jede Minute einsparen müssen«, teilte mir Edith resigniert mit. Ihre Verzweiflung übertrug sich schließlich auch auf mich, und ich schlug vor, sie insofern zu unterstützen, als ich für den Rest der Zeit für alle zwölf Mitarbeiter kochen würde. Sie stimmten dankbar zu, und ich machte mich ans Werk. Als ich mit meinen großen Töpfen ein paar Mal über die Straße lief, erregte das natürlich Aufsehen. »Hast du deinen Leuten was gekocht, Ellen?«, fragten mich die Jagsthäuser aus den umliegenden Häusern. Von da an fand ich vor meiner Wohnungstür täglich frisches Gemüse und Kartoffeln. Bis zur Premiere hin versorgte mich die Jagsthäuser Bevölkerung mit Naturalien für die Schneiderei. Das war sehr liebenswert. Dieser Zusammenhalt hat es ermöglicht, dass alle durchgehalten haben. Keiner machte schlapp, und wir wurden tatsächlich rechtzeitig zur Premiere fertig.

In meiner Zeit als Leiterin der Burgfestspiele entstanden eine neue Requisite, eine neue Schneiderei und eine neue Lichtanlage. Die hohen Schulden, die sich durch die Festspiele zuvor angehäuft hatten, konnte ich schon mit meiner ersten Spielzeit tilgen. Wir zählten über fünfzigtausend Besucher, die Vorstellungen waren bis zu hundert Prozent ausgebucht.

Im letzten Jahr meiner ersten Intendanz, das war 1986, kam Lothar Späth, der damalige Ministerpräsident von Baden-Württemberg, mit Mitgliedern seines Ministeriums zur Vorstellung des »Götz«. Hinterher saßen wir noch im Restaurant des Schlosshotels Götzenburg zusammen. Er lobte die Vorstellung und meinte, er wäre froh über die Qualität, die in Jagsthausen geboten würde. Ich antwortete ihm, es freue mich, dass er in meinem letzten Intendantenjahr zu meiner letzten Vorstellung gekommen sei. Ich erklärte ihm, dass mein Vertrag mit diesem Tag abgelaufen wäre und ich es auch satt hätte, die Schauspieler nach Jagsthausen quatschen zu müssen, weil nicht genug Geld da sei, um sie angemessen zu bezahlen. Qualität habe schließlich auch etwas mit einer ausreichenden finanziellen Grundlage zu tun. Späth fiel aus allen Wolken. Ich dürfe nicht gehen, sagte er, jetzt, wo doch alles so gut liefe.

Späth überlegte und schlug dann vor, mich gleich im Anschluss an eine Veranstaltung, die er am nächsten Tag in München hätte, bei mir zu Hause aufzusuchen, wo wir dann über alles reden könnten.

Ich rief meinen Mann zu Hause an, kündigte ihm den Besuch und meine eigene Rückkehr für den nächsten Tag an, packte und fuhr gleich morgens zurück nach Berg, wo ich gegen Mittag völlig übermüdet ankam, um mich sofort daran zu machen, ein schmackhaftes Abendessen für den Ministerpräsidenten und seine Entourage vorzubereiten: Roastbeef, Fleischpflanzerl und Kartoffelsalat. Mein Mann schimpfte und meinte, ich solle mich besser ausruhen, aber ich hätte sowieso nicht schlafen können. Ich war inzwischen völlig überdreht. Späth kam erst gegen elf Uhr abends in Begleitung zweier Staatssekretäre sowie des Kultusministers Rettich samt Personenschutz an. Es wurde eine lange Nacht. Als Späth gegen Morgen ging, hatte ich jedoch sein Versprechen in der Tasche, Jagsthausen mit zusätzlichen einhunderttausend Mark jährlich zu unterstützen. Siebzigtausend Mark sollten aus dem Lottotopf kommen, das hatte mir sein Kultusminister zugesagt. Für die restlichen dreißigtausend Mark wollte Späth persönlich geradestehen.

Ein halbes Jahr später wagte ich es, ihn mit einem Schreiben noch einmal an sein Versprechen zu erinnern.

Berg, den 5. Mai 1987

Sehr geehrter, lieber Herr Ministerpräsident, jetzt hat mich die Jagsthäuser Spielzeit wieder voll in den Krallen und da wage ich hiermit mutig, Sie an Ihr Versprechen zu erinnern, uns mit dreißigtausend Mark helfen zu wollen. Zuversichtlich habe ich das Geld bereits verplant, in der eisernen Hoffnung, dass Sie mir helfen werden, diese Deckungslücke zu schließen! Ob ihr Terminkalender eine liebevolle Lücke für Jagsthausen offen lässt, um uns zu helfen, unseren Fundus oder Sonstiges an den finanzkräftigen Mann zu bringen? Ich wage es kaum zu hoffen, aber unsere »Drei Musketiere« wären bestimmt eine fröhliche Entspannung für einen gestressten Ministerpräsidenten und ein guter Rahmen für so eine Dienstreise. Außerdem hätte ich Sie so gerne das Fürchten gelehrt bei einer Skatrunde! Mein Mann und ich denken noch mit großem Vergnügen an den Abend in unserem Haus zurück, als Sie uns die Freude Ihres Besuches machten.

Mit freundlichen Grüßen

Ihre Ellen Schwiers

Zwei Monate darauf teilte Lothar Späth mir mit, dass es gelungen sei, die »Deckungslücke in Höhe von dreißigtausend Mark zu schließen« und dankte in gewitztem Ton für den, wie er schrieb, »einzigartigen Vertrauensbeweis in meine Qualitäten als ›Geldbeschaffer‹, schließlich haben Sie die noch nicht beschafften Mittel bereits verplant, wenn nicht gar schon ausgegeben. Solches Vertrauen kann und darf nicht enttäuscht werden!«

Nach meiner zweiten Intendanten-Ära, die mit der Spielzeit 1989 endete, wurde mir am 13. August 1989 im Rittersaal der Burg Jagsthausen das Bundesverdienstkreuz verliehen. Als man mich dafür vorgeschlagen hatte, war meine erste Reaktion: »Ich will das gar nicht, das hat mir doch alles Spaß gemacht.« Aber die Kollegen redeten mir zu und meinten, Schauspieler würden eh viel zu wenig geehrt und erst recht auf solcher Ebene. Die Verleihung, bei der mein gesamtes künstlerisches Schaffen geehrt wurde, war dann auch sehr festlich und ich am Ende schon stolz.

Mein Nachfolger wurde Rüdiger Bahr, der aber bereits nach zwei Jahren seinen Posten räumte. Daraufhin wollte Jagsthausen mich wieder engagieren. Doch ich sagte strikt Nein. Ich hatte mit meinem eigenen Tourneeunternehmen genug zu tun und konnte zusätzlich nicht noch fünf Stücke in Jagsthausen stemmen. Mein Mann war inzwischen bettlägerig geworden. Als ich eines Tages nach Hause kam, eröffnete er mir allerdings: »Ellen ich habe für dich zugesagt.« Auf diese Nachricht hin hatten wir unseren letzten großen Ehekrach. Ich war entsetzt und rief sofort den Jagsthausener Bürgermeister Albert Feinauer an, um ihm abzusagen. Aber Albert hatte die frohe Kunde schon an die Presse gegeben. Also sagte ich ihm, gutmütig wie ich bin, wenigstens für ein Jahr zu. Daraus sind dann aber insgesamt noch mal drei Jahre geworden.

Der »Pucki« – das ist der Hausherr Wolf Götz Baron Berlichingen – wollte unbedingt ein Musical im Burghof aufführen. Damit trug er zwar dem Zeitgeist Rechnung, aber ich hatte mit Musicals nichts am Hut. Das Musical ist eine Kunstform, die ich bis heute nicht goutiere und deren Notwendigkeit ich nicht sehe. Ich kenne genügend Schauspiele, die man auch mit Musik gestalten kann, dass sie dem Publikum das Gleiche fürs Auge und fürs Ohr bieten wie ein Musical. Ich finde es außerdem unnötig, dass man singt, was man auch sprechen kann. Außerdem hätte ein Musical unseren Etat gesprengt, brauchten wir dafür doch ein zweites Ensemble, Tänzer, Musiker, Sänger, die wiederum im Schauspiel nicht einsetzbar wären. Meiner Berechnung nach hätten die Vorstellungen diese Mehrkosten nicht getragen, selbst wenn sie komplett ausverkauft gewesen wären. Das Musical wurde dennoch realisiert und kam beim Publikum bestens an, dank Helga Wolf, die es gekonnt in Szene setzte.

Ich wurde nach drei wiederum sehr erfolgreichen Spielzeiten liebevoll und würdig verabschiedet. Mit der Familie von Berlichingen bin ich bis heute befreundet. Natürlich gab es auch Auseinandersetzungen, die aber immer konstruktiv waren. Die »Klecks«, Alexandra Baronin Berlichingen, sagt heute noch: »Ach Ellen, das fehlt mir so, diese wunderbare Streitkultur, die wir miteinander hatten.«

Jagsthausen war und ist ein Meilenstein in meinem Leben.

Ida Ehre

Die Freundschaft zwischen Ida Ehre und mir begann 1972 bei den Dreharbeiten zu »Der rote Schal«. Wir spielten damals eine große Szene zusammen, und die Kamera war auf Ida gerichtet, die eine Menge Text hatte und auf einmal hing. Sie war schon über siebzig, und der Text, den man für die Drehsequenzen benötigt, kommt immer nur aus dem Kurzzeitgedächtnis, das im Alter oft nachlässt. Ich spürte ihr Dilemma und fing an, ihr zu soufflieren. Das hatte sie von einer Kollegin nicht erwartet und war berührt.

Ida wirkte nach außen hin stark, war aber sehr sensibel und verletzlich. Wir waren uns auf gewisse Weise sehr ähnlich. Außerdem verband uns die Leidenschaft für die Bühne miteinander, und wir führten lange intensive Gespräche über das Theater. Ida war zwar dreißig Jahre älter als ich, aber das spielte keine Rolle. Wir konnten wunderbar über alles reden. Mit ihr konnte ich die Gespräche führen, die ich mit meiner Mutter nie hatte, Ida stand als Theaterfrau meinem Leben näher. Wir sprachen auch viel über unsere Kinder und die Schwierigkeiten, Beruf und Familie unter einen Hut zu bekommen. Ihre Tochter »Sonnele« war ihr Ein und Alles. Ida hatte auch die ganze Tragödie mit Fred mitbekommen, ich habe ihr damals leidgetan. Sie war sehr verständnisvoll mit mir und hat mich gestützt.

Ida Ehre war ein versöhnender Mensch, eine Ausnahmeerscheinung, die trotz ihres Schicksals nicht verbittert oder von Hass erfüllt war. Sie war in Wien aufgewachsen und als junge Schauspielerin nach Berlin engagiert worden. 1933 endete ihre vielversprechende Karriere, die Nazis erteilten ihr Berufsverbot. Von Hamburg aus wollte sie 1939 mit Mann und Kind Deutschland verlassen und nach Chile gehen, doch der Kriegsausbruch zwang das Schiff zur Umkehr. Sie wurde im Konzentrationslager Fuhlsbüttel inhaftiert. Ihre Mutter und ihre Schwester wurden im KZ ermordet. 1945, direkt nach Kriegsende, eröffnete sie dann die Hamburger Kammerspiele und machte sie zu einem der bedeutendsten deutschen Theater der Nachkriegszeit.

Immer wenn ich in Hamburg meine Familie besuchte, trafen wir uns. Das geschah regelmäßig, denn nicht nur meine Eltern, auch mein Bruder und seine Familie lebten in der Hansestadt. Gösta hatte als Diplomingenieur Karriere gemacht und arbeitete als Logistik- und Konstruktionsleiter bei der Hamburger Werft »Blohm & Voss«.

Ida und ich haben auch eine Tournee zusammen gemacht. Es war Winter, und wir sollten in einem alten Bus, durch den der Wind pfiff und in dem die Heizung nicht ging, die Tourneeorte abklappern. Da habe ich mich entschlossen, in meinem Privatwagen zu fahren, und Ida mitgenommen. So konnten wir unsere Unterhaltungen weiterführen. Ida liebte lebendige, kämpferische Menschen. Ihr größtes Kompliment an mich war: »Ellen, Sie haben ein jüdisches Köpfchen.«

Zwei Mal habe ich an den Hamburger Kammerspielen bei ihr gespielt: In »Frau Warrens Gewerbe« von George Bernard Shaw und in »Elisabetta« von Dario Fo unter der Regie von Wolfgang Kraßnitzer. Mit der Inszenierung haben wir Ida damals in wirtschaftlicher Hinsicht keinen Gefallen getan, denn das Hamburger Publikum war mit der Aufführung überhaupt nicht einverstanden und ließ es sie auch spüren. »Elisabetta« ist die Geschichte von Shakespeare und der englischen Königin Elisabeth I., das Stück ist eine Farce, eine Überhöhung, in dem ich die Königin als alte Frau spielte, die in ihrem Boudoir, wo sie auf niemanden Rücksicht nehmen musste, zum Beispiel in einer Szene pinkelte. Dafür wurde eigens eine Vorkehrung erfunden, die Wasser in einen Eimer schoss. Das Publikum war jedoch total schockiert, und in der Pause sind die Leute scharenweise geflüchtet.

Als wir uns verbeugten, habe ich mich unwillkürlich an Friedrich Dürrenmatt bei der Premiere von »Der Meteor« in Zürich erinnert. Als Dürrenmatt damals auf die Bühne kam, war der Zuschauerraum ein einziger Hexenkessel. Das Publikum tobte und buhte. Einige klatschten. Dürrenmatt aber stand lächelnd da, ignorierte alles und jeden und hat sich gelassen nach allen Seiten hin verbeugt. Das Bild habe ich mir vor Augen gerufen und mir gesagt: Das stehe ich durch. Viele Kammerspiel-Abonnenten kündigten ihr Abonnement, nachdem sie »Elisabetta« gesehen hatten. Ida trug es mit Fassung, denn sie war immer mit dabei, wenn es darum ging, die Bürger aufzuschrecken und ihre liebgewonnenen Denkgewohnheiten in Frage zu stellen. Die Aufführung sprach sich schließlich herum, und ein junges Publikum kam in die Kammerspiele. Das war spannend und aufregend, denn Theater ist nicht nur ein Ort der Unterhaltung, sondern auch der Auseinandersetzung.

Als Ida im Sterben lag, bin ich zu ihr ins Krankenhaus gefahren, um Abschied von ihr zu nehmen. Es gelang mir nicht. Sie lag so elend und erbärmlich da. Es war herzzerreißend. Ich habe sie gestreichelt. Es war klar, dass es mit ihr zu Ende ging, aber sie wollte mir nicht wehtun und ich ihr nicht. So haben wir uns gegenseitig die Hucke vollgelogen. Wir konnten uns nicht voneinander verabschieden. Sie starb am 16. Februar 1989.

Bei ihrer Trauerfeier im Hamburger Rathaus hielt der ehemalige Bundeskanzler und Hamburger Helmut Schmidt eine berührende Rede. Er erzählte, dass er in den Hamburger Kammerspielen seine ersten Theatererlebnisse hatte. Während er sprach, verlor er die Fassung und fing an zu weinen. Daraufhin brachen fast alle der Anwesenden im Saal in Tränen aus.

Ida Ehre hatte sich jahrelang um die Nachfolgeregelung für ihr Theater gedrückt. Irgendwann trat sie an mich heran mit dem Wunsch, dass ich gemeinsam mit ihrem langjährigen Chefdramaturgen Jan Aust die Nachfolge übernehmen sollte. Jan und ich kannten uns aus Jagsthausen, wir konnten hervorragend miteinander arbeiten. Zusammen wären wir ein gutes Team gewesen.

Davon ausgehend, dass Ida Ehres Wunsch entsprochen würde, hatten wir bereits den Spielplan erarbeitet. Ich wollte eine Spielzeit – in memoriam für Ida Ehre – nur mit Frauen machen. Die Stücke sollten auch allesamt von Frauen inszeniert werden. Da machte plötzlich Dr. Gustav Wiedemann, der Anwalt des Deutschen Bühnenvereins in Hamburg, Ansprüche auf die Intendanz geltend, und wir hatten auf einmal keine freie Hand mehr beim Programm. Damit war es für mich aus, ich hatte kein Interesse mehr.

Auf Tournee –
»Das Ensemble«

Eine Tournee bot auch immer die Möglichkeit, mir ein geregeltes und willkommenes Einkommen zu sichern, denn in Deutschland hielt die Filmkrise bis weit in die achtziger Jahre hinein an. Bereits Ende der fünfziger und in den sechziger Jahren meldeten viele deutsche Filmproduktionen Bankrott an, darunter auch die UFA. Einer der Hauptgründe dafür war der ungehinderte Import amerikanischer Filme, zudem fehlte es dem deutschen Film an ausreichenden Finanzierungsgrundlagen. Statt der ehemals rund hundertzwanzig Filme pro Jahr wurden nur noch zwanzig gedreht. Die Zahl der Kinos halbierte sich, und das Fernsehen löste das Kino als Unterhaltungsmedium ab.

Meine erste Tournee habe ich mit der Münchner Schauspielbühne in den siebziger Jahren gemacht, nur drei Tage nach meiner Gebärmutter-Operation. Ich litt fürchterliche Schmerzen, denn ich hatte nach der OP Luft im Bauch. Das Telefon in meinem Zimmer in der Klinik klingelte und eine Frauenstimme fragte, ob ich nicht Lust hätte, die »Medea« von Jean Anouilh zu spielen. Aber sicher, das war meine Rolle, keine Frage, aber wann? Verlegenes Schweigen, dann der Entschluss, die Katze aus dem Sack zu lassen: Morgen! Die Proben liefen schon. Wer war denn da ausgefallen? Die Kollegin Hannelore Schroth. Doch wie sollte das gehen, ich musste doch noch drei Wochen im Krankenhaus bleiben. Der herbeigerufene Arzt schüttelte den Kopf, er wollte mich nicht entlassen und meinte: »Das geht nicht, das war eine schwere Unterleibsoperation, keine Chance.«

Am nächsten Tag erschien ich auf der Probe. In der Klinik hatte ich unterschreiben müssen, mich auf eigene Gefahr hin zu entlassen, dort hielt man mich für verrückt. Auf der Probe erwarteten mich bereits Maria Caleita und Mariello Momm, die Leiterinnen der Münchner Schauspielbühne. Ebenso Pinkas Braun, den ich schon aus Zürich kannte, der als Achill mein Partner sein würde, Friedrich Joloff, bekannt als Oberst Villa aus der Science-Fiction-Serie »Raumschiff Orion«, als König Kreon, die Darstellerin der Amme und der Regisseur, der gleich »in die Vollen« ging. Ich sollte der Amme meine Rachegedanken vermitteln. Der Regisseur versuchte, mich als Schauspielerin für die sehr intensive, schreckliche Szene zu begeistern: »Gebären Sie Ihren Hass! Gebääären Sie mehr, mehr Hass, Mord, Tod!« Und ich gebar! Ich gebar den größten Furz meines Lebens! Die ganze Krankenhausluft in meinem Bauch entlud sich heftig und unüberhörbar. Es war eine wahnsinnig unangenehme Situation, da war auch nichts mehr zu retten. Also fing ich an zu lachen, ich lachte mich halb tot. Und entschärfte dadurch die Peinlichkeit. Die erstarrten Anwesenden entkrampften sich und lachten ebenfalls. Das war mein Einstieg in das zwölfjährige Engagement bei der »Münchner Schauspielbühne«, mit der ich dann kontinuierlich jedes Jahr eine Tournee machte.

Zu dieser Zeit entstanden immer mehr Tourneeunternehmen. Sie »kalbten« geradezu. Jeder wollte die Gunst der Stunde nutzen, wollte sich etwas dazuverdienen und dachte auch, dass er es ohne Weiteres machen könne.

Das private Tourneetheater unterscheidet sich von anderen Bühnenformen darin, dass es kein festes Ensemble und keinen festen Standort hat und keine Subventionen erhält. 1973 wurde die Interessengemeinschaft der deutschsprachigen Tourneetheater gegründet, deren Mitglieder garantierten: »... mit hohem unternehmerischem Risiko eine Unterstützung der örtlichen Kulturveranstalter, trotz des zwar regional unterschiedlichen, jedoch insgesamt eingetretenen deutlichen Rückgangs öffentlicher Mittel weiterhin Qualitätsarbeit auf der Bühne anbieten zu können.«

Obwohl das Tourneetheater heute mit seinen jährlich 5600 Aufführungen und 2,3 Millionen Besuchern zwei Drittel der Aufführungs- und Besucherzahlen in der Fläche stellt, wird es im Schlussbericht der Enquete-Kommission »Kultur in Deutschland« des Deutschen Bundestages nicht berücksichtigt.

In den Jahren mit der Münchner Schauspielbühne machte ich mir einen »Tourneenamen«. Die »Bühne« kalkulierte für jede Tournee mit zirka sechzig Vorstellungen. Wenn diese erreicht waren, wurden keine weiteren mehr verkauft. Ich hatte aber ein großes Interesse daran, mehr Vorstellungen zu spielen, denn die vierwöchige Probenzeit war unbezahlt, und ich musste meine Familie ernähren. Also fing ich eigenständig an, Theatern, die ich kannte, Vorstellungen anzubieten. So konnte ich zum Beispiel »Zeugin der Anklage« an das Züricher Schauspielhaus verkaufen.

Mit den Inhaberinnen der »Münchner Schauspielbühne« hatte ich all die Jahre über bloß einen mündlichen Vertrag, an den ich mich selbstverständlich gebunden fühlte, obwohl inzwischen auch andere Tourneetheater auf mich aufmerksam wurden und mir auch eine weit höhere Gage boten.

Irgendwann wurde mein Verhältnis zur »Bühne« brüchig, obwohl es eigentlich sehr gut lief. Aber vielleicht war auch gerade das der Grund, weshalb Maria und Mariello sich nicht mehr so hineinknieten. Weil das Unternehmen anscheinend wie von selbst lief, wurden sie übermütig, der Schlendrian machte sich breit, und ich konnte diese Nachlässigkeit mit meinem künstlerischen Gewissen nicht mehr vereinbaren.

Es war schon schlimm genug, dass einige Tourneetheaterunternehmen zunehmend schlechtes Theater machten, oftmals möglichst billige Schauspieler engagierten, die nicht gut spielten, und mit kläglichen Bühnenbildern umherzogen. So hat das Tourneetheater mit der Zeit einen schlechten Ruf bekommen. Ende der achtziger Jahre hat sich das dann wieder verändert, nicht zuletzt, weil das Publikum anspruchsvoller geworden war.

Doch damals machte ich mir Gedanken über meine Zukunft, denn meine Filmkarriere hatte aufgrund der Filmkrise gelitten. Darüber hinaus wurde ich älter, und manche Rollen waren beim Film und beim Fernsehen einfach nichts mehr für mich. Aus dieser Vielzahl von Überlegungen und Erlebnissen entstand schließlich die Idee, mein eigenes Theater zu machen. Und so gründete ich 1982 zusammen mit meinem Mann und unserer Tochter unser Tourneetheater.

Da wir kein eindimensionales Star-Theater, sondern ein Theater mit gleichrangigen, hervorragenden Schauspielern haben wollten, nannten wir uns »Das Ensemble«. Bei uns sollte alles stimmen: die Besetzung, das Bühnenbild und die Details. Denn Gutes kann man nur mit guten

Leuten machen. Davon hängt die Qualität jedes Unternehmens ab. Alleine schafft man das nicht. In den über dreißig Jahren, in denen unser Unternehmen bestand, sind wir eine große Theater-Familie geworden, tiefe Bindungen sind entstanden. Hätten wir doch all die Romane geschrieben, die wir uns auf Tournee ausgedacht haben! Sehr stolz bin ich auf meine Tochter, die mir immer liebevoll und kompetent zur Seite stand. Und auch mein Bruder Holger hat, nachdem Peter gestorben war, unserer Weiberwirtschaft seine Hilfe nie versagt. Ich hatte, unabhängig von den Schauspielern und Regisseuren, die bei mir arbeiteten, hervorragende Mitarbeiter. An erster Stelle meine langjährige Bühnen- und Kostümbildnerin Heidrun Schmelzer, mit der ich schon in Jagsthausen zusammengearbeitet hatte. Unser Büro wurde von der »Kelpi« geführt. Irmgard Kelpinski, ursprünglich Lektorin, hatte später bei der Bavaria als Besetzungschefin für ausländische Filme gearbeitet und mir die Rolle der »Fedora« unter der Regie von Billy Wilder vermittelt. Kelpi war eine tolle, hochintelligente Frau, die die ganze Welt gesehen hatte. Und dann war da noch meine Freundin Lilo Schöttler, der ich volles Vertrauen entgegenbrachte. Sie konnte wunderbar zuhören und gute Anregungen geben. Lilo wurde eine von allen geachtete und geliebte Regieassistentin. Parallel dazu musste es auch zu Hause gut laufen. Denn die Familie hatte sich vergrößert. Inzwischen hatte ich eine Enkeltochter, die bei uns lebte. Katerina war berufsbedingt genauso viel unterwegs wie ich, und zum Vater von Josephine gab es keinen Kontakt. Später kam noch meine Mutter dazu, die ihre letzten Lebensjahre bei uns verbrachte. Glücklicherweise hatten wir Christiane. Sie kam aus dem Sauerland und blieb über dreißig Jahre lang bei uns und wäre es immer noch, wenn sie nicht durch eine Art Schlaganfall ein Pflegefall geworden wäre. Sie hat uns den Rücken freigehalten, arbeitete im Haushalt genauso gut wie am Computer, kümmerte sich um die Kinder, meine Mutter und die Hunde und hatte für alle Sorgen des Ensembles ein offenes Ohr.

Das erste Stück, das ich für mein Tourneeunternehmen verkaufte, war »Medea«. Ich habe die städtischen Kulturamtsleiter und Kulturämter persönlich aufgesucht, die mich ihrerseits mit weiteren Anlaufstellen und Adressen unterstützten. So habe ich mir nach und nach ein Netzwerk aufgebaut und unsere erste Tournee bereits recht gut verkauft.

Als wir anfingen, mussten wir uns zunächst einen Grundstock an technischem Material anschaffen. Als Erstes brauchten wir einen LKW, um die Kulissen zu befördern, außerdem noch eine Beleuchtungsanlage und eine Tonanlage, die heutzutage in den Spielstätten der Städte gang und gäbe sind.

Wie mit den Sommerfestspielen ist auch mit dem Tourneetheater sehr viel administrative Arbeit verbunden, die bewältigt werden muss. Stücke müssen geplant und besetzt werden, Verträge müssen geschlossen, Hotels gebucht, die Routen festgelegt werden. Ich bin mit all dem sehr gut zurechtgekommen, auch wenn heute durch Computer alles sehr viel einfacher geworden ist.

Vor allem habe ich immer sehr viel Wert auf gute Hotels gelegt, denn unzufriedene Schauspieler, die in schlechten Hotels wohnen, können abends auf der Bühne nicht ihr Bestes geben. Wir haben uns jeden Abend bemüht, »Premiere zu spielen«. Das waren wir unserem Publikum schuldig, denn Theaterkarten sind teuer.

Die Auswahl der Stücke ist dabei ein Kapitel für sich. In den kleinen Städten wollen die Menschen bevorzugt

Bildungstheater sehen. Es soll zwar modern sein, aber einen gewissen Rahmen nicht sprengen. Manche Stücke wiederum lassen sich technisch nicht umsetzen, andere sind schon von anderen Tourneeunternehmen blockiert. Moderne Stücke kosten oft zu viele Tantiemen, und Klassiker verlangen häufig eine so große Besetzung, dass man schon aus diesem Grunde passen musste.

Wir waren im ersten Jahr sehr erfolgreich mit »Medea« von Jean Anouilh gestartet. Im zweiten Jahr spielten wir dann von Eugène Scribe die klassische Komödie »Damenkrieg« in entzückenden Kostümen und einer wunderschönen weißen Rokoko-Dekoration. Nun brütete ich über unserer dritten Spielzeit. Wie sollte es weitergehen? Die Theaterverlage schickten uns Stücke, von denen sie glaubten, sie würden mir gefallen. Ich las sie alle und wurde immer deprimierter, denn es war keines dabei, das mich ansprang oder meine Phantasie so anregte, dass ich es unbedingt realisieren wollte. Was war bloß los? Hatten wir keine modernen, guten Autoren mehr? Oder hatten andere Unternehmen uns die guten Stücke bereits vor der Nase weggeschnappt? In meiner Verzweiflung las ich mir bereits bekannte Stücke noch einmal mit anderen Augen durch, darunter auch »Biografie: Ein Spiel« von Max Frisch. Ja, das war ein tolles Stück, aber seine Besetzungsliste wies zweiunddreißig, also viel zu viele Rollen auf.

Ich bat Christian Quadflieg, das Stück zu lesen. Er war genauso begeistert wie ich und meinte, er könne eine reduzierte Fassung erarbeiten, die für uns machbar wäre. Frau Jussenhoven vom Theaterverlag bestärkte mich darin, mit Max Frisch Kontakt aufzunehmen. Frisch und ich hatten uns fast zwanzig Jahre lang nicht mehr gesehen, und ich wusste schon gar nicht mehr, ob ich ihn nun duzen oder siezen sollte. Doch ich überwand meine Hemmungen und rief ihn an. »Hier ist die Ellen Schwiers.« Schweigen – und dann im schönsten Schweizer Dialekt: »Ja weißt du, dass ich mal ganz schrecklich in dich verliebt gewesen bin?« Mir fiel ein Stein vom Herzen, und ich trug ihm vor, »Biografie« in einer reduzierten Fassung auf Tournee spielen zu wollen. Er lachte und meinte: »Komm her, dann können wir darüber reden.« Christian Quadflieg, seine Frau Renate Reger und ich machten uns also hoffnungsfroh auf nach Zürich, wo ich mich erst einmal alleine in die Höhle des Löwen begeben wollte, um Max beizubringen, dass mit reduzierter Fassung höchstens zehn Personen gemeint waren. Als er mir die Tür öffnete, waren seine ersten Worte: »Ellen, ich gebe dir das Stück nur, wenn du es mit fünf Personen spielst.« Ich konnte ihn nur fassungslos anstarren. Er erklärte mir daraufhin, er habe das Stück in Paris von Studenten inszeniert gesehen, die es genauso gespielt hätten. Es sei ein ganz neues Erlebnis gewesen, und viel besser. Er verstehe gar nicht, warum er nicht selbst auf die Idee gekommen sei. Ich lief ins Café, wo Quadflieg mit seiner Frau wartete: »Lass deine Fassung in der Tasche, wir bekommen die Rechte an einer neuen Fassung mit nur fünf Personen.«

Bald schickte mir Frisch den ersten Teil der Fassung. Frau Jussenhoven war genauso begeistert wie ich. Jetzt konnten die Verträge mit den Schauspielern gemacht werden. Die fünf Rollen waren gleichwertig. Wir warteten nur noch auf den zweiten Teil. Doch als er kam, war meine Enttäuschung groß, denn er war in meinen Augen schlichtweg misslungen: Das Stück reduzierte sich plötzlich auf drei Personen. Ich war verzweifelt, denn die zwei Schauspieler, die im zweiten Teil nicht mehr vorkamen, würden mir einen Korb geben. Frau Jussenhoven teilte meine Bedenken. »Ja, da bleibt Ihnen wohl nichts anderes übrig, als noch mal mit ihm zu reden.« Der Weg nach Zürich war für mich ein Gang nach Canossa, mir hatte auch die Zeit gefehlt, mir eine plausible Argumentation und gleichzeitig diplomatische Kritik am zweiten Teil einfallen zu lassen. Ich wollte Max Frisch um nichts in der Welt verletzen. Ich klingelte, die Tür ging auf, Max Frisch strahlte mich erwartungsfroh an, da platzte es aus mir heraus: »Max, der zweite Teil ist Scheiße.« Er lachte herzlich und meinte, das hätte er sich beinahe gedacht, aber mir auch nie zugesagt, wenn er geahnt hätte, was für eine wahnsinnige Arbeit das ganze Umschreiben machen würde. »Du musst mir versprechen, dass dafür zumindest mein neu einzudeckendes Dach herausspringt.« Das konnte ich ihm leichten Herzens zusagen, denn schon jetzt hatte ich über sechzig Vorstellungen vorgebucht. Die Uraufführung der »Version 1984«, wie der jetzige Untertitel von »Biografie: Ein Spiel« lautete, wurde ein Riesenerfolg, für den wir auch den erstmalig verliehenen ersten Preis der Interessengemeinschaft der Städte mit Theatergastspielen e. V. erhielten.

Heute wird das Tourneetheater »Theater in der Fläche« genannt und hat einen anderen kulturellen Auftrag als damals bei seiner Entstehung. Jede Stadt ab einer gewissen Größenordnung hat ein Kulturamt, das dafür sorgt, dass die Stadt kulturell versorgt wird. Dreihundertfünfundsiebzig Städte sind Mitglied in der InThega, die uns in den vergangenen Jahren für sechs Produktionen den ersten und für vier Produktionen den zweiten Preis verliehen hat.

Unser Unternehmen war eines der letzten Rudimente unserer Zunft. Die Nachfrage schwindet. Sechzig verkaufte Vorstellungen sind heute kaum noch zu erreichen. Das Tourneetheater ist ein rückläufiges Modell. Es war nach dem Krieg wichtig, als viele Theater zerstört waren, aber es hat sich überlebt. Das Internet ist ein riesiger Konkurrent, ebenso das Fernsehen mit seinen vielen Programmen. Das Theater ist ein Anachronismus, das klassische Bildungsbürgertum, das sich für Literatur, Musik und Kunst interessiert hat, geht immer mehr verloren und zusammen mit ihm die dazugehörigen Verhaltensweisen samt Benehmen. Wir haben es zugelassen, dass sich eine Trashkultur etabliert hat. Wir sind kein Volk der Dichter und Denker mehr, wir sind ein Industrievolk geworden, das nur noch Geld rafft und dennoch oder gerade deswegen immerzu jammert.

Daniel

»Ich habe es nicht gesehen, wie er sich in der Nacht auf den Weg machte. Er war lautlos entwischt. Als es mir gelang, ihn einzuholen, marschierte er mit raschem, entschlossenem Schritt dahin. Er sagte nur: »Ah, du bist da ...« Und er nahm mich bei der Hand. Aber er quälte sich noch: »Du hast nicht recht getan. Es wird dir Schmerz bereiten. Es wird aussehen, als wäre ich tot, und das wird nicht wahr sein ...« Ich schwieg. »Du verstehst. Es ist zu weit. Ich kann diesen Leib da nicht mitnehmen. Er ist zu schwer.« Ich schwieg. »Aber er wird daliegen wie eine alte, verlassene Hülle. Man soll nicht traurig sein um solche alten Hüllen ...«

Das eigene Kind zu verlieren, ist eine nie endende Katastrophe, ein Abgrund. Meine Worte reichen nicht, um das Ausmaß dieses Leids zu beschreiben.

Nach wie vor fühle ich mich schuldig am Tod meines Sohnes, weil ich ihn nicht beschützen konnte. Er war mein Kind, und ich war für ihn verantwortlich. Ich kann es mir nicht verzeihen, dass ich nicht genug auf ihn aufgepasst habe. Dass ich durch meinen Beruf oft nicht zu Hause war. Dass ich nicht darauf bestanden habe, ihn eher zu einem Spezialisten zu schicken. Es ist alles schief gelaufen damals.

*Antoine de Saint-Exupéry: »Der kleine Prinz«

Daniel war ein Draufgänger, als Kind ein richtiger Lausbub mit einem wilden Lockenkopf. Er war kräftig und stark, intelligent und gutaussehend. Ich war stolz, dass mein Sohn Lust aufs Leben hatte, denn er gehörte zur sogenannten »Null-Bock«-Generation. Daniel war ehrgeizig und wusste, wie sein Leben später aussehen sollte. Er wollte Jura mit dem Schwerpunkt Internationales Recht studieren. Um sich das Studium zu finanzieren, arbeitete er nebenher bereits als Schauspieler und hatte erste Erfolge. Da er mit knapp achtzehn Jahren bereits Abitur machen würde, rechnete er sich aus, auch sein Studium schon früher zu beenden, seinen Doktor zu machen und danach auf der Film- und Fernsehakademie Regie zu studieren. Später wollte er eine eigene Filmproduktion gründen.

Daniel war ein sehr guter Schüler, bis zu dem Moment, als er krank wurde, denn von da an konnte er kaum noch zur Schule gehen. Dabei stand er kurz vor dem Abitur. Er hat das Abitur dann gemacht, aber er war schon sehr schwach und konnte seine Traumnote nicht mehr erreichen. Darüber war er traurig.

Unser Hausarzt hat Daniels Fieberschübe, sein dauerndes Kranksein und seine körperliche Schwäche nicht richtig eingeordnet. Daniel war alle vier Wochen so krank, dass er nicht in die Schule gehen konnte. »Komm du erst mal zum Militär, dann treiben sie dir deine Hypochondrie schon aus«, war dazu der Kommentar des Arztes. Mit dem Pfeifferschen Drüsenfieber hatte es angefangen. Später stellte derselbe Arzt dann eine Herzmuskelentzündung und danach Schilddrüsenschwäche fest. Diagnosen, die uns zwar beunruhigten, aber auch eine Erklärung für Daniels Anfälligkeit lieferten. Nach sechs Monaten Herumdokterns brachten wir ihn schließlich in die Klinik. Erst nach zwei Wochen und unzähligen Untersuchungen wurde ein CT gemacht. Dabei wurde dann der Tumor in der Leber entdeckt. Ein langsam wachsender Tumor, der erst im letzten halben Jahr bösartig geworden war. Für eine Lebertransplantation war es schon zu spät. Nach Meinung der Ärzte hatte Daniel noch ungefähr drei Monate zu leben. Wir hörten die Diagnose, begriffen sie zunächst aber nicht. Sie war unfassbar, etwas, das man schon von anderen gehört hatte, etwas, das ganz weit weg war und plötzlich ganz nah sein sollte, in der eigenen Familie. Aus den drei Monaten wurden dann zwei Jahre. Es war ein langsames Sterben. Oft sagte er verzweifelt: »Mam, ich habe solche Angst, dass man mich vergisst.« Es zerriss mir schier das Herz, denn ich konnte es ihm nicht abnehmen: das Sterben nicht und auch nicht die Angst.

Wir haben alles getan, alle Spezialisten aufgesucht, alle Möglichkeiten wahrgenommen und nach jedem Strohhalm gegriffen. Als wir einen Hinweis auf die Wunderheilerin Jewgenija Dawitaschwili in Moskau erhielten, haben wir versucht, sie zu kontaktieren. Dschuna, wie sie genannt wurde, behandelte hochgestellte Kreml-Politiker wie den Generalsekretär Leonid Breschnew und seine Familie sowie den Außenminister Gromyko. Also fuhren wir nach Moskau. Bei den Einreisegenehmigungen und den ganzen Formalitäten setzte sich der damalige bayerische Ministerpräsident Franz Josef Strauß für uns ein, denn Katerina war mit den Strauß-Kindern befreundet.

In Moskau war es schwierig, Dschuna zu finden. Sie zog andauernd um. Auf diese Weise wollte sie sich vor dem Ansturm der vielen Patienten schützen, denn als Heilerin durfte sie niemanden abweisen. Wir fanden sie mit Hilfe eines Jugoslawen, der uns als Dolmetscher begleitete. Ihre Wohnung war zugleich ihr Behandlungszimmer, ein düsterer Raum, die Wände mit Ikonen behängt. Der Raum war voller Menschen, die dicht an dicht entlang der Wände hockten und die Handflächen nach oben kehrten, um Dschunas »Bio-Energie« aufzunehmen. Dschuna, eine zierliche schwarzhaarige Person, verlangte, den ärztlichen Abschlussbericht Daniels zu sehen. Daniel war von den Ärzten als austherapiert entlassen worden. Doch Dschuna nahm ihn als Patienten an. Das machte uns Hoffnung.

Bei der Behandlung wurde Daniel unter ihren Händen ohnmächtig, so stark war ihre Energie. Dabei hatte sie ihn nicht einmal berührt, sondern ihre Hände nur etwa zehn Zentimeter über seinen Körper gehalten, dort, wo sein krankes Organ war.

Drei Mal sind wir nach Moskau gefahren. Dschuna glaubte, Daniel unter der Bedingung helfen zu können, dass er ein Jahr lang vor Ort bliebe. Doch Daniel sagte, er schaffe es nicht, in Moskau zu bleiben. Die Sowjetunion zur Zeit des Kalten Krieges war ein anderes Russland als heute, die Atmosphäre angespannt und unfrei. Wir standen die ganze Zeit unter Beobachtung.

Durch die Erfahrungen mit Dschuna hatte Daniel verstanden, dass es Dinge zwischen Himmel und Erde gibt, die mit dem Verstand nicht zu begreifen sind. Deshalb konnte er auch glauben, dass das Leben zwar endlich ist, aber nicht das Ende. Dafür bin ich ihr sehr dankbar.

Daniel hatte sich einst einen amerikanischen Kühlschrank gewünscht, was damals sehr chic war. Um ihm eine Freude zu machen, bestellten wir einen. Dieser Kühlschrank wurde gerade geliefert, als wir Daniel zum letzten Mal ins Krankenhaus brachten. Er bestand nur noch aus Haut und Knochen. Verzweifelt darum bemüht, ihren Bruder im Leben zu halten, erzählte Katerina ihm, dass der Kühlschrank angekommen wäre. »Ich sterbe, ich bitte um die richtige Einstellung«, war Daniels Antwort. Kurz darauf fiel er ins Koma.

Draußen vor seinem Fenster hatten sich seine Freunde versammelt. Daniel war beliebt und hatte einen großen Freundeskreis. Sie hielten die ganze Nacht Wache.

Daniel starb am Morgen des 22. Februar 1985, er war einundzwanzig Jahre alt.

Die Trauer war grenzenlos. Es gibt nichts, was einen auffangen kann. Viele Familien zerbrechen an so einem Schicksalsschlag, denn jeder muss mit seiner Trauer selber fertig werden, wird zum Einzelkämpfer. Man kann dem anderen den Schmerz nicht abnehmen, nicht zuletzt, weil er einen selbst so sehr gefangen hält.

Wir haben es geschafft, nicht auseinanderzubrechen. Meine Familie und auch mein Beruf gaben mir Halt. Aber der Tod des eigenen Kindes bewirkt etwas, das nicht heilt, das man nicht bestehen kann, und je älter ich werde, desto schlimmer wird es für mich. Nichts kann mich jemals über Daniels Verlust hinwegtrösten. Er hat eine klaffende, sinnlose Lücke in meinem Leben, in unserem Leben hinterlassen.

Sein Tod ist jetzt vierunddreißig Jahre her. Manchmal sprechen mich über fünfzigjährige Männer oder Frauen an und erzählen, dass sie Daniel kannten oder mit ihm zur Schule gegangen sind. Dann bin ich jedes Mal fassungslos, denn Daniel ist für mich ja nie gealtert, sondern immer noch einundzwanzig Jahre alt.

Damals begann auch Peters Sterben. Nach dem Tod unseres Sohnes wollte er nicht mehr leben. Sein Sterben dauerte sieben Jahre. Bis er es schließlich am gleichen Tag wie Daniel, am 22. Februar, geschafft hat.

Letzter Vorhang

Jetzt bin ich am Ende meiner Zeit. Für einen alten Menschen gibt es die Dimension der Zukunft nicht mehr. Das ist ein seltsames Gefühl, denn man ist so ausgerichtet, dass es immer weitergeht.

Alt werden ist eine Herausforderung, denn die Seele bleibt jung. Ich renne im Kopf immer noch der Straßenbahn hinterher, ich erwische sie bloß nicht mehr.

Ich empfinde es als eine Belastung, dass wir heute dermaßen alt werden. Unser ganzes gesellschaftliches Gefüge bricht zusammen, weil wir so viele alte Leute haben. Ich wollte eigentlich nicht so alt werden. Denn es stirbt ja auch schon vorher vieles, und der Körper wird gebrechlich. Meine Gelenke sterben. Meine Hüfte tut mir weh, mein Knie schmerzt, meine Füße brennen. Manchmal fehlen mir Worte, sie liegen mir auf der Zunge, aber ich kann sie nicht über die Lippen bringen. Das ist ein qualvoller Vorgang.

Altwerden ist dazu auch noch teuer, weil man ständig Hilfe braucht. Schon eine Wasserflasche zu öffnen, stellt mich vor ein Problem. Durch die körperliche Gebrechlichkeit geht so viel Zeit verloren. Zeit, die ich dringend brauchen würde, um eine Tournee vorzubereiten, um Plakate zu entwerfen und zu drucken, Programmhefte zu machen, Texte zu lernen, die ganze administrative Abwicklung, Verträge zu erledigen, Briefe zu schreiben.

Ich habe keine Angst vor dem Tod. Ich habe ein reiches und pralles Leben hinter mir. Aus meinem Leben könnte man locker drei »normale« Leben machen. Daher sehe ich meinem Tod sehr gelassen entgegen, bis auf die Tatsache, dass ich mir wünsche, »gesund« zu sterben. Ich stelle mir einen romantischen Tod vor: Ich liege in meinem Bett, meine Familie ist um mich herum versammelt, ich sage noch einige goldene Worte und schließe dann für immer die Augen.

Ich habe vor der Art und Weise des Sterbens Angst, aber nicht vor dem Tod selber. Ich möchte auf keinen Fall unwürdig sterben, ein Pflegefall oder dement wie meine Mutter werden. Ich habe meine Mutter damals aus Hamburg zu uns genommen, als sie neunundachtzig war, denn sie konnte nicht mehr für sich selber sorgen. Bis zu ihrem Tod hat sie bei uns gelebt. Zunächst sehr gerne, denn sie war umringt von der Familie. Doch als sie dann völlig dement war, litt sie darunter, nicht mehr in ihrer früheren, gewohnten Umgebung zu sein und wollte zurück nach Hamburg. Manchmal saß sie in ihrem Sessel und weinte. Ich konnte sie nicht trösten, und auf meine Fragen konnte sie nicht antworten. Mir schien es, als ob sie Seelenschmerzen hätte, um etwas trauerte. Vielleicht hatte sie auch Angst vor dem Tod. Irgendwann fing sie an, alles zu zerschneiden. Ihre Unterlagen, Briefe, Bücher. Einfach alles, was sie besaß. So als ob sie sich selbst auflösen wollte. Ich machte dann als »Mutter Courage« eine große Tournee und musste aufbrechen. Weil Peter inzwischen bettlägerig und der Betreuungsaufwand so intensiv war, entschlossen wir uns schweren Herzens, meine Mutter in ein Heim zu geben, damit sie gut versorgt war. Das war eine gravierende Entscheidung. Während ich auf Tournee war, ist sie gestorben. So habe ich ihren Tod nicht miterlebt. Es schmerzt mich bis heute, dass ich von meiner Mutter nicht Abschied nehmen konnte. Sie ist vierundneunzig Jahre alt geworden.

Mein Mann und ich hatten uns vor seinem Tod versprochen, dass wir einander im Falle eines Falles gegenseitig helfen würden, in Würde zu sterben. Irgendwann war es dann so weit, und mein Mann sagte zu mir: »Bitte, Ellen, hilf mir, ich verliere sonst meine Würde.«

Er hat mich damit in einen furchtbaren Konflikt gestürzt. Denn selbst wenn ich die Möglichkeit gehabt hätte, ihm Sterbehilfe zu leisten, hätte ich es nicht tun können. Ich habe mich dafür geschämt, es hat mich gequält und mir leid getan, doch ich konnte es nicht. Daher weiß ich, wie belastend es ist, so etwas von jemandem zu verlangen, ihn in einen solchen Gewissenskonflikt zu bringen und ihm diese Verantwortung aufzubürden.

Ich habe nie ein Tagebuch geführt und keine privaten Unterlagen oder Zeitungsartikel über mich gesammelt. Das war ein Fehler, denn an manche Dinge erinnert man sich nicht mehr, wenn man älter wird und keinerlei Anhaltspunkte hat, an die man anknüpfen kann. Andere Dinge wiederum wollte man vielleicht vergessen. Ich habe aber auch nie in der Vergangenheit gelebt, die war abgehakt. Ich habe immer im Hier und Jetzt gelebt. Auch das, was kommen würde, war nicht mein Thema.

In Marburg gab es damals, in den Nachkriegsjahren, einen Wahrsager. Das gesamte Ensemble war bereits zu ihm gegangen, um sich von ihm die Zukunft prophezeien zu lassen. Ich war neugierig und suchte ihn, als gerade Fünfzehnjährige, ebenfalls auf. Als Erstes eröffnete er mir, dass ich noch ein Geschwisterchen bekommen würde. Dann sagte er mir, dass ich einen Beruf ausüben würde, bei dem ich im Licht der Öffentlichkeit stehen werde. Als er mir dann noch in Aussicht stellte, dass ich über den großen Teich fahren würde, fing ich an, mich zu ärgern. Der Krieg war gerade erst zu Ende und Deutschland lag in Trümmern. Was er sagte, befand sich fernab jeder Vorstellung und Möglichkeit. Ich habe ihm kein Wort geglaubt und war erbost, dass ich mein Geld für nichts und wieder nichts ausgegeben hatte. Im Übrigen hat er mich wie ein Gentleman behandelt, obwohl ich ein junges Mädchen war. Es schien mir, als ob er ein gewisses Mitleid mit mir hätte, eine Ahnung. Ich habe später oft an ihn gedacht.

Wie wäre es wohl gewesen, wenn er mir BDM-Mädel prophezeit hätte, dass ich irgendwann schwarze Urenkel haben würde und dass meine Tochter und meine Enkelin mit ihrer Familie einmal in Kanada leben würden und kanadische Staatsbürger sind. Wo doch das Paradies meiner Mutter in Hinterpommern lag! Ich hätte bei dieser Aussicht wahrscheinlich nur ungläubig mit dem Kopf geschüttelt, so abwegig und unvorstellbar wie es damals gewesen wäre.

Natürlich hatte ich Vorstellungen, die meinem Leben eine gewisse Ausrichtung gaben, aber ich habe nie auf ein bestimmtes Ziel hin gelebt, das ich mir überlegt oder geplant hätte. Auch meine Karriere war nicht geplant. Es hat mich gefreut, wenn Menschen mich irgendwo gesehen und erkannt haben. Aber mein Publikum ist mit mir gealtert, und heute bin ich nicht mehr prominent. Irgendwann ist es damit vorbei, und ich habe registriert, dass ich unbehelligt durch die Straßen gehen konnte. Es fehlte mir nicht, ich habe mich nie über meinen Bekanntheitsgrad definiert.

Jeder Mensch hat seine Zeit, in der er lebt und in der er sein Leben gestaltet. Ich würde sagen, ich habe meine

Zeit genutzt. Ich habe eine Familie, Kinder, eine Enkeltochter und inzwischen Urenkel bekommen. Ich hatte einen Beruf, der mir Freude brachte und mich erfüllte. Ich habe Anerkennung erfahren und Erfolge gehabt. Ich habe Leidenschaft erlebt und Hingabe. Ich habe Glück empfunden und tiefe Trostlosigkeit, durch den Krieg und durch Schicksalsschläge.

Es gibt einen Spruch von Hebbel, den ich an meinem Eisschrank hängen habe: »In die Hölle des Lebens kommt nur der hohe Adel der Menschheit. Die anderen stehen davor und wärmen sich.« Das bedeutet so viel wie: der liebe Gott lastet einem nur so viel auf, wie man tragen kann. Das Leben ist eine dauernde Baustelle, und man muss es auf irgendeine Art bewältigen. Ich wusste immer, dass ich es schaffe. Und ich weiß es heute im Rückblick auf mein praktiziertes Leben und die Herausforderungen, die ich angenommen habe. Ich wollte immer bis zum Schluss arbeiten. Das ist mir gelungen. Mit fünfundachtzig Jahren habe ich meine letzte Vorstellung gegeben. Ich bin dankbar für mein aufregendes Leben. Es hat sich gelohnt.

Filmografie

Ellen Schwiers blickt in ihrer sieben Jahrzehnte dauern-
den Schauspielkarriere auf über 50 Filmrollen zurück und
wurde einem breiten Publikum auch mit über 150 Rollen
in Fernsehfilmen und -serien bekannt. Sie spielte unter
anderem in der ersten deutschen Fernsehserie »Gestatten,
mein Name ist Cox« oder als Lydia Gwilt in dem Dreiteiler
»Der rote Schal« nach dem Roman von Wilkie Collins, der
durch die schauspielerische Leistung von Ellen Schwiers
und der unvergessenen Ida Ehre zu den Krimiklassikern
zählt. Ellen Schwiers wirkte auch in internationalen Pro-
duktionen mit, so unter anderem in Bernardo Bertoluccis
Kinoproduktion »1900«, neben Burt Lancaster, Robert de
Niro und Gérard Depardieu. Prägnant war ebenfalls die
Figur der Katharina von Medici in dem Sechsteiler »Hein-
rich, der gute König«, der Verfilmung der Romane Heinrich
Manns über die Zeit der französischen Glaubenskriege im
16. Jahrhundert. Zuletzt war sie im Kino in der Constantin-
Produktion »3096 Tage« zu sehen, die die wahre Geschichte
der Österreicherin Natascha Kampusch erzählt, und 2017
spielte eine Hauptrolle in der Fernsehserie »Die Spezia-
listen.«

Im Jahr 2015 feierte Ellen Schwiers ihren 85. Geburtstag
und ihr siebzigjähriges Bühnenjubiläum. Mit ihrem 1992 ver-
storbenen Mann, Peter Jacob, und ihrer Tochter, der Schau-
spielerin Katerina Jacob, gründete die Schauspielerin 1982
das Tourneeunternehmen »Das Ensemble«, das sie bis 2015
leitete. Mit ihren Vorstellungen erreichte sie jährlich bis zu
60 000 Zuschauer.

2013 *3096 Tage*
2017 *Die Spezialisten: Im Namen der Opfer*

Letzte große Theatertourneen:

Mutter Courage und ihre Kinder
Martha Jellneck
Gin Rommé
Altweiberfrühling

Die Abbildungen stammen aus Ellen Schwiers' Privatarchiv.

Verlag Neues Leben –
eine Marke der Eulenspiegel Verlagsgruppe Buchverlage

ISBN 978-3-355-01883-8

1. Auflage 2019
© Eulenspiegel Verlagsgruppe Buchverlage GmbH, Berlin

Umschlaggestaltung: Verlag, Peter Tiefmann
unter Verwendung eines Fotos von Stuart Mentiply
Druck und Bindung: buchdruckerei.de, Berlin

www.eulenspiegel.com